Bendecidos en la oscuridad

También por Joel Osteen

Cada día es viernes

Lecturas diarias tomadas de Cada día es viernes

¡Dé el salto!

Lecturas diarias tomadas de ¡Dé el salto!

Despierte con esperanza: Devocional
(con Victoria Osteen)

El poder del «Yo soy»

Lecturas diarias tomadas de El poder del «Yo soy»

Piense mejor, viva mejor

Lecturas diarias tomadas de Piense mejor, viva mejor

Su mejor vida ahora

Lecturas diarias de Su mejor vida ahora

Su mejor vida ahora: Diario de oración y reflexión

Su mejor vida ahora: Guía de estudio

Su mejor vida ahora para las madres

Su mejor vida comienza cada mañana

Un nuevo comienzo

Usted puede, y lo hará

Yo declaro

Bendecidos en la oscuridad

JOEL OSTEEN

NEW YORK | BOSTON | NASHVILLE

Diseño de la portada por: Jason Madding
Foto de la portada por: Iglesia Lakewood
Traducido por: www.pica6.com (con la
colaboración de Salvador Eguiarte D. G.)

Desarrollo literario por: Lance Wubbels Literary Services, Bloomington, Minnesota.

FaithWords
Hachette Book Group
1290 Avenue of the Americas
New York, NY 10104
www.faithwords.com
twitter.com/faithwords

Impreso en los Estados Unidos de América

LSC-C

Primera edición: Octubre 2017
10 9 8 7 6 5 4 3 2 1

FaithWords es una división de Hachette Book Group, Inc. El nombre y el logotipo de FaithWords son una marca registrada de Hachette Book Group, Inc.

International Standard Book Number: 978-1-4789-9181-6

CONTENIDO

CAPÍTULO UNO
Bendecidos en los lugares tenebrosos 1

CAPÍTULO DOS
Temporadas nocturnas 19

CAPÍTULO TRES
Frustraciones secretas 35

CAPÍTULO CUATRO
Confianza incondicional 52

CAPÍTULO CINCO
No desperdicie su dolor 67

CAPÍTULO SEIS
Bendecido por sus enemigos 83

CAPÍTULO SIETE
Todo es bueno 99

CAPÍTULO OCHO
Nada es desperdiciado 114

CAPÍTULO NUEVE
El problema es el transporte 130

CAPÍTULO DIEZ
Dejado caer, pero no olvidado 147

CAPÍTULO ONCE
Balancear los libros 164

CAPÍTULO DOCE
Fe para lo de en medio 181

CAPÍTULO TRECE
Anclado a la esperanza 197

CAPÍTULO CATORCE
Empujado a su propósito 214

CAPÍTULO QUINCE
Entre en lo desconocido 230

CAPÍTULO DIECISÉIS
Sigo de pie 246

CAPÍTULO DIECISIETE
Recuerde su sueño 262

CAPÍTULO DIECIOCHO
Un fin esperado 279

AGRADECIMIENTOS 294

CAPÍTULO UNO

Bendecidos en los lugares tenebrosos

Cuando pensamos en lo que significa ser «bendecidos», la mayor parte del tiempo pensamos en las cosas buenas que nos han sucedido. Posiblemente nuestro supervisor nos ofreció un nuevo puesto en el trabajo y fuimos bendecidos con un ascenso. Recordamos cuando nuestro nuevo hijo nació y cómo fuimos bendecidos con un niño. O quizá vencimos una enfermedad y fuimos bendecidos con un retorno a la buena salud. Las bendiciones y los buenos tiempos van de la mano. Es fácil celebrar y tener una actitud de gratitud cuando las cosas nos están saliendo bien.

¿Pero y cuando pasamos por tiempos realmente difíciles? La empresa estaba haciendo un recorte de personal y fuimos despedidos. Alguien abandonó una relación con nosotros y ahora tenemos que comenzar de nuevo. ¿Dónde están las bendiciones cuando pasamos por cosas que no entendemos?

Conocí a una jovencita cuando tenía cinco meses de embarazo de su primer hijo. Ella se había emocionado tanto que ya había decorado la habitación del bebé, pero algo salió mal con el embarazo y tuvo un aborto espontáneo. Quedó entumida por la pérdida, inexpresiva, en un lugar tenebroso.

En 1981 mi familia pensó que celebraríamos juntos las fiestas navideñas, disfrutando la diversión y la convivencia. En lugar de ello, nos enteramos de que a mi madre le habían diagnosticado cáncer terminal en el hígado y que le quedaban pocas semanas de vida. Fue una Navidad bastante sombría. ¿Será posible que obtengamos bendiciones en estos tiempos de oscuridad que no podamos obtener en la luz?

Todos nosotros en cierto punto pasamos por un lugar tenebroso: una enfermedad, un divorcio, una pérdida, un hijo que rompe nuestro corazón. Es fácil desanimarse, renunciar a nuestros sueños y pensar que es el fin. Pero Dios usa los lugares tenebrosos. Son parte de su plan divino. Piense en una semilla. Mientras permanezca en la luz, no puede germinar y nunca se va a convertir en aquello para lo que fue creada. La semilla debe ser plantada en la tierra, en un lugar oscuro, para que el potencial del interior cobre vida. Del mismo modo, hay semillas de grandeza en nosotros —sueños, metas, talentos, potencial— que solamente cobrarán vida en un lugar oscuro.

> *Hay semillas de grandeza en nosotros —sueños, metas, talentos, potencial— que solamente cobrarán vida en un lugar oscuro.*

Los lugares tenebrosos nos traen bendiciones

A lo largo de la Escritura, cada persona que hizo algo grande pasó por uno de esos lugares tenebrosos. Moisés cometió un error y mató a un egipcio. Pasó cuarenta años solitarios en la parte trasera del desierto, sintiendo que había fracasado. Pero en ese lugar oscuro algo estaba tomando forma en su vida. Estaba siendo preparado, desarrollando paciencia, humildad, fuerza y confianza. Sin el lugar tenebroso Moisés nunca hubiera levantado su vara para partir el mar Rojo. Nunca hubiera guiado a los israelitas fuera de la esclavitud hacia la Tierra Prometida. El lugar oscuro fue un requisito previo para que entrara a la plenitud de su destino, y es un requisito previo para nosotros también.

> *El lugar oscuro fue un requisito previo para que entrara a la plenitud de su destino.*

Ester era una huérfana, perdió a ambos padres y vivía en un país extranjero. Se sentía sola, desamparada, abandonada, en un lugar tenebroso. Sin embargo, Dios la usó para salvar al pueblo de Israel. José fue traicionado por sus propios hermanos, falsamente acusado de un crimen y puesto en prisión, un lugar tenebroso. Pero terminó gobernando una nación. Elías descendió de una gran victoria en la montaña a un lugar tenebroso de depresión tan bajo que quería morirse, no obstante, es uno de los héroes de la fe. David tuvo una aventura con una mujer casada, y luego hizo que su marido fuera muerto en batalla. Pero después de un tiempo extremadamente oscuro que siguió en su vida, David volvió de nuevo su corazón al Señor y es recordado por Dios como un «varón conforme a mi corazón».

Quizá no se haya dado cuenta, pero es en los lugares tenebrosos donde usted realmente crece. Es donde su carácter se desarrolla, donde aprende a confiar en Dios y a perseverar, y donde sus músculos espirituales se fortalecen. En los lugares tenebrosos usted ora más, se acerca más a Dios y toma tiempo para acallarse y escuchar lo que Él está diciendo. En esos lugares oscuros usted vuelve a evaluar sus prioridades, desacelera y toma tiempo para la familia, y obtiene un nuevo aprecio por lo que Dios le ha dado.

A un amigo mío le dieron noticias devastadoras porque a causa de una infección que tenía iba a perder la vista. Fue sometido a la cirugía, y no se suponía que fuera capaz de ver después de eso. Pero los médicos pudieron corregir el problema. Sorprendentemente, salió de la cirugía con su visión perfectamente bien. Ahora, cada mañana cuando despierta, se toma quince minutos y simplemente se queda mirando los árboles y las flores y mira maravillado a sus hijos. No se dio cuenta en ese momento, pero en ese lugar tenebroso había sido bendecido. Algo estaba sucediendo en su interior. Estaba experimentando un nuevo crecimiento, una confianza mayor, perseverancia y determinación.

Su alma puesta en hierro

Cuando usted pasa por suficientes lugares tenebrosos, no se queja de los pequeños inconvenientes de la vida. No se molesta porque no obtuvo un lugar de estacionamiento. No pierde su gozo cuando se queda atorado en el tráfico. No se ofende si un compañero de trabajo fue grosero con usted. Ha pasado por tantas cosas como para dejar que eso lo amargue. Su columna vertebral ahora es de acero.

Un día una persona con una buena intención me dijo: «Joel, escuché a un tipo hablando negativamente de ti, y me pesó mucho que haya dicho eso». La persona estaba siendo amable y alentadora. Pero yo pensé: *No necesitas sentir lástima por mí. Yo enterré a mi padre. Vi a mi madre vencer el cáncer. Aprendí a ministrar cuando todas las voces me dijeron que no podría. Creí que podríamos conseguir el Compaq Center cuando todas las probabilidades estaban en nuestra contra. Si pude salir adelante en todo eso, puedo resistir que no le simpatice a alguien.* Es como un pequeño insecto que uno simplemente tiene que sacudirse.

Cuando es necesario atravesar algunos lugares tenebrosos, lo fortalece. Los lugares tenebrosos son lo que me ha hecho quien soy hoy. Me gustan más los buenos tiempos. Prefiero que todo me salga bien. No estoy esperando tener momentos oscuros, pero no fueron los buenos tiempos los que sacaron lo mejor de mí. Fueron las noches solitarias, los tiempos en los que pensé que no podría lograrlo por mí mismo, los momentos en los que no podía ver un camino; fue entonces que aprendí cómo orar realmente, fue entonces que desarrollé una confianza inamovible en Dios, fue entonces que mi fe creció. No se queje de los lugares oscuros; hay una bendición en los lugares oscuros. Dios está obrando algo en su vida que solamente puede ser forjado en el fuego de la aflicción.

Cuando mi padre murió y estaba comenzando a aprender cómo ministrar, tenía tanto miedo de estar frente a la gente. Hubo noches después de la cena en las que me iba a mi vestidor a orar. Victoria me venía a buscar, preguntándole a los niños: «¿Dónde está su papá?». Ella me encontraba en el vestidor orando. La verdad es que nunca oré así en los buenos tiempos. No dejé mis actividades para acercarme más a Dios cuando todo me estaba saliendo bien. Fueron los lugares tenebrosos los que me ayudaron a desarrollar mis músculos espirituales. A pesar de que no me gustaba lo que estaba pasando, estar tan incómodo me forzó a estirarme y crecer. No lo hubiera cambiado por nada. Me ha hecho ser mejor.

Dios usa los lugares tenebrosos. Cuando José fue acusado falsamente y puesto en prisión durante trece años, la Escritura dice: «Afligieron sus pies con grillos; en hierro fue puesta su alma». En esa prisión José desarrolló fuerza, una perseverancia que no podría haber obtenido en ninguna otra manera. Hay algunas lecciones que solamente se pueden aprender en los lugares tenebrosos. Deje de quejarse de lo que está pasando, de lo injustas que son las cosas, de quién lo ofendió. Quizá sea incómodo, probablemente no le guste, pero está cooperando para su bien. Usted se está fortaleciendo; se está desarrollando algo en usted que solo puede obtener en la oscuridad. No puede alcanzar su más alto potencial estando en la luz todo el tiempo. No tener oposición, ni problemas y que nadie venga en su contra quizá podría sonar bien, pero va a detener su crecimiento.

«Afligieron sus pies con grillos; en hierro fue puesta su alma».

Ensanchado en tiempos de aflicción

El rey David dijo: «Cuando estaba en angustia, tú me hiciste ensanchar». No lo ensanchó en los buenos tiempos; fue ensanchado cuando las cosas no le estaban saliendo bien. Cuando David era adolescente quería salir a divertirse con sus amigos, pero tenía que quedarse a cuidar de las ovejas de su padre. Día tras día, mientras estaba fuera solo en los campos de pastoreo, sin nadie con quien hablar, parecía como si nunca podría lograr sus sueños. Pero esos años en los campos solitarios fue lo que lo preparó para convertirse en un campeón. Cuando mató a Goliat, la gente dijo que había conseguido el éxito de la noche a la mañana. Pero la verdad es que no sucedió de la noche a la mañana. Sucedió porque atravesó los lugares tenebrosos con una buena actitud. Las cosas no le estaban saliendo como él quería, cuando estaba solitario y sintiendo como si Dios se había olvidado de él, simplemente siguió haciendo lo correcto. Entendió este principio. Su actitud fue: *Dios, este es un lugar tenebroso. Quizá no lo vea ahora, pero creo que está obrando a mi favor. Me estoy volviendo más fuerte. Estoy desarrollando paciencia y perseverancia, y estoy aprendiendo a confiar en ti*. En el momento indicado, no solamente salió de ese lugar tenebroso, sino que salió incrementado, promovido y mejor que como había estado antes.

No es una coincidencia que David diga en el Salmo 23: «El Señor es mi pastor; nada me falta. En campos de verdes pastos me hace descansar; me lleva a arroyos de aguas tranquilas [...] Aunque deba yo pasar por el valle más sombrío, no temo sufrir daño alguno». De hecho, estaba diciendo: *El mismo Dios que me lleva a pastos verdes, el mismo Dios que me lleva a aguas tranquilas, es el mismo Dios que me guía a través del valle más sombrío.*

Todos podemos confiar en Dios cuando estamos descansando en los pastos verdes, y podemos confiar en Él cuando estamos junto a las aguas tranquilas; eso es fácil. Pero Él le está pidiendo que confíe en Él cuando está en el valle más sombrío. No lo ha dejado. Probablemente se sienta solo, abandonado y maltratado, y piense que la vida no ha sido justa, pero Dios todavía lo está guiando. Ese lugar tenebroso es parte del plan de formarlo tal como fue creado. Quizá no sea fácil, posiblemente no lo comprenda, pero la fe es confiar en Dios cuando la vida no tiene sentido. Atrévase a creer que Él lo está bendiciendo incluso en los lugares tenebrosos. Crea que lo que fue pensado para su mal está obrando a su favor.

David continuó diciendo: «Aunque deba yo pasar por el valle más sombrío, no temo sufrir daño alguno, porque tú estás conmigo; con tu vara de pastor me infundes nuevo aliento. Me preparas un banquete a la vista de mis adversarios; derramas perfume sobre mi cabeza y me colmas de bendiciones». Observe que tiene que pasar por el valle para disfrutar la mesa puesta delante de usted. Tiene que pasar por la soledad, por la enfermedad, por la traición antes de obtener esa unción fresca, ese comienzo fresco. Usted tiene que pasar por los campos de pastoreo, haciendo lo correcto a pesar de que le esté sucediendo lo que no es correcto. Usted tiene que pasar por ese empleo en el que no es tratado bien, abrirse paso a través de la lucha, de la escasez, de la deuda, antes de llegar a donde es colmado de bendiciones.

Con demasiada frecuencia queremos las bendiciones, pero no el valle. Nuestra oración es: «Dios, dame más favor, más influencia una mayor unción». Dios responde: «Está bien, pero tienes que estar dispuesto a ir conmigo a través del valle». En los lugares tenebrosos es donde le probamos a Dios de qué estamos hechos realmente. ¿Puede Dios confiarle más de su favor, con una mayor influencia y más recursos? Usted tiene que ser fiel en el campo de pastoreo, un lugar solitario donde quizá las cosas no le estén saliendo bien. «Bueno, Joel, no me cae bien mi jefe. Por eso es que me tardo en el trabajo, y por eso es que llego tarde. No me tratan bien». Si usted no tiene una buena actitud en los lugares tenebrosos, se quedará atorado allí. Si usted no es fiel en el desierto, ¿cómo puede Dios confiar en que usted será fiel en la Tierra Prometida?

Con demasiada frecuencia queremos las bendiciones, pero no el valle.

Signos de interrogación cambiados por signos de exclamación

Tenga una nueva perspectiva: los lugares tenebrosos son oportunidades para crecer. Usted no se encuentra en un lugar tenebroso por accidente. Si Dios no lo fuera a usar para su bien, no lo habría permitido. Quizá no lo entienda, podría no tener sentido, pero Dios sabe lo que está haciendo. Pase la prueba.

Cuando mi padre se fue con el Señor en 1999, ese fue el mayor desafío que alguna vez enfrenté: un lugar tenebroso. Cuando pasa por una pérdida, es fácil desanimarse y sentir como si Dios lo hubiera abandonado y que ya no habrá más días buenos. Pero he aprendido que cada vez que algo muere en mi vida, algo más está viniendo a la vida. Parece como un final, pero Dios tiene un nuevo comienzo. Un amigo lo traiciona y lo deja, y su relación muere, pero al mismo tiempo Dios está dando a luz una nueva relación. Él ya preparó otro amigo que está destinado a cruzarse en su camino. Perdió un empleo, un puesto o un cliente importante, pero Dios tiene una nueva posición, nuevas oportunidades y nuevos niveles para usted. Si usted pasa por el valle de confiar, de creer, sabiendo que Dios está en control, vendrá a la mesa preparada para usted, a la unción fresca y al ensanchamiento donde es colmado de bendiciones.

Tengo un amigo con el que jugué béisbol hace años. Era el jugador estrella, siempre el mejor en el campo. Iba a la cabeza de la liga en «hits» y atrapadas. Su sueño era jugar béisbol profesional. Durante un verano fue invitado a jugar a un equipo amateur altamente competitivo que viajaba alrededor del país. Solamente jugadores extremadamente talentosos obtenían la oportunidad de jugar en este equipo bastante prestigioso. Jugó ese verano y le fue excepcionalmente bien, pero algunos de los demás jugadores le tenían envidia. Comenzaron a difundir mentiras acerca de él y a generar problemas. Al año siguiente, el entrenador, a pesar de que le simpatizaba mucho mi amigo, creyó los rumores y no lo invitó de vuelta a jugar. Mi amigo estaba bastante desanimado. Trató de entrar a otros muchos equipos, pero era demasiado tarde. Ya estaban llenos. Por primera vez no tuvo un equipo con el cual jugar durante el verano. Se perdió toda la temporada:

nada de partidos, ni oportunidades, un lugar tenebroso. Él no lo comprendió, y no fue justo, pero no se amargó. Sabía que el mismo Dios que lo había llevado a las aguas tranquilas y los pastos verdes lo estaba guiando por el valle.

Cada noche se iba a las jaulas de bateo y seguía mejorando sus habilidades. Les pedía a sus amigos que batearan unas bolas para mantenerse en forma en sus atrapadas. Siguió levantando pesas, corriendo, manteniéndose en forma. No tenía equipo para el cual jugar, y no había sido tratado bien, pero sabía que del otro lado del valle había una mesa preparada para él. Uno tiene que atravesar el valle para llegar a la mesa. No se quede atorado en el valle sombrío. No pierda su pasión ni tenga una actitud agria que diga: «No entiendo por qué pasó esto. Después de todos estos años, me despidieron». «¿Cómo es que recibí este informe médico desfavorable?». «¿Por qué esta persona rompió mi corazón?». Si siempre está tratando de dilucidar por qué, se va a atorar.

Piense en esto: un signo de admiración es simplemente un signo de interrogación enderezado. Si usted quiere que Dios convierta sus signos de interrogación, lo que no entiende, en signos de admiración, tiene que confiar en Él. En esos lugares tenebrosos donde la vida no es justa, en lugar de preguntarse por qué sucedió algo, atrévase a decir: «Dios, yo sé que sigues sentado en el trono. Quizá no entiendo este valle en el que estoy, pero sé que del otro lado está mi signo de admiración. La mesa ya está preparada, las personas correctas están esperando, una fresca unción viene con incremento, promoción y un nuevo nivel». Si usted pasa por lugares tenebrosos en esa manera, verá el signo de interrogación convertirse en un signo de admiración. Dios lo asombrará con su bondad.

Eso fue lo que nos sucedió. Cuando mi padre murió, yo tenía muchos signos de interrogación. «¿Sobrevivirá la iglesia? ¿Puedo realmente ministrar? ¿Habrá alguien que me escuche?». A medida que me mantuve en fe y pasé los lugares tenebrosos con la actitud correcta, uno por uno Dios convirtió los signos de interrogación en signos de admiración. «¿Sobrevivirá la iglesia?». Sí, y aquí está el Compaq Center para que quepa toda la gente: signo de admiración. «¿Puedo realmente ministrar? ¿Habrá alguien que me escuche?». Sí, y aquí hay algunos canales de TV que llevarán tu programa, aquí hay algunos libros número uno, y aquí está un canal de radio SiriusXM satelital: signo de admiración.

> *Si usted pasa por lugares tenebrosos en esa manera, verá el signo de interrogación convertirse en un signo de admiración.*

Bendiciones a través de los quebrantos

Quizá usted se encuentre en un lugar tenebroso en este momento. Pasó por un rompimiento, y está herido, solitario y preguntándose si alguna vez volverá a ser feliz. Puedo decirle de primera mano —soy un testigo viviente— que, si sigue avanzando hacia adelante, honrando a Dios, Él traerá a alguien a su vida que es mejor de lo que se ha imaginado alguna vez; alguien más amable, más amigable, más amoroso, que lo tratará como un rey/una reina. La parte final de su vida será mejor que la primera. Dios tiene un signo de admiración esperándolo.

Quizá está tratando con una enfermedad. Le han dicho que no se ve bien. Manténgase en fe; el signo de admiración ya viene. A mi madre le diagnosticaron cáncer terminal, y treinta y seis años después, sigue estando saludable y fuerte. Eso es bueno, pero aquí va el signo de admiración: cada semana va al hospital para orar por otras personas enfermas. Ese es Dios haciendo pagar al enemigo.

Probablemente se encuentre en un lugar tenebroso en sus finanzas. Tuvo un revés o perdió un cliente, y se está preguntando: *¿Alguna vez va a mejorar esto?* Sí, del otro lado del valle usted va a encontrar su copa colmada de bendición: incremento, abundancia, un nuevo nivel de su destino. Usted ha estado en ese valle durante un largo tiempo, pero necesita prepararse. Está a punto de ver un avance, y el problema está a punto de ceder. No deje de creer. Recupere su fuego, porque Dios no lo trajo tan lejos para dejarlo. Tiene un signo de admiración que vendrá a su camino.

Eso fue lo que le sucedió a mi amigo el beisbolista. Un día estaba practicando, concentrado en sus asuntos y mejorando sus habilidades. Lo que no sabía es que en las gradas había un buscador de talentos para un equipo profesional. Este buscador de talentos estaba allí para ver a otro jugador. Pero cuando vio lo talentoso que era mi amigo, lo llamó y le dijo: «Me gustaría que viniera a hacer una prueba para nuestro equipo». Ese fue Dios que lo puso en el lugar correcto en el momento oportuno. Dios sabe cómo llevarlo a su destino. Mi amigo fue e hizo la prueba. Entró al equipo, jugó algunos años en las ligas menores, siguió ascendiendo y llegó a jugar en las ligas mayores. Y tuvo una larga y exitosa carrera.

La gente no determina su destino, pero Dios sí. Un mal momento no puede detenerlo, la enfermedad no puede detenerlo, la injusticia no puede detenerlo. Dios tiene la última palabra. Si usted atraviesa los lugares tenebrosos con una buena actitud y sigue haciendo lo correcto, saldrá a su signo de exclamación. Usted verá la bondad de Dios.

Cuando Jesús estaba por alimentar a una multitud de miles de personas, tenía el almuerzo de un muchacho, solo cinco panes y dos peces. Levantó los panes y dio gracias, y entonces, dice la Escritura: «Partió los panes», y el pan se multiplicó. Observe que la bendición estuvo en partirlos. Entre más los partía, más se multiplicaban.

Hay momentos en la vida en que nos sentimos partidos: tenemos sueños partidos, un corazón partido. Cuando la joven me dijo que había tenido un aborto espontáneo, grandes lágrimas corrían sobre su hermoso rostro. Ella dijo: «Este bebé es lo que yo quería más que ninguna otra cosa». Ella estaba quebrantada. Cuando perdí a mi padre sentí como si se hubiera muerto una parte de mí. Cuando se sienta partido, no se amargue, no renuncie a sus sueños. Ese quebranto no es el final; es una señal de que Dios está apunto de multiplicar. Eso fue lo que dijo el rey David: «Cuando estaba en angustia, tú me hiciste ensanchar». Quizá ese quebranto tenía el propósito de detenerlo, pero si se mantiene en fe, Dios va a utilizarlo para ensancharlo. La pérdida, la decepción, la persona que no cumplió su palabra; usted siente la herida, pero la verdad es que estas cosas lo estaban preparando para que Dios lo ensanche.

Si usted ha pasado por más de lo que le tocaba de malos momentos, aliéntese. Entre más quebrado esté, más Dios lo va a incrementar. Entre más grande sea la decepción, mayor es la bendición. Entre más lo hieran, más Él lo recompensará. Él tiene una corona para sus cenizas, alegría para su luto. El quebranto solamente es temporal. No se establezca en el valle, ni siquiera se sienta cómodo en el valle, porque el valle no es su hogar. El Pastor lo está guiando a través del valle. Del otro lado hay abundancia, plenitud de gozo, relaciones excelentes, salud y restauración completa y sueños que se hacen realidad.

Entre más grande sea la decepción, mayor es la bendición.

Saque la grandeza que lleva dentro

Jesús dijo: «El grano de trigo, a menos que sea sembrado en la tierra y muera, queda solo. Sin embargo, su muerte producirá muchos granos nuevos». Usted puede tener una semilla en su escritorio toda la vida, pero nunca se va a convertir en lo que fue creada hasta que la ponga en la tierra. Su potencial nunca será soltado hasta que sea plantada. Todo el tiempo que esté en el escritorio donde es cómodo y no tiene que estirarse o tratar con alguna adversidad, el potencial de la semilla permanecerá encerrado dentro de ella. Solo después de ser plantada y de pasar por el proceso de germinado —cuando la cascarilla externa se rompe y el nuevo crecimiento comienza— florecerá y dará mucho fruto. El problema con mucha gente es que quieren el fruto, pero no quieren pasar por el proceso. No quieren estar incómodos. No quieren tener que estirarse o tratar con la adversidad, la oposición o la traición. Pero sin el lugar tenebroso, su potencial permanecerá encerrado en el interior. La semilla no puede germinar en la luz.

Si usted le preguntara a la semilla, estoy seguro de que diría: «No quiero ir a la tierra. Está oscuro, es solitario y es incómodo cuando lo gente camina sobre mí». La semilla siente como si hubiera sido enterrada, como si fuera el final, pero de lo que la semilla no se da cuenta es que no está enterrada; ha sido plantada. Tiene la vida del Todopoderoso Dios en el interior. Ese lugar tenebroso, aunque es incómodo, es una parte crucial del proceso. A lo largo de un periodo, una vez que germina y crece, en lugar de ser una pequeña semilla enterrada, termina siendo una hermosa flor, que se abre y que da mucho fruto. Si usted le preguntara a la flor al estar ya completamente abierta, le diría: «No me gustó el lugar tenebroso, pero me doy cuenta ahora de que fue una bendición. Mire lo que sacó de mí. ¡Mire en lo que me he convertido!».

Habrá momentos en la vida cuando se sienta como si estuviera enterrado y habrá pensamientos que le dirán: *Ya se fueron tus mejores días. Ese recorte de personal arruinó tu carrera. Ese divorcio manchó tu futuro. Esta enfermedad va a ser tu final.* Tenga una nueva perspectiva. No está enterrado; está sembrado. Si nunca hubiera pasado por el lugar tenebroso —la soledad, la decepción, la pérdida— nunca

> *Usted no está enterrado; está sembrado.*

habría descubierto lo que está dentro. Como el de esa semilla, su potencial está a punto de ser soltado. Usted no solamente va a salir de la oscuridad, usted va a salir mejor, más fuerte, completamente en flor y llevando mucho fruto. Cuando sienta como si algo estuviera muriendo, está oscuro, usted siente la presión de la tierra, no ve una salida, es señal de que algo nuevo está por salir a la vida: nuevo crecimiento, nuevo talento, nuevas oportunidades.

Cuando mi padre se fue con el Señor, sentí como si yo hubiera sido enterrado. Podía sentir la presión, pero en ese tiempo oscuro, cuando algo estaba muriendo, Dios estaba dando a luz algo nuevo. Fue cuando descubrí dones y talentos que no sabía que tenía. No me gustó el proceso, pero fue lo que me llevó a florecer. A ninguno de nosotros nos gusta ser plantados; es incómodo, es solitario, pero en esos lugares tenebrosos usted tiene que recordarse a sí mismo que el nuevo crecimiento viene en camino. Aunque se sienta como si algo estuviera muriendo, algo más está cobrando vida. Usted no está enterrado; está sembrado. Cuando salga va a producir una abundante cosecha.

Mi desafío para usted es que esté dispuesto a pasar por el proceso. Demasiadas personas se amargan, pierden su pasión y se atoran con la pregunta sin respuesta: «¿Por qué está sucediendo esto? Pensé que Dios estaba a mi favor». Atrévase a confiar en Él. Él sabe lo que está haciendo. Él no envía la dificultad, pero la va a usar. No luche contra los lugares tenebrosos. Quizá haya tierra a todo su alrededor y sea incómodo, pero esa tierra no está allí para detenerlo, está allí para sacar la grandeza que lleva dentro. Si atraviesa los lugares tenebrosos con una buena actitud, Dios va a tomar sus signos de interrogación y a convertirlos en signos de admiración. Usted pasará por cada valle y encontrará una mesa que ya está puesta para usted —una unción fresca—, y usted incrementará a donde será colmado de bendición. Usted no está enterrado; está sembrado. Es solo cuestión de tiempo antes de que salga y florezca en aquello para lo cual fue creado.

CAPÍTULO DOS

Temporadas nocturnas

Hay momentos en la vida de todos nosotros cuando las cosas no están cambiando tan rápido como nos gustaría. Estamos orando y creyendo, pero nuestra salud no está mejorando. Nuestras finanzas no han dado un giro. No hemos encontrado a la persona correcta. Nos podemos sentir solos, olvidados, como si nuestra situación nunca fuera a cambiar. Es una temporada nocturna. En estas temporadas nocturnas no podemos ver lo que Dios está haciendo. No parece que nada esté sucediendo, pero Dios está trabajando tras bastidores. Él hace su obra más grande en la oscuridad. No vemos que nada cambie. Seguimos tratando con el mismo problema. Dios no se ha olvidado de nosotros.

En los tiempos oscuros, cuando la vida se siente injusta, usted tiene que recordarse a sí mismo que Dios todavía está en control. Solo porque usted no vea que esté sucediendo algo no significa que Dios no esté obrando. Él no siempre muestra lo que está haciendo. Es fácil confiar en Él cuando está recibiendo buenas oportunidades y las cosas están yendo excelente. Pero usted tiene que aprender a confiar en Él en las temporadas nocturnas cuando las cosas no le están saliendo como quiere y cuando no ve que suceda nada.

De joven, David venció a Goliat. Fue una gran victoria. Pero después de eso pasó años huyendo del rey Saúl, escondiéndose en cuevas, durmiendo en el desierto. Estoy seguro de que oró: «Dios, líbrame de Saúl. Esto no está bien». Pero era como si los cielos estuvieran en silencio. Dios no lo cambió. Saúl estaba equivocado. Era injusto para David. Pero las temporadas nocturnas son tiempos de prueba, tiempos de demostrar. Podemos ya sea escoger ponernos negativos y vivir desanimados o podemos escoger decir: «Dios, no lo entiendo, no es justo, pero confío en ti. Sé que no eres solo el Dios de la luz del día, sino también el Dios de las temporadas nocturnas».

En la Escritura, Rut perdió a su marido a una edad temprana. Estaba devastada y con el corazón roto. Podría haberse rendido y vivir en autolástima. Pero entendió este principio: las temporadas nocturnas no son el fin. Los tiempos malos, las decepciones, las pérdidas y las enfermedades son simplemente pasos adicionales en el camino a su destino.

Las temporadas nocturnas son tiempos de prueba, tiempos de demostrar.

El salmista dijo: «Por la noche durará el lloro, y a la mañana vendrá la alegría». Su historia no termina con la noche. La noche es temporal. La enfermedad es temporal. La soledad es temporal. La adicción es temporal. Rut siguió adelante a conocer a otro hombre. Se enamoraron, se casaron y tuvieron un bebé. Su historia no terminó en la oscuridad. Cuando las cosas no están resultando y usted siente como si estuviera yendo en la dirección equivocada, no se desanime porque Dios no lo haya cambiado todavía. Es solo una temporada nocturna. No es permanente. Así no es como termina su historia. Quizá no vea que suceda nada, pero Dios está trabajando. Atrévase a confiar en Él. Siga avanzando en fe, siga creyendo. Es solo cuestión de tiempo antes de que venga la mañana.

«Después de esto»

Al igual que otros héroes de la fe del Antiguo Testamento, Job pasó por una temporada nocturna. Todo le había estado yendo excelente. Estaba feliz, saludable y tenía éxito, pero la vida dio un giro repentino. De la nada quedó tumbado con una enfermedad bastante dolorosa. Tenía úlceras en todo su cuerpo. Perdió sus negocios y perdió a sus hijos e hijas. Todo su mundo se puso de cabeza. Lo interesante es que Job era un buen hombre. Amaba a Dios. Era una persona de excelencia e integridad. Todo lo que le sucedió habría tenido más sentido si fuera una persona que anduviera en componendas, tomando las decisiones equivocadas y que no honrara a Dios. Pero la Escritura dice: «[Dios] envía la lluvia sobre los justos y los injustos por igual». Solo porque usted sea una buena persona no significa que no vaya a tener algunas temporadas nocturnas.

Si se encuentra en un momento difícil justo ahora, no significa que haya hecho algo mal y que Dios no esté agradado con usarlo, o que no tenga su favor. Significa que está recibiendo un poco de lluvia. Sin la lluvia usted no podría crecer. Y Dios no la habría permitido si fuera a evitar que usted llegue a su destino. Él lo tiene en la palma de su mano. Lo está vigilando de cerca. Quizá sienta como si estuviera en la sartén, pero Dios controla el termostato. No va a permitir que el calor suba más allá de lo que pueda manejar. Ahora deje de decirse a sí mismo: «Nunca voy a lograr vencer esto. Nunca me voy a recuperar, nunca voy a lograr mis sueños». No, solo es una temporada nocturna. No es una sorpresa para Dios. Él ya tiene la solución, y la victoria se dirige hacia usted.

Pero Job hizo lo que hacemos muchos de nosotros en los momentos difíciles. Se enfocó en el problema, amplificó lo que estaba mal, y dejó que lo abrumara. Job dijo: «A mí también me ha tocado vivir [...] largas y pesadas noches de miseria [...] Nunca más volveré a ser feliz». Es como si estuviera diciendo: «Esto es permanente. Así es como termina mi historia. He sido asignado a noches de miseria». Los eventos que nuestro ministerio llama «Una noche de esperanza», Job los habría llamado: «Una noche de miseria». No estoy tomando a la ligera lo que enfrentó porque fue grave y descorazonador. Pero cometió el error de pensar que era permanente.

Job hizo lo que hacemos muchos de nosotros en los momentos difíciles. Se enfocó en el problema, amplificó lo que estaba mal y dejó que lo abrumara.

Lo que usted está pasando quizá sea difícil, pero las buenas noticias son que lo está pasando. No es su destino final. Es una temporada nocturna, no una vida nocturna. En la hora más oscura de Job, cuando estaba más desanimado, uno de sus amigos le dijo: «[Dios] Pondrá de nuevo risas en tu boca, y gritos de alegría en tus labios». Dios estaba diciendo: «Job, esto se ve mal. No lo comprendes, pero no te preocupes. No es permanente. Es solo una temporada. Estoy a punto de llenar tu boca de risa».

Dios le está diciendo a usted lo que le dijo a Job. La vida quizá no sea justa, pero usted no va a vivir desanimado, abrumado por los problemas o cargado por las enfermedades. Viene la alegría. Viene la salud. Los avances vienen. La promoción está en camino. Dios está a punto de llenar su boca de risa. Eso significa que Dios va a hacer algo tan inusual, tan extraordinario, que estará tan sorprendido que todo lo que podrá hacer será reír. Su lloro se va a convertir en baile, su lamento en alegría.

Esto fue lo que le sucedió a Job. No solo atravesó la temporada nocturna, sino que Dios le restauró al doble lo que perdió. Salió con el doble de bueyes, ovejas, camellos y burros, y se sintió lo doble de saludable. Dios siempre hace que el enemigo pague por haber traído problemas. Si usted se mantiene en fe, no solo saldrá del problema, sino que saldrá mejor de como era antes. La Escritura dice: «Después de esto, Job vivió ciento cuarenta años y pudo ver a cuatro generaciones de sus hijos y nietos. Luego murió siendo muy anciano, después de vivir una vida larga y plena». Cuando pensamos en Job, solemos pensar en todo su dolor, en todo su sufrimiento. La verdad es que, esa solo fue una temporada. Quizá se encuentre en un tiempo oscuro, pero, como Job, va a salir de ello y todavía va a vivir una vida larga y bendecida. Dice: «Después de esto, Job vivió ciento cuarenta años». ¿Después de qué? Después de la temporada nocturna. Eso significa que después de la pérdida, después de la decepción, después del divorcio, después de la enfermedad, todavía hay muchos días estupendos por delante.

La luz irrumpe

Mi padre pasó por una temporada nocturna. Se casó a una muy corta edad. Lamentablemente, su matrimonio no funcionó. Quedó devastado cuando falló, renunció a su iglesia y dejó el ministerio. Los líderes de la denominación le dijeron que nunca volvería a pastorear. La gente dijo que estaba acabado. Las buenas noticias son que la gente no determina su destino; pero Dios sí. Dos años después, regresó al ministerio y más tarde se casó con mi madre. Tuvieron cinco hijos y estuvieron casados casi cincuenta años. Comenzaron Lakewood y él pastoreó allí durante cuarenta años, tocando al mundo. Esto sucedió después del divorcio, después de la decepción. Pensó que eso agriaría el resto de su vida, pero solo fue una temporada. Continuó viviendo una vida larga, bendecida y plena. No permita que las temporadas nocturnas lo convenzan de que sus mejores días ya terminaron. Usted no estaría vivo a menos que Dios hubiera hecho algo asombroso delante de usted.

En los momentos oscuros, es fácil hablar de las dificultades, hablar de lo mal que la vida nos está tratando. Al igual que Job, tendemos a exagerar nuestros problemas. Todo lo que eso va a lograr es hacerlo sentir más desalentado y derrotado y se va a llevar su alegría. En lugar de quejarse,

En los momentos oscuros, es fácil hablar de las dificultades, hablar de lo mal que la vida nos está tratando.

una de las mejores cosas que puede decir es: «Todo está bien». Cuando usted dice: «Todo está bien», lo que en realidad está diciendo es: «Dios todavía está en el trono, y no voy a vivir molesto, amargado y culpable. Probablemente me encuentre en una temporada nocturna, pero sé que esto también pasará. Todo está bien». Alguien quizá le diga: «Bueno, creía que el informe médico no había sido bueno». Y usted le responde: «Sí, eso es verdad, pero todo está bien. Dios está restaurando mi salud de vuelta». Ellos le dicen: «Tu hijo sigue descarriado». Y usted responde: «Sí, pero no estoy preocupado. Todo está bien. Pero en cuanto a mí y a mi familia, nosotros serviremos al Señor».

Es posible que usted se esté preguntando: *¿Cómo puedo decir: «Todo está bien», cuando perdí a un ser querido, y pasé por un rompimiento y todavía no he conocido a la persona correcta?* Usted lo puede decir porque sabe que la temporada nocturna solamente es temporal. Usted sabe que el gozo viene en camino. Usted sabe que lo que fue pensado para su mal, Dios lo está cambiando a su favor. Usted sabe que después de esto viene una vida larga, bendecida y plena. Ahora bien, no se convenza de ser miserable. Todos tenemos temporadas nocturnas, tiempos que no comprendemos. Mantenga un reporte de victoria saliendo de su boca. Si usted va a magnificar algo, no magnifique sus problemas; magnifique a su Dios. Hable acerca de su grandeza, hable acerca de su favor. Y sí, es probable que tenga grandes desafíos, pero servimos a un Dios grande. La cura quizá parezca imposible, pero Dios puede hacer lo imposible. Un obstáculo puede parecer permanente, pero un toque del favor de Dios puede impulsarlo al siguiente nivel. Deje de preocuparse. Dios está diciendo: «Todo está bien». En sus finanzas, todo está bien. En su salud, todo está bien. En su familia, todo está bien. Quizá en este momento sea de noche, pero viene la mañana. Usted va a ver lo que Dios estaba haciendo tras bastidores.

Todos los días que usted se mantenga en fe, todos los días que usted mantenga una buena actitud a pesar de la oscuridad, usted está pasando la prueba. Esa temporada nocturna llegará a su fin. El salmista dijo: «La luz brilla en la oscuridad para los justos». Va a suceder repentinamente, inadvertidamente; usted no lo va a ver venir. Usted despertó, y todavía estaba oscuro. Nada había cambiado, pero de pronto recibió la oportunidad que necesitaba. Repentinamente su salud dio un giro total. De repente conoció a la persona correcta. La luz irrumpe.

El desarrollo del carácter

Probablemente, como lo vimos con Moisés en el primer capítulo, usted cometió un error que lo puso en una temporada nocturna. Algo quedó retrasado. Usted tuvo que tomar el desvío a un lugar desierto. Usted no se encuentra donde pensó que estaría. Ahora piensa que va a tener que establecerse allí y nunca lograr lo que Dios puso en su corazón. Quizá no se dé cuenta, pero en este momento, Dios lo está preparando para su regreso. Lo que Él comenzó, lo va a terminar. Ya ha tomado en cuenta cada giro erróneo, cada error, cada mal momento en su vida. Quizá parezca el final para usted, pero la verdad es que es solamente una demora temporal. Es un tiempo de prueba, un momento de demostrar, en el que su carácter está siendo desarrollado. Dios está trabajando en usted, puliendo las orillas ásperas. Lo está preparando para el lugar al que lo está llevando. Cuarenta años después del error de Moisés, Dios volvió y le dijo: «Muy bien, Moisés, ahora estás listo para que te use para liberar a mi pueblo». La Escritura dice: «Moisés era muy humilde, más que cualquier otra persona en la tierra». En esa temporada nocturna, Moisés cambió. Aprendió a esperar en Dios, a escuchar su voz, a caminar en humildad. Salió más alto en su carácter.

> *En esa temporada nocturna, Moisés cambió. Aprendió a esperar en Dios, a escuchar su voz, a caminar en humildad.*

En los momentos difíciles, manténgase moldeable, manténgase abierto, y diga: «Dios, hazme y moldéame. Muéstrame dónde necesito cambiar». Usted creció en los tiempos difíciles. Incluso físicamente, usted crece de noche cuando está dormido. En la misma manera, cuando se encuentra en una temporada nocturna, probablemente no le guste, pero Dios está trabajando a su favor. Usted está fortaleciéndose. Tiene que estar preparado para dónde Dios lo está llevando. Moisés no lo pudo manejar la primera vez. Cometió un error y tuvo que correr, pero Dios no lo descartó. No canceló el destino de Moisés. Utilizó la temporada nocturna para afinarlo.

Cuando Saúl estaba persiguiendo a David por el desierto, hubo varias oportunidades para que David matara a Saúl. Podía haber tomado la vida de Saúl y haberse deshecho de su problema, digamos. Pero David no lo hizo. Sabía que Saúl había sido ungido por Dios. Les dijo a sus hombres: «El Señor me libre de que mate al que él ha ungido». Después de que pasó estas pruebas, después de que David le mostró a Dios de lo que estaba hecho, que era un hombre de carácter y de integridad, Dios se encargó de Saúl y David fue hecho rey.

En las temporadas nocturnas, usted necesita pasar las pruebas, cambiar donde necesita cambiar y tratar con las áreas que Dios está trayendo a la luz. Usted necesita probarle que usted va a hacer lo correcto cuando sea duro, y que perdonará a los demás incluso cuando lo hieran. Entonces, así como lo hizo con David y Moisés, como su carácter ha sido desarrollado, Dios lo sacará de esa temporada nocturna y lo llevará a donde debe estar. Pero hay algunas cosas que solamente podemos desarrollar en la oscuridad. Sin las temporadas nocturnas, no llegaríamos a ser todo lo que Dios diseñó que fuéramos.

Transformado en la oscuridad

Una oruga podría estar pasándosela bien. Todo es excelente, pero en lo profundo algo le dice: «Tú no tienes por qué estar arrastrándote toda la vida. Hay algo más en ti». Se emociona, pensando: *¡Sí, así es!* Entonces se ve al espejo y dice: «¿Qué estaba yo pensando? Nunca voy a volar. Solo soy un gusano glorificado. Eso es imposible». Pero un día la oruga teje un capullo a su alrededor y se cuelga de cabeza de una rama. Es oscuro. No se puede mover o comer. Si usted fuera a hablar con él mientras estuviera en el capullo, le diría: «Déjenme regresar a donde estaba. Déjenme regresar a ser una oruga. No me gusta donde estoy. Estoy incómodo. Es oscuro. Es solitario». Lo que no entiende es que en la oscuridad está sucediendo una transformación. En poco tiempo comienza a sentir unas alas, y luego obtiene la fuerza para salir del capullo. Ahora, en lugar de arrastrarse por el suelo, es una hermosa mariposa que flota por el aire.

Al igual que a la oruga, a nadie nos gustan las temporadas nocturnas. No nos gusta estar incómodos. No vemos que nada esté sucediendo. Pero hay momentos cuando Dios nos incuba. No nos hace atravesar los lugares tenebrosos para hacernos miserables, sino que en la oscuridad está sucediendo una transformación. Usted está creciendo, está siendo afinado. Probablemente no le guste, pero tiene que mantenerse recordando que sus alas se están desarrollando.

Usted está a punto de subir a un nuevo nivel. No seguirá arrastrándose, viviendo en la mediocridad. Usted fue hecho para cosas más altas. Usted probablemente esté en una temporada nocturna y puedo ver su capullo comenzando a abrirse. Veo un ala que está saliendo. No hay tiempo de estar desanimado; usted está en el umbral de despegar en vuelo. Usted está a punto de convertirse en una hermosa mariposa. Está a punto de ir a lugares que nunca imaginó. Ahora bien, no se queje del capullo: «Está oscuro. Es incómodo. Estoy solitario». Mantenga una buena actitud; todo es parte del proceso. Dios lo está cambiando de gloria en gloria.

Usted está a punto de subir a un nuevo nivel. No seguirá arrastrándose, viviendo en la mediocridad. Usted fue hecho para cosas más altas.

En la Escritura, un hombre llamado Jacob no había vivido el tipo de vida correcto. Era deshonesto. Engañó a la gente e incluso le estafó a su hermano la primogenitura. Uno podría pensar que Dios no querría tener nada que ver con él. Pero Dios no nos descarta. Sigue trabajando con nosotros y mostrándonos su misericordia como lo hizo con Jacob. Mientras Jacob estaba en una larga jornada a través del desierto, estaba acalorado, cansado y hambriento. Nada le estaba yendo bien. Llegó a un lugar a pasar la noche, y todo lo que pudo encontrar como almohada fue una piedra. Estaba en un lugar duro, un tiempo solitario; una temporada nocturna. Estoy seguro de que Jacob pensó que Dios se había olvidado de Él. Se fue a dormir esa noche sintiéndose mal consigo mismo, desalentado y lleno de remordimientos. Mientras dormía, tuvo un sueño en el que vio los cielos abrirse, y vio una escalera inmensa con ángeles que subían y bajaban por ella. El Señor estaba en la parte más alta de la escalera, y le dijo a Jacob: «La tierra en la que estás acostado te pertenece. Te la entrego a ti y a tu descendencia [...] te protegeré dondequiera que vayas [...] No te dejaré hasta que haya terminado de darte todo lo que te he prometido». Cuando Jacob despertó no podía creer lo que había visto. Y dijo: «¡Ciertamente el Señor está en este lugar...!». Lo interesante es que Jacob no estaba en una iglesia, un templo o una sinagoga. Estaba en el desierto. Dios nos estaba mostrando que es el Dios de los lugares difíciles, el Dios de los momentos de soledad, el Dios de las temporadas nocturnas.

Quizá usted se encuentre en un lugar tenebroso en este momento. Probablemente esté librando una batalla en su salud, tratando con la depresión o criando a un niño con necesidades especiales. Se siente solo, olvidado y desanimado. Dios está justo allí con usted, y, como sucedió con Jacob, creo que los cielos están a punto de abrirse. Dios va a hacer que sucedan cosas que usted nunca podría hacer suceder. Quizá se encuentre en un lugar duro, pero no se va a quedar allí. Su salud va a mejorar. Usted va a romper esa adicción. Las personas correctas van a llegar. Usted va a unirse a Jacob y a decir: «¡Ciertamente el Señor está en este lugar! El Señor me sanó de cáncer». «El Señor me liberó de depresión». «El Señor bendijo mi negocio». No se va a detener hasta que haya dado todo lo que ha prometido.

Prepárese para algunas cosas tremendas

Usted ha escuchado la frase el *turno nocturno*. Se refiere a las personas que trabajan durante la noche. Pero piense en ello de otro modo. En la noche las cosas van a cambiar de turno. La Escritura dice que Dios: «Nunca duerme». Él no solo trabaja en el turno nocturno, sino que cambia las cosas de turno en la noche. Probablemente usted esté en una temporada nocturna, y quizá no vea la manera en que las dificultades que está enfrentando se resuelvan. No se preocupe; viene un cambio de turno durante la noche. El Dios que trabaja el turno nocturno va a cambiar las cosas a su favor. Va a haber un cambio a su favor en su salud, en sus finanzas, con esa adicción. Usted piensa que lo va a tener durante años. Parece permanente. No, prepárese para un cambio de turno.

No se preocupe; viene un cambio de turno.

Esto fue lo que sucedió con Pablo y Silas. Habían

estado difundiendo las buenas nuevas en la ciudad de Filipos, por lo que habían sido golpeados con varas y apresados, y los tenían en el calabozo de más adentro con sus pies en cadenas. Pero a la media noche, mientras estaban cantando alabanzas a Dios, de pronto hubo un gran terremoto. Las puertas de la prisión se abrieron de par en par, las cadenas se les soltaron de los pies. Salieron caminando como hombres libres. ¿Qué sucedió? Dios movió la tierra, sacudió las puertas de la prisión y sacudió las cadenas. ¿Cuándo sucedió? A media noche, era solo un cambio de turno más para el Dios que trabaja en el turno de la noche.

Las cosas podrían parecer permanentes en su vida: la adicción, la enfermedad, los ataques de pánico, la escasez y la lucha constante. Los pensamientos le dirán: *Siempre voy a tener que tratar con eso.* No crea esas mentiras. Usted se encuentra en una temporada nocturna, lo cual significa que está en una posición perfecta para un cambio de turno. Dios se especializa en sacudir las cosas en la oscuridad. En lugar de preocuparse, durante todo el día, diga: «Señor, gracias por el cambio de turno. Gracias por que todas las cosas están cambiando a mi favor. Ahora es oscuro, pero creo en lo que tú dijiste. La luz está apunto de irrumpir».

En Génesis 2, Adán estaba solo en el Huerto de Edén. La vida era buena. Le estaba poniendo nombre a los animales que Dios había creado, disfrutando el río cristalino, los árboles hermosos, la fruta deliciosa. No había problemas, ni enfermedades ni oposiciones. Adán no pensaba que las cosas podrían ser mejores. Pero Dios no quería que viviera solo. La Escritura dice: «Dios hizo que el hombre cayera en un profundo sueño». Dios lo puso en una temporada nocturna. Tomó una costilla de su costado y la usó para crear a una mujer. Cuando Adán se despertó de su profundo sueño y vio a Eva, lo primero que dijo fue: «¡Qué increíble, Dios, esto es superior a todo lo que ya habías hecho!». Pero estoy seguro de que no había entendido por qué Dios lo había dormido. Ya estaba contento. La vida parecía perfecta. Pero algunas cosas solamente se pueden desarrollar en la oscuridad. Y si Dios no nos hubiera puesto a dormir, por decirlo así, si no nos hubiera hecho pasar por una temporada nocturna, nunca hubiéramos visto la plenitud de lo que tenía preparado para nosotros.

Quizá usted sienta como si Dios lo hubiera dormido. Las cosas se han desacelerado. Se encuentra en una situación desafiante. Es una temporada nocturna. Cobre ánimo. Cuando se despierte y vea lo que Dios ha estado haciendo, lo primero que usted va a decir es: «¡Que increíble, Dios, nunca soñé que me traerías aquí!». «¡Nunca soñé que tendríamos el Compaq Center!». «¡Nunca soñé que estaría tan saludable de nuevo!». Dios tiene algunas *cosas tremendas* en su futuro.

No se queje de los lugares tenebrosos, porque lo están conduciendo a las cosas asombrosas que Dios tiene preparadas. Quizá no lo comprenda, pero Dios no lo hubiera permitido si no lo fuera a usar a favor suyo. En este momento, Dios está obrando tras bastidores. Él ve con lo que usted está tratando y sabe cómo se siente. Le está diciendo que las temporadas nocturnas no son permanentes. Probablemente esté en un capullo, donde está oscuro e incómodo, pero lo está formando y moldeándo, sus alas se están desarrollando. Está a punto de despegar en vuelo a un nuevo nivel. Creo que está a punto de ver un cambio de turno de enfermedad a salud, de escasez a abundancia, de adicción a libertad. La luz va a estar irrumpiendo. ¡Prepárese para algunas *cosas tremendas* en el nombre de Jesús!

CAPÍTULO TRES

Frustraciones secretas

Una jovencita que conozco trabaja como voluntaria en nuestro equipo de oración de Lakewood. Ella y su esposo han estado tratando de tener un bebé durante años. Durante nuestros servicios, ella ora por las personas que también están tratando de tener hijos. Una y otra vez la gente por la que ora regresa con sus bebés en sus brazos, tan felices y satisfechos. Ella ve que sus oraciones están siendo respondidas, pero su oración por sí misma no ha sido respondida. Esta joven parece como si lo tuviera todo. Es hermosa y exitosa y tiene un marido excelente, pero lo que usted no puede ver es esa frustración secreta, eso que ella no puede entender.

La vida está llena de contradicciones aparentes como esta que tratan de mantenernos en la oscuridad. Usted está ayudando a la gente a estar bien, pero usted no se siente bien. Sus compañeros de trabajo están siendo promovidos, y aunque usted está trabajando igual de duro, produciendo tanto como ellos, nadie lo nota a usted. Todos nosotros tenemos frustraciones secretas; cosas que sabemos que Dios podría cambiar. Sabemos que Él podría abrir la puerta, o que podría remover la tentación o podría darnos el bebé que estamos soñando tener, pero no está sucediendo. Es fácil quedarse atorado en las preguntas de «por qué».

Tenemos que caer en cuenta que Dios es un Dios soberano. No vamos a entender por qué suceden las cosas o por qué no suceden. Hay algunas cosas que Dios no remueve. Hay algunas situaciones que espera un largo tiempo para cambiarlas. Usted tiene que confiar en que Él sabe lo que es mejor para usted. Si usted mantiene la actitud correcta, todas esas situaciones frustrantes que no están cambiando y las aflicciones que Él no está removiendo no van a actuar en su contra. No permita que las contradicciones de la vida lo hagan agriarse y renunciar a sus sueños.

No permita que las contradicciones de la vida lo hagan agriarse y renunciar a sus sueños.

Hagamos de la gracia nuestra suficiencia

El apóstol Pablo, quien escribió cerca de la mitad de los libros del Nuevo Testamento, habló acerca de estas frustraciones secretas. Era altamente educado y provenía de una familia de influencia. Dios usó a Pablo en una manera excelente, pero, tan eficaz como era Pablo, tenía una frustración secreta. La llamó una «espina en mi carne». Los eruditos han debatido si era una condición física como una enfermedad, un problema emocional, la persecución que soportaba con frecuencia, o las personas que estaban viniendo constantemente en su contra. Lo que haya sido esa espina, lo que lo haya estado molestando, Pablo oró tres veces para que Dios lo removiera. Una versión de la Escritura dice que le «suplicó» a Dios que se la quitara. Eso significa que Pablo le dio su mejor argumento. «Dios, te he servido. He hecho mi mejor esfuerzo. He orado por otros, y han sido sanados. Dios, por favor, sáname. Estoy cansado de esta espina, estoy cansado de que la gente me trate mal a causa de ella. Dios, por favor, quítamela». Si alguien alguna vez tuvo palanca con Dios, fue Pablo. Pero lo interesante es que Dios nunca le quitó esa espina. Pablo escribió en 2 Corintios 12 que la respuesta de Dios para él fue: «Mi gracia es todo lo que necesitas; mi poder actúa mejor en la debilidad».

¿Hay algo que le haya suplicado a Dios que cambie, posiblemente una situación en su salud, sus finanzas, una relación? Usted ha pedido una y otra vez, pero nada ha mejorado. No estoy diciendo que se rinda y se quedé en ese lugar tenebroso. Lo que estoy diciendo es que, si Dios no lo está removiendo o cambiándolo, no permita que eso le robe su alegría, no permita que agrie su vida. Dios le ha dado la gracia de estar allí. La actitud correcta es: *No voy a dejar que esta frustración secreta, esta espina en mi carne, digamos, me frustre más. Dios, yo sé que tu gracia es todo lo que necesito. Tengo el poder de estar aquí con una buena actitud. Creo que en el momento oportuno tú lo cambiarás; pero si nunca cambia; voy a seguir haciendo mi mejor esfuerzo y a honrarte.*

Usted tiene que decidirse con respecto a lo que lo frustra. Si ese asunto con su cónyuge no cambia, si su salud no mejora, si tiene que soportar a ese jefe gruñón por el resto de su vida, si tiene que batallar con esa tentación hasta el día que muera, usted no va a quejarse, y no lo va a usar como una excusa para aflojar el paso. Usted va a conectarse con su gracia. Es suficiente para usted. Eso significa que usted es bastante capaz de disfrutar su vida a pesar de estas frustraciones secretas.

Esta es una clave: no se enfoque en la frustración. Pablo podía haberse ido por ahí pensando: *Dios, ¿por qué no me quitas esta espina?* Si se hubiera quedado atorado en los porqués de la vida, nunca habría cumplido con su destino. Hacemos lo mismo cuando seguimos preguntándole a Dios por qué no ha cambiado a nuestro hijo o hecho que nuestro negocio crezca. La fe es confiar en Dios cuando la vida no tiene sentido.

Un hombre llamado Smith Wigglesworth fue uno de los grandes ministros que vivieron a principio de la década de 1900. Organizaba grandes reuniones en las que cientos de personas venían y eran sanadas. Vio todo tipo de milagros. Pero Wigglesworth sufrió la mayor parte de su vida de piedras en los riñones. Había ocasiones en las que iba a casa después de un servicio con tanto dolor que apenas y podía caminar. Se recostaba en el piso hora tras hora, tratando de obtener alivio. Acababa de ver grandes milagros, pero él no recibía su propio milagro. Como Pablo, podría haberse amargado y pensado: *Esto no está bien, Dios. Los sanaste a ellos, y podrías sanarme a mí. Esto no es justo. En lugar de eso tuvo esta actitud: Tu gracia es todo lo que necesito para cada situación. Incluso cuando no entiendo, incluso cuando no parece justo, todavía voy a confiar en ti. No voy a permitir que esta frustración secreta evite que alcance mi destino.*

Si usted va a alcanzar su máximo potencial, no puede

ser un debilucho. Tiene que ser un guerrero. Habrá cosas que no entienda; cosas que no tengan sentido, pero Dios sabe lo que está haciendo. Sus caminos son mejores que nuestros caminos. Sus pensamientos son más altos que nuestros pensamientos. Él es el Alfarero, y nosotros somos el barro. Si debe ser removido, Él lo quitará. Si no, afirme sus pies sobre la tierra y pelee la buena batalla de la fe. Usted tiene la gracia que necesita para cada situación.

Si usted va a alcanzar su máximo potencial, no puede ser un debilucho. Tiene que ser un guerrero.

Por qué es probable que necesitemos llevar nuestra camilla

Cuando Jesús sanó a un hombre que había estado paralítico durante treinta y ocho años, le dijo que se pusiera de pie, tomara su camilla y anduviera (vea Juan 5). Es significativo que le dijera que llevara su camilla con él. Le pudo haber dicho: «Solo ponte de pie y sigue tu camino». Después de todo, el hombre ya no necesitaba su camilla. Pero Jesús estaba diciendo: «Lo que te retenía, lo que te obstaculizó durante años para ser lo mejor que puedes ser, quiero que te lo lleves contigo como un recordatorio de lo que he hecho en tu vida». Aunque podía caminar y no necesitaba la camilla, permaneció como parte de su vida. Era una contradicción. «He sido bendecido, pero todavía tengo esta camilla. Estoy feliz, pero todavía estoy cargando esta camilla». Me lo puedo imaginar ayudando a alguien más que estuviera batallando. Lo mirarían y le dirían: «¿Cómo me puede ayudar? Usted todavía trae esa camilla. Aún está cargando por todos lados eso que lo obstaculizaba». El hombre diría: «Esto no es lo que usted piensa. No es una limitación que me desacelera. Es un testimonio de lo que Dios ha hecho en mi vida. Esta camilla parece un pasivo, pero en realidad es un activo. Cada vez que la veo, me recuerda darle la alabanza a Dios. Me recuerda el lugar tenebroso del que me sacó, y me recuerda que, si lo hizo por mí una vez, lo hará por mí otra vez».

Lo que estoy diciendo es que, aunque Dios lo libere de ciertas cosas, quizá todavía tenga su camilla. Quizá todavía se sienta tentado en esa misma área. La debilidad, la limitación, probablemente no se vaya totalmente. Pero la razón por la que Dios no removió la camilla no fue hacerlo desacelerar o darle una excusa para reincidir, sino más bien quería que fuera un recordatorio de dónde proviene. Esa camilla no está allí para desanimarlo, sino para inspirarlo.

He estado ministrando ya por diecisiete años. Cuando inicié, era inseguro, me sentía intimidado y poco calificado. A lo largo de los últimos años he crecido, me he hecho más confiado, y he llegado a comprender quién soy. Pero la verdad es que Dios no me hizo una persona distinta. Cuando me levanto a hablar, es probable que usted no la vea, pero todavía llevo mi camilla. Esas limitaciones y esas debilidades no se fueron por completo. Algunas veces todavía las siento, pero las veo en una nueva luz. Ahora no me intimidan, me recuerdan mi dependencia de Dios.

La razón por la que no siempre remueve la camilla es para que cuando usted piensa que lo puede hacer por sí mismo, y crea haberlo dominado, termina justo de vuelta donde estaba. Pero si usted ve su debilidad, su tentación, como un recordatorio para pedirle a Dios su ayuda y agradecerle por lo que ha hecho, entonces seguirá avanzando a pesar de lo que venga en su contra. Ahora puedo decir: «Sí, tengo mi camilla, pero estoy pastoreando la iglesia. Tengo mi camilla, pero estoy ayudando a otras personas. Tengo mi camilla, pero estoy disfrutando la vida y estoy saludable y entero y bendecido».

Ande en un lugar de paz

En el Antiguo Testamento, Dios le dijo a Moisés que le dijera al faraón que dejara ir al pueblo de Israel. Moisés era inseguro; después de cuarenta años en el desierto cuidando de las ovejas, no se sentía calificado. Dijo: «¿Qué hago si no me creen o no me hacen caso? ¿Qué hago si me dicen: "El Señor nunca se te apareció"?». Dios le dijo que tirara su vara al piso, y al hacerlo, se convirtió en una serpiente. Cuando Moisés recogió la serpiente, se convirtió de nuevo en una vara. Entonces Dios le dijo que metiera su mano en su ropa. Cuando sacó la mano, estaba leprosa. Después la puso de nuevo dentro de la ropa y al sacarla su mano estaba perfectamente normal. Dios le mostró a Moisés estas señales para que pudiera entrar a las cortes del faraón con confianza, sabiendo que Dios estaba con él.

Pero Moisés tenía otra preocupación. Dijo: «Oh Señor, no tengo facilidad de palabra; nunca la tuve, ni siquiera ahora que tú me has hablado. Se me

> *«Mi poder actúa mejor en la debilidad».*

traba la lengua y se me enredan las palabras». Uno hubiera pensado que como Dios acababa de hacer todos esos milagros, que simplemente tocaría la lengua de Moisés y le quitaría la tartamudez. Pero Dios no lo hizo. No removió ese problema. Dios le estaba diciendo a Moisés lo que le dijo a Pablo: «Mi poder actúa mejor en la debilidad. Si necesitara removerlo para cumplir con tu destino, ya lo hubiera hecho».

¿Está esperando que Dios remueva algo antes de poder ser feliz, antes de que pueda ir tras un sueño, terminar la escuela o ser bueno para alguien? Usted tiene lo que necesita. Si Dios no lo está removiendo, no es un accidente. Si Él no está cambiando lo que usted quiere que cambie, hay una razón. Quizá no lo pueda ver, podría no hacer sentido para usted, pero tiene que confiar en Él. Dios tiene en su corazón lo que a usted más le interesa. Usted no tiene por qué vivir frustrado porque un problema no se esté resolviendo. No viva estresado porque un familiar no está haciendo lo correcto ni se moleste porque a su sueño le está tomando demasiado. Vuelva a ese remanso de paz.

Probado en el fuego de la aflicción

La Escritura habla acerca de cómo tenemos un gran tesoro en «frágiles vasijas de barro». Sin embargo, todos tenemos imperfecciones dentro de nuestra vasija de barro; contradicciones aparentes. Hay algo que no está siendo removido o cambiado que fácilmente podría irritarnos y hacernos vivir frustrados. ¿Qué es en su caso? Quizá diga: «Si no tuviera este dolor en la espalda o este problema de peso, sería feliz». Podría ser un compañero de trabajo que lo desespera, o una suegra que no se va ni deja de interferir. Podría ser un problema legal o una situación financiera que no se ha resuelto. Para otras personas, son las heridas de haber pasado una mala niñez, y luego un divorcio.

Cual sea su espina, Dios le está diciendo lo que le dijo a Pablo: «Mi gracia es todo lo que necesitas. Deja de pelear en contra de ello. Deja de permitir que te robe el gozo». Cuando Dios esté listo para removerlo, lo hará; pero hasta entonces, usted tiene que conectarse con esa gracia y decir: «Dios, mi vida está en tus manos. Tú sabes lo que quiero, y sabes lo que me está molestando. Conoces mis metas y mis sueños. Si no lo estás removiendo, probablemente no me guste y es posible que no lo entienda, pero, Dios, confío en ti».

Esta es una clave: Si Dios no lo está removiendo, hay una razón. Nada sucede por accidente. Pablo pensó que la espina en su carne era para evitar que se volviera orgulloso, para impedir que se envaneciera a causa de las maravillosas revelaciones que le habían sido dadas. Solo Dios conoce la razón por la que permite que las espinas permanezcan en nuestra vida. Esa frustración secreta podría ser solo para un tiempo de prueba. Podría ser por un tiempo en el que usted le debe probar a Dios que va a estar contento y que hará su mejor esfuerzo cuando las cosas no le estén saliendo bien. Usted va a seguir dando a pesar de no estar recibiendo. Usted va a seguir intentándolo cuando todas las puertas se están cerrando. Usted va a seguir haciendo lo correcto incluso cuando no esté viendo los resultados.

Dios podría estar usando esa espina para desarrollar su

carácter y hacerlo crecer. Hay algunas cosas que usted solo las puede aprender en la prueba de la aflicción. No las puede aprender leyendo un libro o escuchando un mensaje. Tiene que experimentarlas. La Escritura dice: «Te he sometido a prueba [...] en el horno de sufrimiento». Ese lugar de prueba es donde sus músculos espirituales se desarrollan. Usted no se puede hacer más fuerte sin ejercitar esos músculos durante esos tiempos de presión intensa. Eso puede ser incómodo, no es fácil y no nos gusta. Pero si continuamos con ello, va a funcionar a nuestro favor, no en nuestra contra. Estaremos creciendo, haciéndonos más fuertes, estando preparados para nuevos niveles.

Usted no puede ser ascendido sin preparación. Dios no le dará una bendición de cien libras o cuarenta y cinco kilogramos cuando Él sabe que usted solo puede levantar cincuenta libras o unos veintitrés kilogramos. Si Él le diera las cien libras, no sería una bendición; sería una carga. Tiene que prepararlo. Sus dones quizá lo lleven a cierto nivel, pero si no tiene el carácter para acompañarlos, no se mantendrá allí. El carácter se desarrolla en los momentos difíciles, cuando a pesar de que las cosas no están saliendo bien, continúa haciendo lo correcto.

Sus dones quizá lo lleven a cierto nivel, pero si no tiene el carácter para acompañarlos, no se mantendrá allí.

Como lo hizo Pablo, todos hemos pedido: «Dios, por favor quítame esta frustración secreta». «Remueve a esta persona del trabajo que me desespera». «Cambia a mi cónyuge y hazlo más amoroso». «Dame el bebé por el que hemos estado orando». Hasta que Dios no lo cambie, si usted sigue haciendo lo correcto, sin dejar que lo amargue, sin frustrarse, sin rendirse, entonces, esta es la belleza de ello: incluso si la situación nunca cambia, usted cambiará. Usted se está volviendo más fuerte, está llegando más alto, está siendo preparado para la plenitud de su destino.

Permita que su carácter se desarrolle

He aprendido que nuestro carácter es más importante que nuestro talento. Podemos tener todo el talento del mundo, pero si no tenemos un carácter fuerte, no llegaremos muy lejos. Todos podemos confiar en Dios en los buenos momentos; eso es fácil. Pero, ¿puede confiar en Él con todas las frustraciones secretas, las cosas que no han cambiado? Usted ha orado y ha creído, pero Dios no las ha removido. La pregunta no es solamente si usted puede confiar en Dios, sino más importante, si Dios puede confiar en usted. ¿Pasará la prueba y se mantendrá en fe incluso cuando no lo entienda?

Mi padre inició Lakewood en 1959 con noventa personas. Unos años después, dejó la iglesia, habiendo puesto a otra persona a cargo, para poder viajar alrededor del mundo. Organizaba grandes cruzadas en otros países con multitudes de cincuenta mil personas. Vio a Dios hacer cosas sorprendentes. Estaba viviendo su sueño. Pero en cierto punto supo que debía regresar y volver a pastorear Lakewood. Mi madre le dijo: «¡John, cuando en Houston escuchen que has vuelto, van a estar muy emocionados! Van a venir por miles». Bueno, los de Houston escucharon, pero no les importó. ¡Se mantuvieron lejos por miles! En lugar de predicarle a las inmensas multitudes a las que se había acostumbrado, le estuvo hablando a noventa personas, tres veces a la semana, año tras año. En lo profundo, mi padre tenía su frustración secreta. «Dios, estoy hecho para más que esto. Estoy haciendo mi mayor esfuerzo honrándote, pero no estoy viendo crecimiento. Nada está cambiando».

De lo que mi padre no cayó en cuenta fue que algo estaba cambiando; no el tamaño de la congregación, sino él mismo. Estaba desarrollando carácter; le estaba probando a Dios que podría ser fiel en los momentos difíciles. En lo externo mi padre estaba feliz, y nunca hubo una duda de si le dio todo lo que tenía a esas noventa personas. Pero en lo profundo de su interior, tenía que tratar con esta frustración secreta: «Dios, ¿por qué no está creciendo la iglesia?». Luego en 1972, fue como si alguien hubiera abierto una llave y la gente comenzó a venir de todas partes de la ciudad. Lakewood creció y creció a una iglesia de miles. Dios había usado el lugar tenebroso para traer a mi padre a una bendición abundante.

Al igual que mi padre, quizá usted esté haciendo lo correcto, pero su frustración secreta no está cambiando; usted no está viendo ningún crecimiento, no está siendo ascendido. Quizá nada esté sucediendo en el exterior, pero si mantiene la actitud correcta, algo está sucediendo en el interior. Dios lo está cambiando a usted. Siga haciendo lo correcto, siga siendo bueno con la gente, siga dando lo mejor de sí y teniendo un espíritu

> *Quizá no esté sucediendo nada en el exterior, pero si mantiene la actitud correcta, algo está sucediendo en el interior.*

excelente. Dios lo está haciendo crecer. Usted está siendo preparado para ser ascendido. Demasiadas personas permiten que las frustraciones secretas los lleven a agriarse, perder su pasión y aflojar. Reconozca que lo que usted está enfrentando es una prueba. Si usted sigue haciendo lo correcto, Dios lo llevará a donde se supone que debe estar.

Historia de dos hermanas

En Génesis 29–30 se encuentra la historia de dos hermanas llamadas Raquel y Lea. Cuando un joven llamado Jacob vio a Raquel, se enamoró de ella. Fue amor a primera vista. Raquel era extremadamente atractiva. La Escritura dice: «Raquel tenía una hermosa figura y una cara bonita». Cuando Dios dice que eres hermoso, verdaderamente lo eres. Jacob no tuvo que pensarlo dos veces; estaba enamorado. Le dijo al padre de Raquel, Labán: «Trabajaré para ti siete años si me entregas como esposa a Raquel, tu hija menor».

Jacob trabajó esos siete años y estaba muy emocionado, pero Labán engañó a Jacob. En las bodas de ese tiempo, las novias llevaban velos tan gruesos que no se podía saber quién estaba debajo de ellos. Jacob supuso que estaba llevándose a Raquel, pero en lugar de ella era Lea. Las Escritura dice: «No había brillo en los ojos de Lea». No estoy seguro de lo que significa «no había brillo en sus ojos». Sin la intención de ofender a Lea, Raquel era la bonita de la familia.

En la boda, probablemente bebieron demasiado. Como sea, Jacob despertó a la mañana siguiente, volteó a ver del otro lado de la cama, y allí estaban esos ojos sin brillo mirándolo de regreso. Casi se desmaya. Corrió con Labán y le dijo: «¿Qué me has hecho? [...] ¿Por qué me has engañado?». Labán respondió: «Aquí no es nuestra costumbre casar a la hija menor antes que a la mayor, pero espera hasta que termine la semana nupcial y entonces te daré también a Raquel, siempre y cuando prometas trabajar para mí otros siete años». Jacob hizo eso y finalmente pudo casarse con Raquel.

Estoy seguro de que cuando la gente veía a Raquel en el pueblo, tan amigable, tan hermosa, pensaban: *Esa es una chica bendecida. Es despampanante, tiene un marido que la adora, y viene de una buena familia.* Pero lo que no podían ver era que Raquel tenía una frustración secreta. Su sueño era tener un bebé, pero era estéril y estaba atascada en un lugar realmente tenebroso. No podía concebir un bebé, y año tras año tras año seguía sin hijos. Puedo escucharla diciendo cada noche: «Dios, por favor, dame un hijo. Dios, por favor, remueve esta esterilidad. Quiero tener un bebé».

Por otro lado, su hermana, Lea, le dio a Jacob un hijo tras otro, seis muchachos fuertes y bien parecidos, así como una hermosa hija. La vida parecía buena para Lea. Su sueño se había cumplido, y Dios la había bendecido con una familia saludable. Sin embargo, Lea también tenía una frustración secreta, un lugar igualmente tenebroso. La Escritura dice que Jacob amó a Raquel: «Mucho más que a Lea». Lea estaba orgullosa de sus hijos y su hija, le trajeron mucha alegría a su vida, pero la puedo escuchar diciendo

Todos están tratando con una frustración secreta.

cada noche: «Dios esto es tan doloroso. ¿Por qué Jacob no me ama más? ¿Por qué no cambias su corazón?».

El punto es que todos están tratando con una frustración secreta. Si usted es Raquel, bendecida en un aspecto, o Lea, bendecida en otro, habrá cosas que lo frustren, cosas que no entienda, cosas que Dios no está removiendo. Tiene que decidir que no va a permitir que su vida se agrie; usted no va a vivir frustrado. Haga lo que pueda, pero confíe en que Dios hará lo que usted no pueda. La actitud correcta es: *Dios, si nunca cambia, si nunca tengo hijos, aun así, voy a ser feliz. Si mi matrimonio nunca mejora, no voy a vivir amargada. Si alguien se ve mejor que yo, tiene más que yo, es más talentoso que yo, no voy a estar celoso ni a amargarme. Estoy en paz con quién soy.*

Cuando usted vive en paz, no estará tratando de dilucidar por qué alguien más tiene la belleza o por qué alguien más tiene a todos los hijos, o estará tratando de hacer que su marido la ame más. Usted se lo entrega a Dios. En el momento oportuno Dios removerá lo que se supone deba ser removido. Cambiará lo que se supone que debe cambiar. Eso fue lo que le sucedió a Raquel. Años después, Dios removió la esterilidad, y ella tuvo un hijo extraordinario llamado José. Las tinieblas dieron paso a la luz, y esa frustración secreta dio paso a una bendición inmensa.

Sin importar si cambia o no

Durante la mayor parte de la vida de mi padre, batalló con la hipertensión. Constantemente estaba probando nuevas medicinas para controlarla. Muchas veces los efectos secundarios lo hacían sentir miserable. Estaba ayudando a gente cada semana, cambiando vidas por todo el mundo, no obstante, batallaba con su enfermedad. Nadie que yo haya conocido tiene más fe que la que mi padre tenía, nadie conocía las Escrituras como él, pero por alguna razón Dios nunca se lo quitó. Sin embargo, nunca escuché que mi padre se quejara. Su actitud era, *Dios, voy a tratar de hacer mi mejor esfuerzo sin importar si me sanas de esta hipertensión.* Tenía una mente determinada. Al final de su vida, la medicina lo mareaba, y algunas veces no podía dormir toda la noche, pero llegaba los domingos y predicaba con todo su corazón. Él podría haber pensado, *Dios, te he servido por cincuenta años; lo menos que podrías hacer es responder esta oración.* Pero no permitió que esa frustración secreta lo detuviera. Confió en Dios incluso cuando las cosas no parecían tener sentido.

A los setenta y siete años, después de que mi padre tuvo que someterse a la diálisis, todavía estaba ministrando cada fin de semana. Una noche no podía dormir, y llamó a mi cuñado Gary y le pidió que viniera a visitarlo. Alrededor de la una de la mañana estaban hablando y Gary le preguntó a mi padre qué pensaba de la dificultad por la que estaba pasando. Mi padre dijo: «Gary, no lo entiendo todo, pero sé esto: para siempre es su misericordia». Esas fueron las últimas palabras de mi padre. Unos segundos después tuvo un ataque al corazón y se fue a estar con el Señor. Me encanta el hecho de que, aunque Dios no removió la hipertensión, mi padre no se amargó y murió en fe. Sin importar cuál

> *«No lo entiendo todo, pero sé esto: para siempre es su misericordia».*

sea la frustración secreta con la que usted esté tratando, tiene que tomar la decisión que tomó mi padre: si nunca cambia, usted va a mantenerse en fe.

Esto fue lo que tres adolescentes hebreos hicieron en la Escritura. No se iban a inclinar delante del ídolo de oro del rey de Babilonia. Estaba tan furioso que estaba a punto de hacer que los echaran en un horno ardiente. Ellos dijeron: «Oh Nabucodonosor, no necesitamos defendernos delante de usted. Si nos arrojan al horno ardiente, el Dios a quien servimos es capaz de salvarnos. Él nos rescatará de su poder, su Majestad; pero aunque no lo hiciera, deseamos dejar en claro ante usted que jamás serviremos a sus dioses ni rendiremos culto a la estatua de oro que usted ha levantado». Esta es la clave: usted se mantiene en fe, cree en sus sueños, cree que la situación va a cambiar, pero entonces da un paso más y declara: «Incluso si no sucede a mi manera, incluso si no soy liberado, voy a seguir estando feliz. Dios, si lo cambias te voy a alabar. Y si no lo cambias, aun así, voy a darte alabanza». Si usted vive así, ni siquiera todas las fuerzas de las tinieblas podrán separarlo de su destino.

Amigo, no permita que las frustraciones secretas le roben la alegría y lo mantengan en un lugar tenebroso. Tenga una nueva perspectiva. Usted tiene la gracia necesaria para lo que sea que esté enfrentando. Si Dios no lo está removiendo, hay una razón. No trate de dilucidarla; confíe en Él. Si usted hace esto, no solamente disfrutará más su vida, sino que Dios removerá todo lo que deba ser removido, y usted se levantará más alto, vencerá obstáculos y se convertirá en todo lo que usted fue creado.

CAPÍTULO CUATRO

Confianza incondicional

Es fácil confiar en Dios cuando todo nos está saliendo bien, estamos obteniendo buenas oportunidades, nuestro negocio es bendecido y nuestros hijos están saludables. No necesitamos tanta fe cuando la vida es buena. Pero ¿qué sucede cuando las cosas no nos están saliendo bien, nuestras oraciones no están siendo respondidas, el problema no se está resolviendo y no estamos viendo favor? Muy a menudo nos desanimamos y pensamos, *¿Dios, por qué no estás haciendo algo? Puedes ver que estoy siendo maltratado. Mi salud no es buena. Trabajé duro, pero no obtuve el ascenso.* Pensamos que cuando cambie, seremos felices. «Cuando conozca a la persona indicada…». «Cuando mi salud mejore». «Cuando tengamos nuestro bebé, tendremos una buena actitud». Esa es confianza condicional. Estamos diciendo: «Dios, si cumples con mis demandas, si respondes mis oraciones en la manera que quiero y conforme a mi programa, seré lo mejor que puedo ser».

El problema con la confianza condicional es que siempre habrá cosas que no comprendamos, algo que no está sucediendo lo suficientemente rápido, algo que no funcione en la manera en que queremos. La pregunta es: ¿es lo suficientemente maduro para aceptar las respuestas de Dios cuando no son lo que está esperando? Dios es un Dios soberano. No vamos a entender todo lo que sucede. La fe es confiar en Dios cuando la vida no tiene sentido. Siempre habrá preguntas sin responder. «¿Por qué mi ser querido no sobrevivió?». «¿Por qué no estoy mejorando?». «¿Por qué esta persona se fue?». Algunas cosas no van a tener sentido. Pero Dios no lo habría permitido si no fuera a sacar algo bueno de ello. Quizá no lo vea en el momento, pero Dios sabe lo que está haciendo. Tiene sus mejores intereses en su corazón. No es al azar. Es parte de su plan. Atrévase a confiar en Él.

> *El problema con la confianza condicional es que siempre habrá cosas que no comprendamos, algo que no esté sucediendo lo suficientemente rápido, algo que no funcione en la manera en que queremos.*

De la hora más oscura a la hora más brillante

Esto fue lo que sucedió en nuestra familia. Cuando la salud de mi padre comenzó a ir cuesta abajo, oramos igual de fuerte por él que como lo habíamos hecho por mi madre cuando tuvo cáncer. Citamos las mismas Escrituras. Le pedimos a Dios que restaurara su salud, que lo dejara vivir como lo había hecho con mi madre, pero mi padre se fue a estar con el Señor. No sucedió en la manera que yo quería. Si yo hubiera tenido confianza condicional, me habría molestado y amargado y dicho: «Dios, ¿por qué no respondiste mis oraciones?». La verdad es que Dios sí respondió mis oraciones. Pero no en la manera en que yo quería.

Yo no quería perder a mi padre, por supuesto. Además de ser mi padre, era uno de mis mejores amigos. Trabajé con él en Lakewood durante diecisiete años. Viajamos por el mundo juntos. No sabía lo que haría cuando se fuera. Pero descubrí que Dios tenía otro plan. Él quería que yo hiciera otra cosa. No lo podía ver en el momento. Quería que Dios lo hiciera a mi manera, pero Dios tenía una manera mejor. Pensé que pasaría mi vida tras bastidores, haciendo la producción de la televisión, encargado de las cámaras. No pensé que podría levantarme frente a la gente. No sabía que esta habilidad estaba en mí.

Dios puede ver cosas en usted que usted no puede ver en sí mismo. Su plan para su vida es más grande que su propio plan. Pero es probable que no suceda en la manera que usted piensa. Dios no nos lleva en una línea recta. Van a haber giros, vueltas, decepciones, pérdidas y momentos difíciles. Todo es parte de su plan. Pero si usted tiene confianza condicional, se desanimará y pensará: *¿Por qué está sucediendo esto? Estoy yendo en la dirección equivocada.* Pero Dios todavía está dirigiendo sus pasos. Confíe en Él cuando no lo comprenda. Confíe en Él incluso cuando sienta que está yendo en la dirección equivocada.

Dios no nos lleva en una línea recta. Van a haber giros, vueltas, decepciones, pérdidas y momentos difíciles. Todo es parte de su plan.

Lo que pensé que sería mi hora más oscura, la pérdida

de mi padre —y lo digo con todo respeto— en un sentido resultó ser mi hora más brillante. Me lanzó a lo que estoy haciendo hoy, a un nuevo nivel de mi destino. Pero algunas veces queremos que las cosas salgan como queremos con tanta intensidad que no estamos felices a menos que salgan a nuestro modo. «No puedo ser feliz a menos que tenga la casa que quiero». «Cuando conozca a la persona indicada...». «A menos que tengamos el bebé». Eso está fuera de equilibrio. El enemigo puede usar en su contra cualquier cosa que usted tenga que tener para ser feliz. Es bueno ser sincero con Dios y contarle sus sueños. Dígale para qué está ejerciendo su fe. «Dios, esto es lo que quiero. Te estoy pidiendo que sanes a mi ser querido. Resuelve este problema. Dios, abre estas nuevas puertas». Está bien pedir, pero entonces ser lo suficientemente maduro para decir: «Pero Dios, si nunca sucede, si no obtengo el ascenso, si mi ser querido no sobrevive, si mi salud no mejora, todavía voy a confiar en ti».

Podemos ser consumidos de tal manera con lo que queremos que puede convertirse en un ídolo para nosotros. Es en todo lo que pensamos, de todo lo que oramos, siempre en la primera fila de nuestra mente. Entrégueselo a Dios. Ore, crea y luego déjelo en las manos de Dios. No se enfoque tanto en lo que quiere que se pierda de la belleza de este día. Quizá no todo esté perfecto en mi vida. Posiblemente existan cosas que necesiten cambiar. Pero Dios me ha dado la gracia para estar feliz hoy. Es bastante liberador cuando uno puede decir: «Dios, está en tus manos. Confío en ti incondicionalmente sea que salgan las cosas como quiero o no. Confío en ti incondicionalmente incluso cuando no lo entiendo».

«Pero aunque no lo hiciera…»

Al final del último capítulo, conté la historia de los tres adolescentes hebreos que se rehusaron a inclinarse al ídolo de oro del rey y le declararon al rey de Babilonia: «Oh Nabucodonosor, no necesitamos defendernos delante de usted. Si nos arrojan al horno ardiente, el Dios a quien servimos es capaz de salvarnos. Él nos rescatará de su poder, su Majestad; pero aunque no lo hiciera, deseamos dejar en claro ante usted que jamás serviremos a sus dioses ni rendiremos culto a la estatua de oro que usted ha levantado». Esa es confianza incondicional. Es decir: «Creo que Dios va a resolver esta situación, pero incluso si no lo hace, voy a seguir estando feliz. Creo que voy a obtener el ascenso. Creo que mi salud está mejorando. Creo que la persona indicada viene en camino. Pero si no sucede, no me voy a amargar o a agriar. Sé que Dios sigue en el trono. Si no lo cambia, tiene una razón. Mi vida está en sus manos».

Atrévase a confiar en Él no solo cuando las cosas están saliendo a su manera, sino incluso cuando usted no lo comprenda. El salmista dijo: «El Señor llevará a cabo los planes que tiene para mi vida». Usted no tiene que llevarlos a cabo. Usted no tiene que hacerlos suceder en su propia fuerza, tratar de manipular personas o pelear sus batallas solo. ¿Por qué no se relaja y se quita la presión y deja que Dios obre su plan para su vida? Él puede hacerlo mejor que usted. Él conoce el

Usted no tiene que hacerlos suceder en su propia fuerza, tratar de manipular personas o pelear sus batallas solo.

mejor camino. Eso era lo que los adolescentes hebreos estaban diciendo: «Sabemos que Dios nos librará de este fuego. Pero incluso si no lo hace, no vamos a molestarnos ni a entrar en pánico. No vamos a resolver nuestra vida por nosotros mismos. El Dios altísimo, el Creador del universo, está llevando a cabo su plan para nuestra vida». Todas las fuerzas de las tinieblas no pueden detener lo que Dios ha ordenado. La enfermedad no lo puede detener. Los problemas en el trabajo no lo pueden detener. Las decepciones y los contratiempos no lo pueden detener.

Usted quizá tenga muchas cosas en su contra. Siente como si estuviera a punto de ser lanzado a un horno de fuego. Las buenas noticias son que no va a entrar allí solo. Usted no puede ser puesto en ese fuego a menos que Dios lo permita. El enemigo no está en control de su vida; Dios está en control. Está llevando a cabo su plan. Algunas veces su plan incluye hornos ardientes. Algunas veces incluye gigantes, mares rojos, faraones y otras personas a las que no les simpatiza. Algunas veces, los obstáculos le parecerán insuperables. Usted no ve el camino, pero como sabe que el Señor está dirigiendo sus pasos, usted no trata de dilucidarlo todo. Probablemente parezca el fin, pero, como esos adolescentes, usted tiene confianza incondicional. «Sé que Dios me va a librar, pero incluso si no lo hace, todavía voy a tener una canción de alabanza para Él. Todavía voy a tener una actitud de fe. Todavía voy a vivir feliz mi vida».

El rey hizo que estos adolescentes fueran lanzados al horno ardiente. El fuego estaba tan caliente que cuando los guardias abrieron la puerta, murieron instantáneamente. En unos minutos, el rey vino a ver cómo estaban.

Vio dentro del horno y no podía creer lo que estaba viendo. Dijo: «¿No eran tres los hombres que atamos y arrojamos dentro del horno? ¡Yo veo a cuatro hombres desatados que caminan en medio del fuego sin sufrir daño! ¡Y el cuarto hombre se parece a un dios!». ¿Qué fue eso? ¡Dios llevando a cabo su plan para sus vidas!

Confianza incondicional

Los tres adolescentes hebreos fueron salvados milagrosamente, pero me pregunto cuál habría sido el resultado si hubieran tenido confianza condicional. «Dios, si nos libras de este fuego, nos mantendremos en fe. Dios, si lo haces a nuestra manera, mantendremos una buena actitud». Probablemente el horno hubiera sido el fin. Es posible que no estaríamos hablando de ellos hoy.

Si usted quiere llamar la atención de Dios, si usted quiere que Él lo lleve a donde nunca ha soñado y resolver situaciones imposibles, sea como esos adolescentes y haga una declaración de fe: «Sé que Dios me librará de este fuego». Pero entonces lo sigo con: «Pero incluso si no lo hace, voy a seguir honrándolo. Voy a seguir siendo lo mejor que pueda ser». Cuando usted vive así, puede quitarle al enemigo todo su poder. Y si no funciona, él está esperando que usted se moleste, se preocupe, se desmorone, viva en autolástima. Cuando usted tiene confianza incondicional, no puede ser derrotado. Probablemente tenga desafíos que se vean más grandes y fuertes de lo que usted puede

> *No se sienta intimidado. Las fuerzas a su favor son mayores que las fuerzas en su contra.*

vencer. Por su cuenta, no tiene oportunidad alguna. No se sienta intimidado. Las fuerzas a su favor son mayores que las fuerzas en su contra.

La Escritura dice en el libro de Job: «No morirás antes de tiempo». Quizá usted sea echado en un horno, pero si no es su tiempo de partir, no va a irse. Dios tiene la última palabra. Justo ahora, está llevando su plan para su vida. Quizá haya algunos hornos ardientes. ¿Va a confiar en Él solamente si lo libra del fuego? ¿Solamente si quita todas las espinas? ¿Solo si lo hace a su manera? ¿O va a tener confianza incondicional? ¿Va a confiar en Él como esos adolescentes incluso si lo lleva por el fuego? Cuando veo en retrospectiva mi vida, veo muchas cosas que no han salido en la manera en que pensé que lo harían. Yo tenía un plan. Lo tenía todo solucionado. Le dije a Dios lo que tenía que hacer, cuándo hacerlo, lo que necesitaba, a quién usar y cómo llevarme allí. Le di buena información, lo mejor de mí. Lo gracioso es que Dios no tomó mi consejo. Él tenía su propio plan. Descubrí que el plan de Dios siempre es mejor que mi plan. Sus caminos siempre han sido más gratificantes, más satisfactorios y mayores que los míos. Si Dios hubiera hecho todo lo que le pedí, si hubiera respondido mis oraciones en la manera en que yo quería conforme a mi programación, podría haber limitado mi destino. No estaría donde estoy. No lo podía ver en el momento. No era lógico. Pero un día llegué a entender las palabras del profeta Isaías: «Mis pensamientos no se parecen en nada a sus pensamientos [...] Y mis caminos están muy por encima de lo que pudieran imaginarse».

Deje de estar desanimado por algo que no funcionó en

la manera que usted quería. No viva frustrado porque se fue alguien que usted quería que se quedara, o se cerró una puerta que usted quería abierta. Dios sabe lo que está haciendo. Quizá no lo vea ahora, pero un día cuando vea lo que Dios estaba planeando, estará feliz de que haya cerrado las puertas. Usted le agradecerá por no responder sus oraciones. Entre más edad tengo, más oro: «Dios, que no se haga mi voluntad sino la tuya». Ya no me peleo con las puertas cerradas. No me frustro cuando las cosas no cambian tan rápido como me gustaría. Sé que Dios está en control. Mientras usted lo esté honrando y esté siendo lo mejor que pueda ser, en el momento oportuno Dios lo llevará a donde se supone que debe estar. Es probable que no sea a dónde usted pensó, pero Dios lo va a llevar más lejos de lo que se ha imaginado alguna vez.

Todo está cooperando para su bien

Creo en orar por nuestros sueños y en hacer oraciones valientes, creyendo por cosas grandes. Pero he aprendido a permitirle a Dios hacerlo a su manera. Tome firmemente lo que Dios puso en su corazón, pero sostenga holgadamente la manera en la que va a suceder. No se establezca en sus caminos. No se desaliente porque no sucedió en la manera en que usted pensó. Dios está desarrollando su plan para su vida.

Unos años después de que Victoria y yo nos casamos, vendimos nuestra casa adosada e íbamos a comprar nuestra primera casa sola. Estábamos muy emocionados. Buscamos durante meses y meses y finalmente encontramos una vivienda que verdaderamente queríamos.

Estaba en un terreno hermoso con grandes árboles, muy pintoresca. Era la casa de nuestros sueños. Hicimos una oferta que no era mucho más baja que lo que los vendedores estaban pidiendo. No escuchamos respuesta durante un par de semanas, pero la casa estaba vacía, así que íbamos de noche y orábamos sobre ella, agradeciéndole a Dios que era nuestra y soñando con respecto a vivir allí. «Allí es donde pondremos la mesa del comedor». «Allí es donde colgaremos un columpio un día». Estábamos seguros de que iba a suceder, pero los vendedores nos llamaron y nos dijeron que no iban a aceptar nuestra oferta. Bueno, sabíamos que seguramente era el diablo tratando de quitarnos nuestra casa, porque se suponía era nuestra (¿se ha dado cuenta de que el diablo resulta ser el culpable de muchas cosas con las que no tiene nada que ver?). Regresamos a esa casa y comenzamos a marchar alrededor de ella, orando, atando, soltando, haciendo todo lo que podíamos. Unos días después, los propietarios se la vendieron a otra persona.

¿Alguna vez ha sentido como si Dios lo hubiera decepcionado? Él podría haber cambiado eso con mucha facilidad. Estábamos justo allí, pero la puerta se cerró. Dijimos: «Dios, ¿dónde estabas? Esta era la casa de nuestros sueños». Pero si usted solamente va a estar contento si Dios lo hace a su manera, eso no es confiar en Él; eso es darle órdenes a Dios. Quedará frustrado. ¿Por qué no poner su vida en sus manos? Dios sabe qué es lo mejor para usted. Él puede ver cosas que nosotros no podemos ver.

Unos meses más tarde, encontramos otra casa cerca de la ciudad. Compramos ese lugar. Unos años después de eso, vendimos la mitad de esa propiedad por más de lo que pagamos por toda la propiedad. Terminamos construyendo una nueva casa allí. Dios nos bendijo en maneras mayores de lo que habíamos imaginado. Ahora, algunas veces voy a esa otra casa que tanto quería y digo: «Señor, gracias por cerrar esa puerta. Gracias que eso no funcionó». Con algunas de las cosas que no están funcionando en nuestra vida ahora, un día usted estará haciendo lo que yo hice. «Señor, gracias que eso no funcionó como yo quería».

Usted podría ahorrarse mucha frustración si aprendiera a tener confianza incondicional. Las puertas cerradas, las decepciones, las demoras; todo está cooperando para su bien. Y sí, es bueno ser determinado; sea persistente, pero permita que Dios haga las cosas a su modo. Si no está cambiándolo, removiéndolo, abriéndolo, no lo resista. Aprenda a abrazar donde usted se encuentra. Le ha dado la gracia no solo de estar allí, sino de estar allí con una buena actitud. Si usted va a pasar la prueba, mantenga una sonrisa en su rostro. Mantenga una canción en su corazón. Mantenga la pasión en su espíritu. No arrastre los pies todo el día decepcionado. Este es el día que hizo el Señor. Él sigue en el trono. Está desarrollando su plan para su vida. Él va a llevarlo a donde usted debe estar.

Vivir preocupado, frustrado y decepcionado nos roba nuestra pasión, se lleva nuestra alegría y evita que veamos el favor de Dios.

Vivir preocupado, frustrado y decepcionado nos roba nuestra pasión, se lleva nuestra alegría y evita que veamos el favor de Dios. Algunas veces las puertas cerradas y las decepciones son solamente una prueba. Dios quiere ver si confiaremos en Él cuando no entendamos, cuando la vida no tenga sentido.

Pase la prueba de la confianza

Esto fue lo que sucedió con Abraham. Tenía setenta y cinco años cuando Dios le prometió: «Haré de ti una gran nación» (vea Génesis 12), y esperó veinticinco años antes del nacimiento de su hijo Isaac. Él y su esposa, Sara, habían orado, creído, resistido en fe, y finalmente vieron la promesa cumplirse. Estaban tan emocionados. ¿Puede imaginarse cómo se sintió Abraham muchos años después cuando Dios le dijo que llevara a Isaac a la cumbre de un monte y lo sacrificara? Eso no era lógico. Isaac era lo que Abraham amaba más. Isaac era el cumplimiento de la promesa que Dios le había dado. Ahora Dios le estaba pidiendo que pusiera su sueño en el altar. Abraham no lo entendió. No parecía justo. Pero fue obediente. Pasó la prueba de la confianza. Y justo cuando estaba por hacerlo, Dios lo detuvo y le dijo: «No le hagas ningún daño, porque ahora sé que de verdad temes a Dios».

Abraham no lo entendió. No parecía justo. Pero fue obediente.

Al igual que con Abraham, habrá momentos en los que Dios nos pida que pongamos nuestro sueño en el altar. Tenemos que demostrarle que no necesitamos tener la casa para ser felices. Si no tenemos el bebé, no vamos a vivir amargados y agriados. Usted está creyendo que su salud mejorará, pero cuando usted puede decir: «Si no mejoro, Dios, todavía te voy a honrar. Voy a seguir siendo lo mejor que pueda ser», usted está haciendo lo que hizo Abraham. Usted está poniendo su sueño en el altar. Y cuando Dios ve que usted no tiene que tenerlo, muchas veces Dios le devuelve lo que estaba dispuesto a rendir.

Durante la Segunda Guerra Mundial, un escritor llamado S. I. Kishor publicó una historia breve en la revista *Collier's* que comienza con un joven soldado en una biblioteca en Florida. Mientras estaba leyendo un libro usado, observó que tenía notas en el margen escritas a mano. Eran muy reflexivas y reconfortantes. Volvió la cubierta del libro, y sucedió que tenía el nombre del propietario anterior, una mujer llamada Hollis Maynell. Consiguió un directorio de la Ciudad de Nueva York y encontró su dirección. Le escribió una carta, presentándose y diciéndole que iba a zarpar para Europa al día siguiente. La invitó a responder para que pudieran hablar acerca del libro. Para su sorpresa, recibió una carta como respuesta, y durante los siguientes trece meses, se escribieron una y otra y otra vez, haciéndose cada vez más cercanos. De hecho, estaban enamorándose aunque nunca se habían visto el uno al otro. Él le había pedido una fotografía, pero ella se había rehusado diciendo que la apariencia no importaba si ellos realmente se tenían afecto.

Un año y medio después, él iba de regreso a casa e iba a pasar por la ciudad de Nueva York. Era su gran oportunidad. Se iban a conocer por la primera vez e iban a salir a cenar. Ella le escribió: «Te estaré esperando cuando bajes del barco. Sabrás que soy yo por la rosa roja que llevaré en mi abrigo». Al navegar de regreso a través del océano, estaba emocionado y nervioso al mismo tiempo.

Bajó del barco, y el gran momento finalmente llegó. Vio a una hermosa jovencita que caminó hacia él y que le robó el aliento. Era despampanante: alta, de bello semblante, con una figura maravillosa. Parecía una estrella de cine. No podía creer lo que estaba viendo. Cuando dio un paso hacia ella, una sonrisa curveó sus labios y le dijo: «¿Vas por mi camino, soldado?». Pero de pronto volvió en sí cuando se dio cuenta de que ella no llevaba la rosa roja. Mientras ella pasaba, finalmente volvió a la Tierra.

En esos momentos, una dama en sus cuarentas caminó hacia él. No era tan atractiva, y su cabello estaba encaneciendo, pero ella llevaba la rosa roja. Decepcionado, pero sin mostrarlo, caminó hacia ella con una sonrisa. La saludó y le dijo: «Soy el teniente John Blandford, y usted, usted es Miss Meynell. Estoy tan contento de que haya venido a verme. ¿Puedo llevarla a cenar?». La dama le dijo: «No sé de qué se trata todo esto, hijo. Esa joven con el abrigo verde, que acaba de pasar, me pidió que llevara esta rosa en mi abrigo. Y me dijo que si usted me invitaba a salir, que le dijera que lo está esperando en ese restaurante grande del otro lado de la calle». Solo había sido una prueba.

¿Va usted a hacer lo correcto cuando sea difícil? ¿Va a confiar en Dios cuando la situación no sea como pensó? ¿Confiará en Él cuando no lo comprenda? Dios le dijo a Abraham: «Ya que me has obedecido y no me has negado ni siquiera a tu hijo [...] ciertamente te bendeciré. Multiplicaré tu descendencia hasta que sea incontable, como [...] la arena a la orilla del mar». Cuando usted haga como Abraham, como este joven soldado, y pase la prueba de la confianza, Dios no solamente le dará los deseos de su corazón, hará más de lo que usted pida o piense.

¿Está viviendo frustrado porque sus oraciones no están siendo respondidas como usted quiere? ¿Sus planes no están funcionando? Quítese la presión. Dios está en control. No siempre lo va a entender. Si lo hiciera, no requeriría fe. Le estoy pidiendo que confíe en Él incondicionalmente. Si lo hace, creo que Dios va a desarrollar su plan para su vida. Va a abrir las puertas correctas, traerle a la gente indicada, voltear las situaciones negativas y llevarlo a la plenitud de su destino.

CAPÍTULO CINCO

No desperdicie su dolor

Todos pasamos por dificultades, reveses y pérdidas. El dolor es parte de la vida y con frecuencia se siente como un lugar tenebroso. Es fácil desalentarse y pensar: *Dios, ¿por qué me sucedió esto?* Pero una de las cosas más importantes que he aprendido es no poner un signo de interrogación donde Dios ha puesto un punto. Todos nosotros pasamos por cosas que no entendemos. Una razón es que no podemos ver todo el panorama para nuestra vida. Si usted tiene un rompecabezas, en la parte superior de la caja está la imagen que muestra cómo va a terminar. Probablemente sea la imagen de una puesta de sol que ve hacia el océano. Completa es fantástica, tan hermosa. Pero si usted toma una pieza de ese rompecabezas y la aísla, usted va a pensar: *Esta pieza es un error. No va a quedar en ningún lado. Tiene una forma extraña y no tiene nada de hermoso.* Pero el hecho es que tiene un lugar perfecto. Ya ha sido ajustada, planeada, diseñada. Cuando todas las piezas se unan, va a quedar en su lugar. Simplemente, usted no lo puede ver ahora porque las demás piezas no están en su lugar.

En una manera similar, algunas veces vemos las piezas de nuestra vida que no hacen sentido. «Perdí a un ser querido». «Pasé por un divorcio». «Estoy batallando con el cáncer». «Joel, mi negocio se hundió. Esta pieza no puede ser una parte del plan de Dios». Usted tiene que confiar que incluso en los momentos dolorosos —los momentos en los que está sufriendo, cuando está solitario y está sometiéndose a un tratamiento médico, cuando en la superficie las piezas de su vida no hacen sentido— incluso entonces, Dios no comete errores. Él ya diseñó su vida y colocó cada pieza, hasta el detalle más pequeño. Él nunca dijo que entenderíamos todo a lo largo del camino. Dios no prometió que no habría dolor, sufrimiento o decepción. Pero sí prometió que todo iba a cooperar para nuestro bien. Esa pieza que es dolorosa, que no parece que tenga sentido, cuando todo se arme, va a encajar perfectamente en su lugar.

La clave es lo que usted hace en sus momentos de dolor. El dolor nos va a cambiar. Las dificultades, las aflicciones, el sufrimiento: no nos dejan siendo los mismos. Cuando pasé la pérdida de mi padre, no salí de esa experiencia siendo la misma persona. Fui cambiado. Si usted pasa por un divorcio o por una batalla legal, o un amigo lo traiciona, con el tiempo la experiencia pasará y usted va a tener la victoria, pero usted será distinto. La manera en que el dolor lo cambie depende de usted. Usted puede salir amargado, o puede salir mejorado. Usted puede salir resentido, diciendo: «¿Esto por qué sucedió?». O puede salir más fuerte con una mayor confianza en Dios. Usted puede salir derrotado, habiendo renunciado a sus sueños, o puede salir bendecido con un fuego nuevo, buscando las nuevas oportunidades frente a usted.

Todos experimentamos dolor. Mi desafío es que no solo lo pase; sino que crezca a través de él. Esa dificultad es una oportunidad por volverse más fuerte, desarrollar carácter, obtener una mayor confianza en Dios. Cualquiera se puede desmoronar; cualquiera se puede amargar; eso es fácil. Pero lo que eso está haciendo es desperdiciar su dolor. Ese dolor no está allí para detenerlo; está allí para desarrollarlo, prepararlo, incrementarlo.

Ese dolor no está allí para detenerlo; está allí para desarrollarlo, prepararlo, incrementarlo.

Sin dolor, no hay ganancia

La Escritura habla acerca de cómo Dios no solamente está en control de nuestra vida, está en control del enemigo. Satanás tuvo que pedirle permiso a Dios antes de probar a Job. El enemigo puede encender el horno, pero las buenas noticias son que Dios tiene su mano en el termostato. Dios controla cuánto calor, cuánto dolor, cuánta adversidad enfrentaremos. Sabe lo que podemos manejar. Si va a dañarnos en lugar de ayudarnos, lo reduce. En esos tiempos difíciles, cuando sea incómodo, cuando esté tratando con una enfermedad o esté pasando por una pérdida, usted podría fácilmente dejar que lo abrume. Es útil recordarse a sí mismo: «Es probable que esté en el horno, pero sé quién está controlando la temperatura. El Dios que me sopló vida, el Dios que está a mi favor y no en mi contra, el Dios que me coronó con favor, el

Dios que se complace en prosperarme, está en completo control. No va a dejar que se ponga demasiado caliente. No va a permitir que me derrote. Probablemente, no me guste, pero no soy de los que se quejan. Soy un guerrero. Sé que puedo con esto». Si usted tiene esa actitud va a salir refinado, purificado, preparado y más fuerte.

Usted ha escuchado el dicho: «Sin dolor, no hay ganancia». Si todo fuera siempre fácil, no estaríamos preparados para nuestro destino. Algunas de las situaciones y presiones que enfrento hoy me habrían abrumado si las hubiera enfrentado hace diez años. No las podría haber manejado en ese entonces. Dios sabe exactamente lo que usted necesita y cuándo lo necesita. Cada batalla lo está haciendo más fuerte. Cada dificultad lo está haciendo crecer. Quizá no le guste, pero cada tiempo doloroso está desarrollando algo en usted que solo puede ser desarrollado en los momentos difíciles. No se queje del dolor, porque sin el dolor no podría alcanzar la plenitud de su destino.

En 1982, los investigadores a bordo del transbordador espacial *Columbia* hicieron un experimento con abejas. Se las llevaron al espacio para estudiar los efectos de la ingravidez en ellas. Según un memorando de la NASA, las abejas «no fueron capaces de volar normalmente y se dejaron caer en la ingravidez». Luego se informó que «todas las abejas se han vuelto inmóviles». Uno podría haber imaginado que simplemente flotaron en el aire con gran facilidad, disfrutando de no tener que usar sus alas. Probablemente pensaron: *Esta es la vida. Esta es la manera en que fuimos creadas para vivir: sin dificultades, sin luchas, sin dolor.* Pero todas se murieron. Quizá les encantó tenerla fácil, no tener adversidad, pero no fueron creadas para eso. Uno podría decir que disfrutaron el paseo, pero murieron.

Como esas abejas, no fuimos hechos para flotar por la vida en camas de rosas de facilidad. Estamos yendo hacia el dulce más allá, pero seguimos viviendo en el repugnante más acá. Nos encantaría no tener ningún dolor, sufrimiento, momentos malos, traiciones o pérdidas, pero esa no es la realidad. Las dificultades vendrán, y el dolor es una parte de la vida, así que mantenga la perspectiva correcta. En los momentos oscuros difíciles, Dios lo está preparando. Si fuera demasiado, Dios va a reducir la intensidad. Él tiene su mano en el termostato. Deje de decirse a sí mismo que no puede más. Usted no es débil. Es bastante capaz. Está lleno de poder de acción. Está armado con fuerza para esta batalla. La razón por la que el fuego está tan caliente es que hay algo grande en su futuro. Dios lo está haciendo crecer. Lo está preparando para recibir bendiciones, favor e incremento como nunca lo ha visto.

La razón por la que el fuego está tan caliente es que hay algo grande en su futuro.

Hay una lección en el dolor

Hay propósito en su dolor. Dios permite el dolor, pero no dice: «Voy a darles un poco de dolor para hacer su vida miserable. Voy a golpearla a ella con una enfermedad, y voy a provocarle una aflicción a él». Él lo usa con un propósito. No siempre lo vamos a entender. «¿Por qué me enfermé? ¿Por qué mi ser querido no se recuperó? ¿Por qué mi matrimonio no funcionó?». No puedo responder los por qué, pero puedo decirle que, si Dios lo permitió, Él sabe cómo sacar algo bueno de ello. De eso es de lo que se trata la fe. «Dios, no me gusta este dolor y oscuridad, pero confío en ti. Creo que tú estás en control. No solamente voy a pasar a través de ello, voy a crecer a través de ello. Voy a mantener una buena actitud. Voy a considerarlo un tiempo para alegrarme mucho, sabiendo que este dolor va a llevar a mi provecho».

Algunas veces nosotros mismos nos traemos el dolor. Tomamos malas decisiones, entramos en una relación que sabíamos que no sería buena o gastamos de más y luego está el dolor: estamos tratando con las consecuencias. Dios está lleno de misericordia y Él siempre nos dará la gracia para pasar por ello. Pero con el fin de no desperdiciar el dolor, usted tiene que aprender la lección. Sea lo suficientemente grande para decir: «Aquí fue donde me equivoqué. Ignoré las advertencias, y me involucré con las personas equivocadas. Me salí del tiempo de Dios, pero no voy a volver a hacer eso». Hay una lección en ese dolor. No sea un cabeza dura y siga pasando por el mismo dolor una y otra vez.

Un hombre que conocí batalló con la diabetes por años y terminó en el hospital por un mes. Lo vi en el vestíbulo después y se veía mejor que nunca. Me dijo: «Joel, ese tiempo en el hospital fue como la alarma de un despertador. Bajé cuarenta libras, unos dieciocho kilogramos, y cambié mi dieta. Hago ejercicio todos los días y me siento como un nuevo hombre». ¿Qué está haciendo? No está desperdiciando el dolor. Aprendió la lección.

Hablamos acerca de lo importante que es dejar ir el

pasado, dejar ir el divorcio, el fracaso, el desatino, y eso es cierto. Pero antes de dejar ir el evento negativo, necesita recordar la lección que aprendió de la experiencia. Usted se está haciendo un perjuicio si pasa por un tiempo doloroso y no sale con lo que se supone que tenía que obtener. Hablé con un hombre que estaba a punto de casarse por cuarta vez. No lo estoy juzgando y no conozco su historia, pero hizo una afirmación que fue bastante reveladora. Me dijo: «Joel, ora por mí. Todas mis esposas me han sido infieles». No lo dije, pero pensé: *El común denominador en esto eres tú.* Probablemente la lección que necesita aprender es tener cuidado con el tipo de mujeres hacia las que se siente atraído.

Antes de dejar ir el evento negativo, necesita recordar la lección que aprendió de la experiencia.

Hay una lección en el dolor. No siga repitiendo los mismos errores. Considere a un tipo que estaba conduciendo su coche, tuvo un accidente y se molestó. Fue hacia el otro conductor y le dijo: «Señor, ¿por qué no mira por dónde va? ¡Usted es la quinta persona que me pega hoy!». Él va a seguir experimentando ese dolor hasta que crezca lo suficiente como para ver dentro de sí y decir: «Saben qué, tengo que aprender a conducir». ¿Está usted trayendo dolor sobre usted mismo? ¿Está batallando con relaciones que no duran, probablemente porque usted sigue diciendo todo lo que se le ocurre? El dolor se detendrá si usted aprende la lección y cierra la boca.

El nacimiento de algo nuevo

Algunas veces experimentamos dolor que no tiene nada que ver con nuestras decisiones. No es nuestra culpa. Estamos haciendo lo correcto, y sucede lo incorrecto.

A los cuarenta y ocho años de edad, mi madre estaba criando a cinco niños y pastoreando la iglesia con mi padre, y la vida era buena. Le diagnosticaron cáncer terminal. Es no solo fue incómodo físicamente, fue emocionalmente doloroso, ya que la hizo pensar en dejar a sus hijos, dejar a su marido. Mi madre no se deprimió ni se amargó. Ella aprendió que donde Dios pone un punto, ella no debería poner un signo de interrogación. Ella dijo: «Dios, mi vida está en tus manos. Tú dijiste que completarías el número de mis días. Sé que las personas no tienen la última palabra; Tú tienes la última palabra». No sucedió de la noche a la mañana, pero mi madre mejoró y mejoró. Hoy, ella no solamente está sana y saludable, sino que de esa dificultad, de ese tiempo difícil, Dios hizo nacer algo nuevo en ella. Ella comenzó a ir por todos lados orando por otras personas que estaban enfermas. Lo mismo que la había tratado de destruir fue lo que Dios usó para impulsarla a un nuevo nivel de su destino. Ella va al centro médico cada semana y tiene servicios de sanidad en la capilla. Lo que el enemigo quiso traer para su mal, Dios lo puede usar a su favor.

Lo mismo que la había tratado de destruir fue lo que Dios usó para impulsarla a un nuevo nivel de su destino.

Hay momentos en los que Dios nos va a permitir pasar por una temporada dolorosa para que pueda dar a luz algo nuevo en el interior. Pablo dijo en 2 Corintios: «Dios es [...] la fuente de todo consuelo. Él nos consuela en todas nuestras dificultades para que nosotros podamos consolar a otros [...] ofrecerles el mismo consuelo que Dios nos ha dado a nosotros». Si usted pasa por algo que no comprende, en lugar de molestarse y preguntar: «Dios, ¿por qué yo?», tenga una nueva perspectiva. Dios permitió que sucediera esto porque confía en usted. Sabe que puede contar con usted para tomar el mismo consuelo, la misma sanidad, el mismo ánimo que lo ayudó a vencer este problema y compartirlo con otros. Aunque la lucha de mi madre con el cáncer fue sumamente difícil, ella dijo que no la cambiaría. No había pedido que fuera distinta. El dolor fue para un propósito mayor.

Probablemente haya pasado por algo que no comprende: enfermedad, abuso, infertilidad, criar a un niño difícil. Es doloroso. La vida no salió en la manera que usted esperaba. Es fácil tener una mentalidad de víctima y pensar: *Si Dios es bueno, ¿por qué me pasó esto? ¿Por qué esas personas me maltrataron de chico? ¿Por qué cometí esta equivocación?* Es porque Dios sabe que se lo puede confiar. Las fuerzas de las tinieblas quieren liquidarlo, pero Dios tiene su mano en el termostato. Dios dijo: «No tan rápido. Ese es mi hijo, esa es mi hija. Tengo una misión para ellos». Dios le dijo a Satanás que podía probar su siervo Job: «Pero no le quites la vida». Estaba seguro de que lo iba seguir sirviendo. Porque lo conocía. Y Dios le está diciendo esto a usted: «Es difícil, pero sé de qué estás hecho. Es doloroso, no es justo, pero al final no solamente te voy a sacar más fuerte, incrementado y ascendido, sino que voy a usarte para ayudar a otros que estén batallando en esa misma área». Hay un propósito en su dolor. ¿Sabe usted cuántas empresas, ministerios y organizaciones caritativas fueron dadas a luz por el dolor de alguien?

Convierta el dolor en una fuerza para el bien

En mayo de 1980, Candy Lightner recibió una llamada telefónica diciéndole que su hija de trece años, Cari, había sido golpeada por un coche mientras iba de camino a la iglesia. Cari perdió la vida ese día. Su madre estaba devastada y no creía que pudiera continuar. Pero entonces descubrió que el hombre que estaba conduciendo el coche había estado bajo la influencia del alcohol y era un reincidente. Algo se levantó en Candy que nunca había sentido: la furia de una madre. En la habitación de su hija fallecida, comenzó una organización sin dinero, sin influencia y sin experiencia. La llamó Mothers Against Drunk Driving (MADD) [Madres en contra de conducir en estado de ebriedad]. Treinta y siete años después es una de las organizaciones de activistas más grandes del país y ha salvado cientos de miles de vidas, ha cambiado leyes y ha influenciado la conciencia y las políticas públicas.

Candy Lightner entiende el principio que estamos discutiendo. Ella no desperdició su dolor. No, sus esfuerzos no trajeron a su hija de vuelta, pero ella sabía que había un propósito en ese dolor. Ella se podría haber sentado en el lugar tenebroso de la autolástima, haber renunciado a sus sueños, pero no puso un signo de interrogación donde Dios había puesto un punto. Esa pieza de su rompecabezas no tenía sentido para ella en ese tiempo, pero ella creía que cuando todo quedara armado, entraría perfectamente en su lugar. Eso fue lo que sucedió. Hoy, ella sigue afectando al mundo. El enemigo trajo esa experiencia para su mal, pero Dios la usó para bien.

La mayoría de nosotros no vamos a experimentar algo tan trágico, pero si Candy puede tomar uno de los mayores dolores de la vida y voltearlo para convertirlo en una fuerza para el bien, entonces usted y yo podemos encontrar el propósito en nuestro dolor. No se quede atorado preguntándose: «¿Dónde va esta pieza de mi rompecabezas? Está fea, y no hace sentido». Siga avanzando. Salga como ella y encuentre a alguien a quien pueda ayudar. La sanidad viene cuando usted sale de sí mismo y ayuda a otros. Mientras se mantenga enfocado en su dolor, lo que perdió, lo que no funcionó, se va a quedar atorado. Hay una bendición en ese dolor. Usted está calificado en una manera única. Usted tiene algo que dar a los demás. Usted puede consolar a los que están pasando por lo que usted ha pasado.

Mientras se mantenga enfocado en su dolor, lo que perdió, lo que no funcionó, se va a quedar atorado.

Conozco a una mujer que recibió un informe médico malo. Los médicos descubrieron lo que pensaban que era un tumor canceroso. Oramos y ella creyó que la prueba saldría negativa, pero confirmó que el tumor era en verdad canceroso. Ella ha estado asistiendo a Lakewood por mucho tiempo. Sabe que no es una víctima; sino una vencedora. Ella entiende este principio, que hay un propósito para el dolor, que Dios no lo habría permitido si no fuera a sacar algo bueno de ello. Ella no se puso negativa ni se amargó. Su actitud fue: *Dios, confío en ti. Sé que estoy en las palmas de tus manos. Esta pieza de mi rompecabezas no me hace sentido, pero sé que tú tienes todo resuelto, y que al final todo va a cooperar para mi bien.* Tomó la quimioterapia durante un año. Fue difícil, y no le gustó, pero hoy tiene once años libre de cáncer. Ahora ella regresa al hospital como voluntaria y anima a otras personas que están combatiendo el cáncer. Les dice: «Sé lo que estás pasando. Yo he estado allí. He tomado la quimio. Dios me ayudó a atravesar eso, y puede hacerlo por ti». Ella no está desperdiciando su dolor. Su prueba se ha convertido en su testimonio.

Todos hemos pasado por cosas que eran incómodas, cosas que no nos gustaron, pero Dios abrió un camino donde no veíamos un camino. Si no fuera por su bondad, su misericordia y su fuerza, no estaríamos aquí. Dios está contando con nosotros para que dejemos que nuestra luz brille en los lugares tenebrosos. Lo que usted ha atravesado ayudará a alguien más a pasar por eso. Manténgase alerta para encontrar a otros que usted pueda alentar.

Mi amigo, el entrenador Dale Brown me contó acerca de una mujer llamada Lolo Jones, una estrella del esprint y dos veces campeona mundial en los sesenta metros con vallas. Fue a las Olimpiadas 2008 siendo la gran favorita para ganar la medalla de oro en los cien metros con vallas. Nadie se había siquiera acercado a su tiempo. Se formó en la pista, se escuchó el disparo de salida y salió corriendo. Todo iba excelente, e iba a la cabeza como se esperaba. Pasó ocho vallas; le faltaban dos para ganar el oro. Pero en la novena, perdió el paso, y contra toda probabilidad, golpeó la valla y tropezó ligeramente. El tropezón fue suficiente para permitir que la mujer junto a ella la pasara. No ganó el oro. Había trabajado toda su vida para esa carrera de doce segundos que terminó con una inmensa decepción. En una entrevista ella dijo en efecto: «Estoy muy decepcionada. Es sumamente doloroso, pero ahora sé que puedo ayudar a otras personas que han caído». ¿Qué está haciendo? No está desperdiciando su dolor.

Cuando usted pasa por algo, en cierto sentido le ha sido dado un regalo. Está calificado en una manera única para ayudar a alguien más en esa situación. Deje de sentir lástima por sí mismo y vaya y levante a alguien más. Todo lo que nos sucede, sucede por una razón. Nada es una coincidencia. Algunas experiencias nos ayudan a crecer, madurar y salir más alto. Entonces hay momentos en los que Dios nos va a permitir atravesar un momento difícil para que más tarde podamos ser usados por Él para ayudar a otros a vencer.

¿Puede Dios confiarle el dolor? ¿Puede Dios confiar en hacerlo sentir incómodo? ¿O se va a desanimar y a decir: «No entiendo por qué me está pasando esto»? Digo esto con todo respeto: no todo se trata de usted. ¿Y si Dios ha permitido esta dificultad para que dentro de tres años usted pueda ayudar a alguien más a avanzar? ¿Puede Dios confiar en usted? Cuando perdí a mi padre fue doloroso. No me gustó. Pero no puede imaginarse cuántas personas me dicen: «Joel, cuando hablas de tu padre, y de lo mucho que lo amabas, y cómo

¿Y si Dios ha permitido esta dificultad para que dentro de tres años usted pueda ayudar a alguien más a avanzar?

tomaste el desafío y seguiste avanzando, me ayudó a avanzar cuando murió mi ser querido». El consuelo que recibí durante esa pérdida se lo puedo pasar ahora a los demás. Todos tenemos algo que dar. Todos hemos pasado por pérdidas, dolores y luchas. No se diga a sí mismo: *Ay, es que esto es tan malo.* Probablemente, no le guste, pero el dolor tiene un propósito.

Debido al gozo que le espera

Vi un reporte en las noticas de una mujer que había estado perfectamente saludable, pero comenzó a sentir náuseas. No sabía lo que estaba mal. A lo largo de los meses siguientes su espalda le comenzó a doler, y sus pies se le estaban hinchando. No podía dormir bien de noche. Acudió al médico desde el inicio, y el médico pensó que era algún tipo de virus que se le pasaría. Un mes tras otro, diferentes síntomas comenzaron a surgir. Estaba incómoda, hinchada, engordando. A ella no le estaba gustando. Un día empezó a tener un dolor agudo en su vientre. Trató de soportarlo, esperando que pasara, pero empeoró y empeoró. Finalmente, cuando estaba en un dolor tan insoportable que no podía resistirlo más, su marido la llevó de prisa a urgencias. Otro médico la examinó y le dijo: «Sé exactamente cuál es el problema». Noventa minutos después, dio a luz su primer niño. Había estado embarazada sin saberlo. Todos esos síntomas que había estado sintiendo —el dolor, la incomodidad, la náusea, el insomnio— habían tenido un propósito. Había estado sucediendo un cambio, y ella estaba a punto de dar a luz algo nuevo.

Al igual que ella, hay muchas ocasiones en las que

estamos embarazados y no lo sabemos. Todo lo que sentimos es el dolor. «Esto es incómodo. ¿Por qué me está sucediendo esto?». El dolor es una señal de usted está a punto de dar a luz. Si usted se mantiene en fe, el dolor pasará y usted dará a luz nueva fuerza, nuevos talentos, nuevo ministerio, nuevos negocios, nuevas relaciones. Usted no saldrá igual. Hay un propósito para ese dolor. Cuando usted se encuentra en una temporada difícil, y no entiende por qué, no se enfoque en el dolor. Enfóquese en el hecho de que viene un nuevo nivel. La Escritura dice: «Debido al gozo que le esperaba, Jesús soportó la cruz». Si usted solo se enfoca en el dolor actual, se va a desanimar y a pensar: *Esto no es justo. No puedo soportarlo más.* Tenga una nueva perspectiva y diga: «Sí, esto es difícil, y no es lo que había planeado, pero sé que este dolor no está aquí para derrotarme. Está aquí para promoverme. Es una señal de que estoy a punto de dar a luz».

Esto fue lo que hicieron mis amigos Craig y Samantha. En ese tiempo, Craig era el director de nuestro ministerio de niños. Él y Samantha tenían dos hermosos hijos, y estaban esperando un tercero. Cuando el pequeño Connor nació, pronto se dieron cuenta de que algo no estaba bien. Al crecer, no se estaba desarrollando o hablando como los demás niños que habían tenido. Connor fue diagnosticado con autismo. Por supuesto, amaban a Connor incondicionalmente, pero no era lo que habían estado esperando. Estaban desanimados, pero Craig y Samantha entienden el principio. No pusieron un signo de interrogación donde Dios había puesto un punto. Sabían que se les había dado a Connor porque Dios podía confiar en ellos. Ellos no desperdiciaron su dolor. Craig habló conmigo acerca de que no había lugar para niños con necesidades especiales en nuestra iglesia. Los padres no podían venir y asistir a un servicio si sus hijos requerían atención constante. Él dijo: «¿Por qué no iniciamos una clase de necesidades especiales? Lo podemos llamar el Club de los Campeones». Reconoció que en ese tiempo doloroso estaba embarazado y que Dios estaba a punto de dar a luz algo nuevo. Comenzamos el Club de los Campeones, ¡y en los primeros meses, trescientas familias nuevas llegaron a la iglesia! Entonces otras iglesias escucharon al respecto y Craig les ayudó a lanzar sus propios ministerios de necesidades especiales. Hoy hay más de treinta Clubes de los Campeones en siete naciones diferentes.

Cuando sea doloroso, no se desanime. Prepárese, porque está a punto de dar a luz. Esa incomodidad que está sintiendo, no es un dolor al azar; es un dolor de parto. Hay un regalo en ese dolor. Hay un ministerio en ese dolor. Hay una bendición en ese dolor. No lo desperdicie. Busque oportunidades. Como con Craig, Dios está contando con usted para ayudar a otros que estén enfrentando lo mismo. ¿Puede Dios confiarle el dolor? Se va a amargar y a rendirse en sus sueños, o va a decir: «Dios, probablemente no lo entienda, pero confío en ti».

¿Puede Dios confiarle el dolor?

Recuerde, Dios tiene su mano en el termostato. No permitiría el intenso calor si no tuviera un propósito. No solo lo atraviese; crezca a través de él. Si usted hace esto, su dolor se va a convertir en su ganancia. Usted va a salir más fuerte, promovido e incrementado. A partir de ese dolor usted va a dar a luz un nuevo nivel de su destino.

CAPÍTULO SEIS

Bendecido por sus enemigos

Todos sabemos que Dios nos puede bendecir. Nos puede mostrar favor, promovernos, sanarnos. Pero lo que no siempre nos damos cuenta es que Dios puede usar a nuestros enemigos para bendecirnos. Lo que usted piensa que es una decepción que alguien ha provocado —esa persona que lo dejó, ese compañero de trabajo que lo está tratando de hacer ver mal, ese amigo que lo traicionó—, es probable que no le agrade, pero usted no podría alcanzar su destino sin ello. Todo es parte del plan de Dios para llevarlo a donde se supone que debe estar.

Si no fuera por Goliat, David sería conocido solamente como un pastorcillo. Goliat fue colocado estratégicamente en el camino de David; no para derrotarlo, sino para promoverlo. Sin Goliat, David nunca hubiera tomado el trono. No se queje de sus enemigos. Lo que podría parecer un revés en es realidad una preparación para llevarlo a su trono. Dios podría haber usado al rey Saúl, quien tenía la autoridad, para promover a David. Todo lo que Dios tenía que hacer era mover el corazón de Saúl y decirle: «Promueve a ese joven». Pero Dios decidió bendecir a David a través de sus enemigos en este caso, no a través de sus amigos. Por eso es que no tenemos que aparentar con las personas y tratar de convencerlas de que les agradamos, pensando: *Es que probablemente me den una buena oportunidad.* Dios no tiene que usar a sus amigos o a sus colaboradores. Puede usar a sus enemigos, a sus críticos, a las personas que están tratando de derribarlo. Él los usará para levantarlo.

Después de que David derrotó a Goliat, usted nunca vuelve a leer nada más acerca de Goliat. Fue creado con el propósito de David. Parte de su destino era establecer quien era David. En la misma manera, Dios ha alineado conexiones divinas, personas que serán buenas con usted, lo animarán y lo impulsarán hacia adelante. También ha alineado personas que tratarán de detenerlo, personas que tratarán de hacerlo ver mal y desalentarlo. Hay Goliats ordenados para cruzarse en su camino. Si usted no entiende este principio, se va a desanimar y va a pensar: *¿Dios, por qué me está pasando esto?* Esa oposición no está allí para detenerlo; está allí para establecerlo. Cuando usted venza, no solamente subirá a un nuevo nivel de su destino, sino todos a su alrededor verán el favor de Dios en su vida.

Hay Goliats ordenados para atravesar su camino y ponerlo en sus sombras oscuras.

Cuando Goliat avanza contra usted

En 2002, nos informaron que los Houston Rockets se estaban mudando del Compaq Center y que los líderes de la ciudad estaban pensando en venderlo. Necesitábamos un auditorio grande y lo habíamos estado buscando. Cuando escuché estas noticias, algo cobró vida dentro de mí. Sabía que ese edificio debía ser nuestro. Se escuchó la noticia en la ciudad de que estábamos interesados en él. Había muchas conjeturas con respecto a lo que debería suceder con este edificio.

Un amigo mío estaba en un almuerzo con algunos ejecutivos empresariales de alto poder. Uno de los ejecutivos, un hombre con mucha influencia, descubrió que mi amigo asiste a Lakewood. Este ejecutivo comenzó a hablar del Compaq Center y cuán opuesto estaba a que lo compráramos y lo terrible que sería para la ciudad. Dijo que debería seguir siendo un recinto deportivo, y que por ningún motivo la ciudad debería permitir allí una iglesia, y más y más. Algunas de las demás personas en la mesa se unieron, riéndose de ello, haciendo chistes, diciendo que no teníamos una oportunidad en todo el mundo de conseguirlo. Finalmente, el ejecutivo miró a mi amigo y dijo sarcásticamente: «Va a haber un día frío en el infierno antes de que Lakewood consiga ese edificio». Mi amigo me llamó después y me contó acerca de la conversación. Pensé: *¡Muchas gracias por las buenas noticias!* Pero la verdad es que la conversación fue ordenada por el Creador. Ese ejecutivo fue uno de esos Goliats que Dios coloca estratégicamente en nuestro camino.

Cuando escuché cuánto estaba en nuestra contra, algo se levantó dentro de mí. Antes había estado determinado, pero ahora había una indignación santa. Tenía un nuevo fuego, una nueva pasión, una nueva determinación. Cada vez que las cosas se ponían difíciles y sentía la tentación de desanimarme y pensar que no iba a funcionar, recordaba sus palabras, *un día frío en el infierno*, e instantáneamente mi pasión volvía. Algunas veces Dios va a poner un enemigo en su vida para mantenerlo estimulado. Va a permitir críticos, pesimistas, personas que los desanimen e incluso algunos que le odien, para que cuando esté cansado y sintiendo ganas de rendirse, el solo pensar en ellos lo ayude a sacudirse ese sentimiento y seguir avanzando; no porque tenga el ánimo, sino por qué no quiere darles a sus enemigos la alegría de verlo derrotado. Algunas veces usted tendrá una sonrisa en el rostro, únicamente que para la persona que lo lastimó no lo vea desanimado. Esto no es por rencor u orgullo, sino por una determinación santa. Dios usa lo negativo para mantenernos estimulados.

Aunque el líder de empresa que estaba tan en contra de nosotros no se dio cuenta, Dios lo usó más que lo que usó a mis amigos. Fue una de las personas más importantes para que obtuviéramos el Compaq Center. Lo gracioso es que no estaba a nuestro favor; estaba completamente en nuestra contra. Dios usó a nuestros enemigos para bendecirnos. Si alguna vez veo a ese hombre, tendré que invitarlo a cenar (creo que a McDonald's). Necesito escribirles un cheque a algunos de mis enemigos. Si no hubieran estado en mi contra, no hubiera orado tan fuerte. Si no se hubieran burlado de nosotros, podría haberme rendido cuando parecía tan abrumador. Si no hubieran tratado de derribarme, o de convencerme que no lo hiciera y si no me hubieran dicho que no tengo lo que se requiere,

Muchas veces sus enemigos harán más para catapultarlo al éxito que sus amigos.

podría haberme quedado donde estaba. Fue su oposición lo que me impulsó hacia adelante. Muchas veces sus enemigos harán más para catapultarlo al éxito que sus amigos.

Hay una mesa preparada para usted

David le dijo a Dios: «Me preparas un banquete en presencia de mis enemigos». Cuando Dios lo hace atravesar el oscuro valle de la oposición, no va a hacerlo en privado.

Va hacerlo de tal manera que todos sus enemigos puedan ver que lo ha bendecido. Nuestro edificio se encuentra en la segunda vía rápida más concurrida de la nación. Usted no puede conducir en la ciudad de Houston por mucho tiempo sin ver lo que Dios ha hecho por Lakewood. Cada vez que ese hombre que dijo que nunca obtendríamos el Compaq Center pasa, puedo imaginar que algo le susurra al oído: «Hoy es un día frío en el infierno», porque estamos justo allí.

Quizá un enemigo similar se encuentre en su contra justo en este momento; un enemigo contra su salud, sus finanzas, una relación. Probablemente parezca que nunca se va a resolver. Tenga esta nueva perspectiva: Dios está preparando la mesa en este momento, los ángeles están metiendo la comida en el horno, están colocando los manteles individuales, Gabriel le está dando los toques finales a los platos y en cualquier momento usted va a escuchar la campana para cenar. Dios va a decir: «¡Ya es hora! Aquí está el banquete que te preparé». No va a ser un poco de comida rápida envuelta en la esquina donde nadie lo note. Va a prepararle una mesa como lo hizo con David, como lo hizo con nosotros, donde no solamente todos sus amigos lo puedan ver, sino también sus enemigos —los incrédulos, los críticos, las personas que dijeron que no funcionaría— van a verlo bendecido, sanado, promovido, reivindicado, en una posición de honor e influencia.

En cierto sentido Dios usó a Judas más que usó a los demás discípulos. Judas fue ordenado para traicionar a Jesús; ese fue su propósito, tratar de detenerlo. No solo fue su idea; era parte del plan de Dios. En el momento parecía un desatino, pero si no hubiera traicionado a Jesús, no habría existido una crucifixión, y sin la cruz no habría existido la resurrección y sin la resurrección no habría existido la redención. Reconocemos a María, la madre de Jesús, por haber dado a luz en el pesebre; celebramos que Juan haya bautizado a Jesús y que la paloma descendiera del cielo; y recordamos a Pedro, a Santiago y a Juan caminando con Jesús y siendo sus amigos. Pero al mismo tiempo, el hombre que traicionó a Jesús, el que lo vendió por treinta monedas de plata, simplemente fue sumamente clave para su destino, si no es que más que los otros.

¿Qué estoy diciendo? No se queje de esa persona que lo traicionó. Si lo abandonó, no lo hizo retroceder; lo preparó para avanzar. Si eso no hubiera sucedido, no llegaría a dónde se supone que usted debería estar. Si no lo tomaron en cuenta, trataron de derribarlo o mintieron sobre usted, quizá no haya sido justo, pero no sucede nada por accidente. Si Dios lo permitió, sabe cómo usarlo para su bien.

¿Qué habría pasado si Jesús se hubiera molestado y hubiera dicho: «Dios, soy tu Hijo, cómo pudiste permitir que este hombre me traicionara es uno de mis discípulos principales»? Jesús sabía que Judas lo iba a traicionar, pero no trató de detenerlo. No trató de convencerlo de que no lo hiciera. Dijo en su última cena juntos: «Es aquel a quien le doy el pan que mojo en el plato». Se lo dio a Judas, y dijo: «Apresúrate a hacer lo que vas a hacer». Jesús entendió que la traición era parte de su destino. Con demasiada frecuencia combatimos contra lo que no sale a nuestro modo; nos molestamos y nos amargamos. Pero entre más tiempo vivo, más me doy cuenta de que no sucede nada por accidente. Si usted mantiene la actitud correcta, Dios incluso va a usar a la oposición para bendecirlo.

Jesús entendió que la traición era parte de su destino.

El enemigo va a ser usado para bendecirlo

Hablé con un reconocido ministro una vez. Durante cincuenta años había ido alrededor del mundo haciendo mucho bien. La mayoría de la gente era muy afectuosa y lo recibía bien. Pero en su pueblo natal, a los editores del periódico local nunca les simpatizó. Constantemente estaban encontrando algo mal que escribir. Podía hacer cien cosas bien, pero ellos nunca las reportaban. Encontraban lo que no les gustaba y hacían un gran alboroto al respecto. Esto sucedió año tras año. Él tenía una perspectiva interesante. Me dijo: «Si no fuera por ese periódico, no habría logrado tanto». Le pregunté: «¿Qué quiere decir con eso?». Él me respondió: «El periódico no solo me mantuvo sobre mis rodillas, sino que me dio el combustible para probar que se equivocaban». Este ministro fue y construyó una hermosa universidad en esa ciudad, a la que miles de jóvenes han asistido. Hacia el final de su vida, cuando ya estaba retirado, los editores del periódico finalmente cambiaron de opinión. Escribieron un gran artículo en la primera plana que celebraba todo lo que había hecho. Fue como si Dios se hubiera esperado a propósito. Dios conocía a ese enemigo, aunque a mi amigo no le gustaba toda la crítica, lo estaba mejorando. Lo mantuvo estimulado. Lo hizo más determinado y más diligente y no podía bajar la guardia.

Hay algunas cosas que no nos gustan, algunas cosas por las que incluso le estamos pidiendo a Dios que nos quite, pero si Él las removiera, no alcanzaríamos nuestro más alto potencial. Esa oposición lo está haciendo más fuerte. Esas personas que tratan de derribarlo, la traición, la decepción; nada de eso lo puede desviar de su destino. Dios tiene la última palabra. Sí Él no lo ha removido, eso significa que está cooperando para su bien. Él coloca estratégicamente a los Goliats, a los Judas, a los críticos y la oposición en nuestra vida. Sin Goliat, usted no tomaría su trono; sin Judas, usted no alcanzaría su destino; sin los pesimistas, no se convertiría en todo lo que usted fue creado.

En la Escritura, cuatro hombres cargaron a un paralítico para ver a Jesús. Cuando llegaron a la casa, estaba tan abarrotada que lo tuvieron que llevar a la azotea y hacerlo bajar por en medio del techo. En cierto punto, Jesús le dijo al hombre: «Tus pecados te son perdonados». Algunos de los líderes religiosos se ofendieron y comenzaron a murmurar entre sí. En voz baja dijeron: «¿Quién se cree este que es? No puede perdonar pecados. Solamente Dios puede hacer eso». La Escritura dice que «Jesús sabía lo que ellos estaban pensando». Estaban tratando de ser discretos, tratando de esconder su reacción, pero Él sabía muy bien lo que estaban pensando. Jesús les dijo: «¿Qué es más fácil decir: "Tus pecados son perdonados" o "Ponte de pie y camina"?». Para probarles que era el Hijo de Dios, se volteó hacia el paralítico y le ordenó que se levantara. El hombre se levantó, perfectamente bien. Cuando lo vieron de pie, estoy seguro de que los líderes religiosos casi se desmayan. Se dijeron uno al otro: «¡Jamás hemos visto algo así!».

Este es mi punto: si los líderes religiosos no hubieran estado murmurando, quejándose, criticando, probablemente este hombre no habría sido sanado. Jesús podría simplemente haber perdonado sus pecados y seguir adelante. Pero justo en medio de sus murmuraciones, Jesús lo sanó. Cuando la gente esté hablando de ti, tratando de hacerte ver mal, tratando de empujarte hacia abajo y mantenerte en un lugar tenebroso, no te preocupes; Dios los ve y los escucha. Lo están poniendo en la posición de ser bendecido en una manera mayor. Usted no tiene que corregirlos. No se involucre en batallas que no importan. Déjelos hablar. Al igual que con este hombre, Dios va a usar a sus enemigos para bendecirlo. Algo del favor que usted ha visto, algo de las buenas oportunidades, sucedieron no gracias a usted, sino gracias a las personas que trataron de detenerlo. Ellos lo pusieron en posición para ser promovido.

Siempre le agradezco a Dios por mis amigos, pero he aprendido a agradecerle a Dios también por mis enemigos. Sin la murmuración, el hombre paralizado podría no haber sido sanado; sin Goliat, David probablemente no hubiera tomado el trono; la traición de Judas finalmente llevó a la resurrección de Jesús de la tumba; sin ese ejecutivo que estaba en nuestra contra, es posible que no tendríamos nuestro edificio. Usted necesita ver a cada enemigo, cada adversidad, cada decepción bajo una nueva luz: la oposición no está allí para derrotarlo, está allí para incrementarlo, para hacerlo mejor.

Usted necesita ver a cada enemigo, cada adversidad, cada decepción bajo una nueva luz: la oposición no está allí para derrotarlo, está allí para incrementarlo, para hacerlo mejor.

Un hombre me dijo que su negocio se había reducido a la nada. Parecía como si no fuera a sobrevivir. Para empeorar las cosas, uno de sus principales competidores había aparecido en un programa de radio en una entrevista y había hablado de ello en una luz muy poco favorable. Este competidor había sido extremadamente crítico y habló acerca de cómo el negocio de este hombre simplemente no estaba a la altura. Al parecer sería el golpe final que enterraría su negocio. Pero fue justo lo opuesto. Cuando el competidor habló acerca de ello, atrajo la atención al negocio y las cosas comenzaron a mejorar. Nuevos clientes comenzaron a llamar y hoy está avanzando con más fuerza que nunca. Incluso ha sobrepasado a la empresa del competidor. ¿Qué sucedió? Dios usó al empresario enemigo para bendecirlo. Dios tiene todo tipo de maneras de suplir sus necesidades. Él puede usar a sus críticos para promoverlo. Puede hacer que sus obstáculos se conviertan en peldaños. Él sabe cómo tomar lo que había sido pensado para su mal y usarlo a su favor.

No se intimide

A principios del siglo XX, los granjeros de algodón en Alabama estaban enfrentando un desafío importante. Un pequeño insecto llamado gorgojo del algodón había migrado de México a la región agrícola conocida como el Cotton Bealt (Cinturón de Algodón), y estaba destruyendo rápidamente sus cultivos. Intentaron todo lo que pudieron para deshacerse de él. Trataron de exterminarlo con todo tipo de químicos, e incluso inventaron una nueva clase de insecticidas, pero sin resultados positivos a largo plazo. Finalmente, lo único que podían hacer era relajarse y ver su sustento ser devorado; un lugar bastante tenebroso en el cual estar. Pero un día un granjero tuvo una idea. Dijo: «En lugar de plantar nuestros cultivos normales de algodón, que sabemos que no pueden sobrevivir, plantemos cacahuetes». Los demás lo voltearon a ver como si se hubiera vuelto loco. Le dijeron: «¡Cacahuetes; no podemos ganarnos la vida con cacahuetes!». Finalmente, los convenció de intentarlo, y se pusieron a trabajar. Descubrieron que a los gorgojos no les gustaba el sabor de los cacahuetes. Sus cultivos prendieron en una manera que nunca habían visto antes. Hicieron más dinero con los cacahuetes en unos meses del que normalmente ganarían en todo el año. De hecho, cuando los gorgojos disminuyeron, muchos de los granjeros no regresaron a sus cultivos normales de algodón. Se quedaron con los cacahuetes. Dios usó al gorgojo para bendecirlos con prosperidad. Dios obra en maneras misteriosas.

Probablemente usted esté tratando con algunos gorgojos en su vida en este momento. A lo que lo animo es a que se mantenga en fe; ya vienen los cacahuetes. Lo que usted piensa que es un revés, en realidad es Dios preparándolo para algo nuevo. No se siente por allí quejándose acerca de lo que no funcionó o de quién lo dañó; solo es un gorgojo. Es algo que parece que está allí para destruirlo o lastimarlo, pero de hecho Dios lo envió para lanzarlo a un nuevo nivel. La próxima vez que usted vea a esa persona en la oficina que siempre está hablando de usted, tratando de hacerlo ver mal, simplemente piense: *Solo son gorgojos. Ellos piensan que me están destruyendo, pero yo conozco la verdad. Dios los está usando para impulsarme hacia arriba.* Dios dijo que pondría a sus enemigos por estrado de sus pies. Eso significa que cuando algo venga en su contra —persecución, traición, decepción— en lugar de permitir que sea una piedra de tropiezo que lo haga tambalearse, si se mantiene en fe, Dios convertirá las piedras de tropiezo en escalones que lo lleven hacia arriba.

> *Lo que usted piensa que es un revés, en realidad es Dios preparándolo para algo nuevo.*

Cuando tenía diez años, jugué béisbol en las ligas infantiles. Yo era muy pequeño para mi edad. De hecho, yo siempre era el jugador más pequeño del equipo y la gente me llamaba Maní. Estábamos en medio de un juego importante, y las gradas estaban llenas. Todos estaban observando con atención cuando subí al bate. Cuando el entrenador contrario vio lo pequeño que era, salió de la banca y comenzó a gritarle a sus jugadores en los jardines: «¡Acérquense! ¡Acérquense!». Estaba haciendo señas con ambos brazos en el aire, haciendo una gran escena. Muy bien podría haber gritado: «¡Este chico es un perdedor! Es demasiado pequeño. No está a la altura. No puede hacer un hit». Todos en las gradas lo estaban viendo. Yo estaba en el «home», tan avergonzado que por un momento sentí ganas de esconderme. Los jardineros se colocaron justo detrás del diamante. No había nadie en los jardines. ¡En todo lo que podía pensar era en que deberían haber visto jugar a mi hermano Paul!

Cuando vi el cambio en los jardineros que había hecho el equipo contrario, algo vino sobre mí. Pensé: *Ese entrenador no sabe quién soy. No sabe lo que puedo hacer. No me infundió vida. Él no determina mi destino. Soy un hijo del Dios altísimo. Todo lo puedo en Cristo.* Quizá yo era pequeño, pero cuando el pitcher lanzó la pelota, blandí el bate como si tuviera diez pies o tres metros de altura y le di todo lo que tenía. La golpee perfectamente y esa pelota despegó, se fue bastante arriba por encima de su cabeza, rebotó un par de veces y golpeó la cerca. ¡Como no había nadie en los jardines, hice un jonrón interno!

Esto es lo que quiero que vea. La siguiente vez que subí al bate, el entrenador se levantó de la banca, con el mismo entusiasmo y con la misma fanfarria, pero esta vez comenzó a gritarle a sus jugadores: «¡Háganse para atrás! ¡Para atrás! ¡Para atrás!». Sonreí y pensé: *¡Ahora sí me gusta como suena!* En la misma manera, el enemigo vendrá en su contra en sus pensamientos diciendo: «Tú nunca tendrás éxito. Jamás romperás esa adicción. Nunca vas a salir de ese problema». Puede ya sea creer esas mentiras y dejarlo que los convenza para ser mediocre, o puede hacer lo que yo a los diez años y decir: «No, tú no puedes determinar mi destino. Tú no le pones límites a mi vida. Tú no me diste el aliento. No sabes de lo que soy capaz. Quizá me vea pequeño, pero estoy lleno de poder de resurrección». Cuando usted se levante en fe en esa manera, no será derrotado por sus enemigos; será promovido por sus enemigos. Si usted lo hace un par de veces, el enemigo le va a comenzar a decir a sus fuerzas: «¡Retrocedan! ¡Retrocedan! ¡Retrocedan! Es más poderoso de lo que parece. No se metan con él. Tiene mucho favor. Es más que vencedor».

La Escritura dice: «No se dejen intimidar por sus enemigos de ninguna manera». No se intimide por lo que alguien más dice, no se intimide por esa enfermedad o por lo grande del obstáculo. Usted no es débil, no tiene escasez, está lleno de poder de acción. La fuerza más grande en el universo está de su lado.

Quizá sea viernes, pero el domingo viene

Después de la muerte de José, el pueblo de Israel que vivía en Egipto fue bendecido e incrementó grandemente en número, hasta el punto en que muchos años después, el faraón les puso grilletes y los puso bajo capataces para oprimirlos con trabajos forzados. Pero sucedió algo interesante. La Escritura dice que: «Cuanto más los oprimían, más los israelitas se multiplicaban». El faraón pensó que los estaba deteniendo, pero de hecho los estaba haciendo incrementar. Algunas veces cuando Dios quiere promoverlo, no le envía una buena oportunidad; le envía un enemigo. Va a hacer que el faraón, un supervisor posiblemente, incremente la presión. Lo pondrá en una situación injusta. No se desanime; entre más oposición haya, más se va a ensanchar. Probablemente no nos guste, pero crecemos bajo presión, nuestro carácter se desarrolla y descubrimos talento que no sabíamos que teníamos. El faraón, al oprimirlos con trabajo de esclavos, estaba tratando de restringir a los israelitas, de apretarlos, de ponerlos bajo presión.

Cuando usted lava su coche en casa, usted sabe que el agua que sale de su manguera va a llegar solamente a unos tres o cuatro pies, como a un metro, de distancia. Pero cuando usted realmente quiere rociar todo el coche, necesita que el agua llegue más lejos. Así que usted pone su pulgar sobre la boca de la manguera y restringe la salida del agua. Uno pensaría que, al restringirla, saldría menos agua, pero eso no es lo que sucede. Cuando usted restringe el agua, sale la misma cantidad, pero como está bajo tanta presión, llega a unos quince o veinte pies, como unos cinco o seis metros, de distancia. Llega mucho más lejos de lo que lo hacía sin presión. En la misma manera, cuando el enemigo lo ponga bajo presión, piensa que lo va a detener. Pero lo que no se da cuenta es que toda esa presión lo va a hacer que llegue más lejos. Cuando usted se sienta restringido, cuando enfrente oposición, no se desanime. Prepárese para el largo alcance. Prepárese para nuevos niveles. Prepárese para ser promovido. Esa presión no lo va a detener; lo va a ensanchar. Cuando Jesús estaba a punto de ser crucificado fue al Huerto de Getsemaní, que literalmente significa «el lugar de la prensa». Era un olivar. La única manera de obtener aceite valioso de las aceitunas es prensarlas. Si usted nunca es

La única manera de obtener aceite valioso de las aceitunas es prensarlas.

puesto bajo presión, usted nunca tendrá que estirar su fe, perseverar, vencer y soportar, no se conectará con los tesoros que Dios puso en su interior. Un viernes, Jesús estaba clavado en la cruz; una presión increíble. El sábado, estaba en el sepulcro, luchando contra las fuerzas de las tinieblas: restringido. Pero un domingo en la mañana, salió como un chorro a presión de esa tumba. La muerte no lo pudo retener. Un mensaje de la resurrección es que Dios usa a nuestros enemigos para bendecirnos.

Probablemente hoy se sienta restringido, presionado, como si estuviera siendo apretado. Es viernes. No se preocupe. El domingo viene. La presión va a hacer que usted sea lanzado más lejos. Cuando usted vea a donde Dios lo lleve —el favor, la bendición, la promoción— usted va a ver para atrás y va a decir, como el salmista: «El sufrimiento me hizo bien». David le diría que fue bueno que Goliat apareciera. Jesús diría que fue bueno que Judas lo traicionara. Puedo decirle que fue bueno que ese ejecutivo estuviera en nuestra contra, y fue bueno que el entrenador diera a entender que yo era demasiado pequeño. Los israelitas le dirían que fue bueno que el faraón los restringiera. Quizá no haya sido cómodo todo el tiempo, pero un día usted dirá: «Ese enemigo no me venció; ese enemigo me bendijo». Ahora manténgase en fe, porque Dios lo tiene cubierto. No habría permitido la presión si Dios no lo fuera a usar para su bien. Quizá sea viernes en su vida, pero el domingo viene. Usted está a punto de ser lanzado como un chorro a presión, más fuerte, más saludable, promovido, reivindicado y mejor de lo que estaba antes.

CAPÍTULO SIETE

Todo es bueno

La vida está llena de cosas que no nos gustan; nos decepcionamos, un amigo nos traiciona, no obtuvimos la promoción por la que trabajamos tan duro. Vemos estas cosas como negativas y pensamos: *Eso estuvo mal. No funcionó. Mis oraciones no fueron respondidas.* Es fácil desanimarse y perder nuestra pasión. Pero Dios no va a permitir una dificultad a menos que de alguna manera la vaya a usar para nuestro bien. Usted quizá no entienda cómo lo vaya a hacer, pero si mantiene la actitud correcta, todo lo que suceda en la vida lo impulsará más cerca de su destino. Esto incluye las puertas cerradas que enfrente, las demoras, la persona que le hizo mal y el préstamo que no le aprobaron. Dios dice: «Todo está bien. Estoy en control. Probablemente no sea agradable, pero si confías en mí, lo voy a usar para tu bien».

Cuando usted entiende este principio, la vida se vuelve mucho más liberadora. Usted no se va a molestar cuando un compañero de trabajo haga el juego político y lo deje fuera. Usted sabe que todo está bien. Dios lo permitió y lo va a usar. Usted hizo el intento, y el negocio no sobrevivió. No renuncie a sus sueños. Usted sabe que todo está bien. Es parte del proceso. No permita que las cosas simples, como quedar atorado en el tráfico, lo haga sentir frustrado y que arruine su día. Usted sabe que Dios está dirigiendo sus pasos. Al desacelerarlo, probablemente lo esté guardando de un accidente. Pudiera ser que esté desarrollando paciencia en usted. Lo que sea, Él tiene un propósito para ello. Mantenga la perspectiva correcta: todo está bien.

Esto se reduce a confiar en Dios. No vamos a comprender todo lo que sucede y lo que no sucede en nuestra vida. Si usted trata de dilucidar todo, se va a frustrar. Dios puede ver el panorama completo para nuestra vida. Sabe dónde están los callejones sin salida, los atajos, los caminos llenos de baches que van a provocarle pena y dolor. Va a mantener cerradas las puertas que usted pidió que se abrieran, porque sabe que pasar por ellas sería un desperdicio de su tiempo. Cuando usted es maduro, en lugar de amargarse cuando las cosas no salgan bien, usted dirá: «Dios, confío en ti. Probablemente no me guste, pero creo que tú sabes lo que es mejor para mí».

Dios sabe dónde están los callejones sin salida, los atajos, los caminos llenos de baches que van a provocarle pena y dolor.

Todas las cosas cooperan para bien

Algunas de las cosas que Dios tiene en su futuro, usted no podría manejarlas si se las diera en este momento. Lo ama demasiado para dejar que eso suceda. Está desarrollando su carácter, haciéndolo crecer. Ese jefe que lo hace desesperar, que no lo trata bien; usted sigue tratando de orar para que se aleje. La razón por la que no se va es que Dios lo está utilizando como lija para suavizar las orillas ásperas que usted tiene. A medida que usted siga haciendo lo correcto, mantenga la boca cerrada, sea respetuoso, se mantenga fiel a sus responsabilidades, eso está haciendo una obra en usted. No podría desarrollar su carácter sin ello. Probablemente no le guste, pero es bueno. Lo está preparando para el siguiente nivel de su destino. Dios le está preguntando: «¿Confías en mí con tus puertas cerradas? ¿Confías en mí con tus oraciones no contestadas, con las cosas que no entiendes?».

¿Por qué no dejas de pelear en contra de todo lo que no te gusta y tienes esta nueva perspectiva: todo está bien? «No puedo soportar a mi jefe refunfuñón, pero sé que es bueno para mí». Esta podría ser su perspectiva sobre un niño que sea difícil de educar, una enfermedad con la que esté tratando, o un sueño que esté tomando para siempre para cumplirse. Usted puede decir: «No me gusta cómo ha salido esto, pero no voy a vivir amargado. Sé que Dios está en el trono, y que está en control de mi vida. Esto que ha venido en mi contra podría haber sido pensado para mi mal, pero Él prometió que lo usaría a mi favor». Eso fue lo que dijo el apóstol Pablo en Romanos 8:28: «Y sabemos que Dios hace que todas las cosas cooperen para el bien de quienes lo aman». No dijo algunas cosas, sino todas las cosas. Probablemente no sean buenas en el momento que pasamos por ellas. Es doloroso pasar por una pérdida. Duele cuando la gente nos hace mal. Es desalentador cuando un sueño no resulta. Por sí mismas, podrían no ser buenas, pero Dios promete que va hacer que todas las cosas cooperen. Un día usted verá hacia atrás y dirá que todo fue bueno.

«Bueno Joel, estoy desanimado porque perdí a un ser querido. Estoy amargado porque un socio de negocios me engañó. Esas cosas no fueron buenas». Cuando usted dice eso, el problema es que usted está aislando incidentes particulares. Dios no los ha hecho cooperar todavía. Si ese contratiempo fuera a evitar que usted llegue a su destino, Dios no lo habría permitido. Ese revés fue una preparación para que Dios se mostrara en su vida. Usted tiene que deshacerse de la mentalidad de víctima y comenzar a tener una mentalidad de vencedor. Cuando usted tiene esta actitud de que todo está bien, no va por allí con un resentimiento. Usted sabe que Dios lo tiene en la palma de su mano. Usted tiene impulso en su andar y una sonrisa en su rostro, porque sabe que es solo una cuestión de tiempo antes de que Dios haga que todo coopere. La Escritura dice que por la noche durará el lloro, y a la mañana vendrá la alegría.

Cuando usted tiene esta actitud de que todo está bien, no va por allí con un resentimiento.

Es probable que el Viernes Santo no se sienta bien

Cada año celebramos el Viernes Santo. Lo llamamos «santo» ahora, pero hace dos mil años, el día en que Jesús fue crucificado, no parecía como un Viernes Santo. Los discípulos pensaron que era el peor día de su vida. Sus sueños fueron hechos pedazos. El Hombre al que habían dedicado su vida había sido crucificado, estaba muerto y había sido enterrado en una tumba. Las dudas llenaban su mente: *Probablemente no era quien dijo ser.* Podría ser que nos engañó y desperdiciamos todo este tiempo. Puede imaginarse a María, la madre de Cristo, llorando mientras veía a su Hijo colgando de la cruz. Estaba acongojada con tanto dolor.

Si alguien le hubiera sugerido: «María, este es un Viernes Santo», ella habría pensado que se volvieron locos. «¿Qué quieres decir con santo? Mira lo que está sucediendo». Todos enfrentamos ocasiones en las que la vida no tiene sentido. Un sueño muere, una relación termina, quedamos postrados en cama con una enfermedad; nada acerca de la situación parece bueno. «Bueno» es la última palabra que habríamos usado para describir ese viernes si hubiéramos estado allí. *Viernes trágico, viernes de traición, viernes solitario podrían haber sido descripciones más precisas.*

Cuando se encuentra en el fragor de la batalla, es fácil desanimarse. Los discípulos podrían haber dicho: «Dios, ¿por qué permitiste que Judas lo traicionara? ¿Por qué permitiste que los soldados lo crucificaran? ¿Por qué lo abandonaste en su tiempo de mayor necesidad?». Pero unos días después, cuando Jesús resucitó de los muertos y les apareció en el aposento alto y más tarde les cocinó el desayuno en una playa, se dieron cuenta de que Él era quien había dicho ser. Había hecho lo que dijo que iba a hacer. Había

Cuando miraron hacia atrás, lo que pensaban que era el peor día de su vida, ahora lo llamaron «santo».

derrotado al enemigo y traído salvación a la humanidad. Miraron de vuelta a ese viernes y dijeron: «No fue lo que pensamos. No fue un viernes deprimente; no fue el viernes trágico. Todo fue parte de su plan. Era Viernes Santo». Cuando miraron hacia atrás, lo que pensaban que era el peor día de su vida, ahora lo llamaron «santo».

¿Qué estoy diciendo? Todo está bien. Quizá no esté bien en este momento, y probablemente no haga sentido por sí solo, pero Dios sabe cómo hacer que todo coopere para nuestro bien. Usted quizá piense que lo va a detener, retrasar y provocarle una aflicción. Si se mantiene en fe, un día usted verá hacia atrás y dirá que todo fue bueno.

Dios hará que todo coopere para su bien

Cuando Dios lo une todo, cuando usted encuentra la conexión divina que Él tiene para usted, alguien mejor de lo que alguna vez ha soñado, usted verá hacia atrás con una sonrisa: «¡Fue un Viernes Santo cuando esa otra persona se fue!». O qué acerca del supervisor que trató de mantenerlo a raya todos esos años. Usted no se dio cuenta en ese tiempo, pero mantenerse en ese centro de trabajo con una buena actitud, dando lo mejor y haciendo lo correcto cuando estaba sucediendo lo malo estaba desarrollando su carácter, fortaleciendo sus músculos espirituales, preparándolo para el siguiente nivel. Usted no sería quien es sin esa dificultad. A usted no le gustó entonces, pero ahora mira hacia atrás y dice que fue un Viernes Santo.

Eso fue lo que nos sucedió. Dos veces, traté de comprar un terreno para un nuevo santuario, y en las dos ocasiones, la propiedad fue vendida antes de que pudiéramos terminar el trato. Yo estaba tan decepcionado. Con la primera propiedad, habíamos trabajado en el trato durante seis meses, haciendo muestras de suelo y croquis preliminares. Cuando entramos a la oficina para firmar el contrato esa mañana, salió la secretaria y nos anunció que el dueño había vendido la propiedad la noche anterior. ¡Había estado en el mercado veinte años! Llegué a casa decepcionado y le dije a Victoria que no había ninguna otra propiedad en la que pudiéramos construir. No veía nada bueno con respecto a que alguien no cumpliera su palabra para vendernos esa propiedad. Si usted me hubiera dicho que era un Viernes Santo, le habría dicho que no estaba pensando claramente.

Unos meses después, encontramos otra porción de tierra de cien acres, o bien, cuarenta hectáreas y media. Pensamos que esta era todavía mejor que la primera propiedad. Oré: «Dios, por favor abre esta puerta. Señor, gracias que tenemos tu favor». Pero sucedió lo mismo. Le vendieron la propiedad a alguien más. No le encontraba sentido. Pero he aprendido que los caminos de Dios son mejores que nuestros caminos. La manera correcta de orar es por medio de decir: «Dios, esto es lo que quiero. Esto es por lo que estoy creyendo, pero Dios, tú sabes lo que es mejor para mí. Confío en ti».

Unos seis meses después de que esa segunda propiedad fue vendida a otro mientras estábamos haciendo el trato de compra, recibimos la noticia de que el ex Compaq Center estaba disponible. Ahora me doy cuenta de que la razón por la que Dios cerró esas otras puertas era que tenía algo mucho mejor preparado para nosotros. Dios puede ver cosas que nosotros no podemos ver. Ahora le agradezco por cerrar esas puertas. Veo hacia atrás y digo: «Ese no fue un viernes de derrota después de todo. Fue un Viernes Santo». Era Dios guardándome de recibir menos de lo que tenía preparado para nosotros. Algunas veces Dios cierra puerta porque estamos creyendo demasiado pequeño. Es probable que usted tenga sueños que no hayan salido bien todavía; ha tenido algunos viernes decepcionantes. No se desanime. Dios sabe lo que está haciendo. Si usted se mantiene honrándolo, siendo lo mejor que pueda ser, entonces su domingo viene. Dios abrirá puertas que ningún hombre puede cerrar.

Ahora me doy cuenta de que la razón por la que Dios cerró esas otras puertas era que tenía algo mucho mejor preparado para nosotros.

Puertas abiertas, puertas cerradas

Mi padre pasó por una gran decepción. Había pastoreado una iglesia durante muchos años y había dado su corazón y su alma para ayudar a la gente. Acababan de construir un nuevo santuario, la iglesia estaba creciendo y él estaba en la junta estatal de su denominación. La vida era buena. Parecía que su futuro era bastante brillante. Pero mi hermana Lisa nació con una condición similar a la parálisis cerebral. Mi padre comenzó a leer la Biblia con un par de ojos nuevos. Vio cómo Dios sanaba a la gente y cómo se suponía que deberían vivir una vida victoriosa y abundante. Comenzó a compartir esto con su congregación. Le sorprendió bastante que no les agradara su nuevo mensaje. No cabía en las enseñanzas de su denominación, y terminó teniendo que dejar la iglesia. Mi madre tenía amigas de toda la vida quienes nunca le volvieron a hablar. Mi padre y mi madre se sintieron traicionados y desanimados. Parecía que no había nada bueno con respecto a tener que dejar una posición por la cual había trabajado tan duro. Se sentía como un viernes oscuro, un viernes derrotado, un viernes de traición, dejar a la gente que habían llegado a amar y a cuidar.

Pero, así como Dios abre puertas, cierra puertas. Dios sabía que, si mi padre se mantenía en ese ambiente limitado, nunca se convertiría en quien fue creado. Nos encantan las puertas abiertas porque sabemos que son señales del favor de Dios. Pero cuando Dios cierra una puerta, se requiere madurez para decir: «No lo comprendo, pero no me voy a amargar, no voy a batallar contra ello. Dios, confío en ti». En lugar de sentarse por allí en autolástima, pensando en lo que no funcionó y que fue quitado, mis padres salieron y comenzaron la iglesia Lakewood en una pequeña y descuidada tienda de alimento para animales con noventa personas. Creció y creció a ser una iglesia de miles, y seguimos estando firmes actualmente. Años después, viendo en retrospectiva, mi padre podría haber dicho: «Esa traición, ser echado de mi propia iglesia, fue un Viernes Santo». Fue una de las mejores cosas que le podrían haber sucedido. Lo impulsó a un nuevo nivel de su destino. Pero en ese momento, no se veía ni se sentía bien.

Cuando esté sufriendo y decepcionado, cada pensamiento le dirá: «No es justo, Dios. ¿Por qué dejaste que esto me sucediera?». Le estoy pidiendo que confíe en Él. Dios sabe lo que está haciendo. Quizá no parezca bueno, pero un día cuando Dios haga cooperar todo para su bien, usted mirará hacia atrás y dirá: «Era un Viernes Santo». No lo pude ver en el momento, pero fue bueno que hayan vendido las propiedades a pesar de que estábamos en tratos con ellos. Jesús habría dicho que fue bueno cuando Judas lo traicionó. Mi padre podría decirle que fue bueno cuando lo presionaron para sacarlo de su posición.

Probablemente se encuentre en viernes en este momento; nada de su situación parece bueno. Usted está tratando con una enfermedad, o batallando en una relación o tiene personas viniendo en su contra. Se siente oscuro, solitario, desalentador. Usted no ve cómo podría siquiera funcionar. Manténgase en fe. Dios no lo habría permitido si no fuera a hacerlo avanzar. Usted está en viernes; las buenas noticias son que viene el domingo, cuando usted verá su resurrección, por decirlo así. El domingo es cuando Dios lo reivindica, lo sana, lo promueve, lo restaura. Es cuando prepara una mesa para usted en presencia de sus enemigos, cuando le paga el doble por esa dificultad. Eso es lo que convierte el viernes de derrota en un Viernes Santo. No más viernes de traición, no más viernes de decepción. Ahora es viernes de bendición, viernes de gozo, viernes de victoria.

Usted está en viernes; las buenas noticias son que viene el domingo, cuando usted verá su resurrección, por decirlo así.

No todo es acerca de nosotros

Una pareja iba al hospital cada semana a animar a los pacientes. Un día el hombre acababa de estacionar su coche e iba cruzando la calle a la entrada principal del hospital.

Un coche con exceso de velocidad dobló la esquina, y casi fuera de control golpeó al hombre. Lo levantó golpeándolo sobre el capó, sobre el techo del coche y al pavimento. Lo llevaron de prisa a la sala de urgencias y descubrieron que tenía hemorragia cerebral. Le hicieron un escaneo completo del cuerpo para ver si se había lastimado en alguna otra parte, buscando huesos rotos o cualquier otra hemorragia. Todo estaba bien, pero notaron un tumor en su riñón. Cuando hicieron la biopsia, descubrieron que era cáncer. Unos días después de que cesó la hemorragia, le practicaron una cirugía para remover el riñón. Todo salió bien, y el día de hoy está libre de cáncer. El médico le dijo que, si no hubieran encontrado ese tumor, habría existido una buena posibilidad de que el cáncer se hubiera esparcido a otras partes de su cuerpo y que se hubiera vuelto un peligro de muerte.

Amigo, todo está bien; incluso las cosas que parecen males en ese momento, como ser golpeado por un coche cuando uno está haciendo una buena obra. La mayoría de la gente diría: «Hombre, que mala suerte. Qué mal por ti». Pero Dios no permite nada de lo que no pueda sacar algo bueno. No siempre lo vemos. «Joel, he tenido muchas cosas que me han sucedido que no han hecho otra cosa que derribarme». Usted no sabe lo que Dios está haciendo tras bastidores. Quizá todavía no se unan las piezas. De eso es de lo que se trata la fe. Cuando suceden cosas que no nos gustan como decepciones, traiciones, equivocaciones, podemos ponernos negativos y vivir amargados. O podemos decir: «Dios, confío en ti. Tú sabes lo que es mejor para mí. Incluso cuando no lo entienda, creo que cuando todo se una, va a cooperar para mi bien y no en mi contra».

Dos jóvenes estudiantes universitarios estaban viajando a Kenia para trabajar en un proyecto de misiones. Estaban a principios de sus veintes, ambos exjugadores de baloncesto universitario. Este era su primer viaje al extranjero. Habían orado para que todo saliera sin dificultades. Pero cuando el avión trató de aterrizar en Londres, fue demorado por una densa niebla, y perdieron su vuelo de conexión. Estaban decepcionados, pensando en la manera tan mala para que su viaje comenzara. Tuvieron que pasar la noche tratando de dormir en el aeropuerto. Los únicos asientos disponibles en el vuelo siguiente eran de primera clase, así que los colocaron al frente. A la mitad del vuelo, sin advertencia el avión se fue en picada y comenzó dirigirse directo a tierra. La gente entró en pánico y estaba gritando. Parecía que iban a morir. Estos jóvenes escucharon ruidos en la cabina que sonaban como una lucha. Esto fue antes de los ataques del 11 de septiembre, cuando las puertas de la cabina no estaban cerradas por dentro. Abrieron la puerta de la cabina y encontraron que un hombre trastornado se había metido a la cabina y había tomado el control del avión. Los pilotos estaban tratando de sacarlo, pero eran hombres muy pequeños y no podían moverlo siquiera. Ambos jóvenes medían más de seis pies seis pulgadas (un metro noventa y ocho centímetros) y eran grandes y fuertes. Tomaron a ese hombre, le arrancaron los controles y lo ataron. El avión había descendido de treinta mil pies a unos cuatro mil pies. Un minuto más o dos, y todos en ese vuelo hubieran muerto.

La demora por la niebla, y haber perdido la conexión

parecía algo malo, pero en realidad fue bueno. Los jóvenes no lo pudieron ver en ese momento. No les gustó. Dormir en el aeropuerto no cabía en sus planes. Pero Dios los retrasó a propósito para que pudieran salvar el avión y a sus pasajeros. Algunas veces Dios lo incomodará con el fin de ayudar a alguien más. En lugar de frustrarse cuando sus planes no funcionen, necesitamos recordar que no se trata de nosotros. «No me gusta mi trabajo. La gente es negativa, chismean, hacen cosas indebidas. ¿Cuándo me va a sacar Dios de aquí?». Probablemente Dios lo tiene allí a propósito para hacer brillar su luz. Quizá está contando con usted para que sea una buena influencia en ellos. Deje de combatir contra todo lo que no le gusta. El salmista dijo: «El Señor dirige los pasos de los justos». Si Dios lo tiene allí, Él ha ordenado sus pasos. Probablemente no le gusten las demoras, las incomodidades y las situaciones injustas. Quizá se ponga poco confortable, pero en lugar de resistirlo, tratando de orar en su contra, ¿por qué no lo abraza? Diga: «Dios, aquí es donde me tienes en este momento, así que voy a ser lo mejor que pueda. Voy a tener una buena actitud. Quizá no me guste, probablemente me sienta mal, pero conozco un secreto: todo está bien». No está cooperando en su contra; está obrando a su favor.

En lugar de frustrarse cuando sus planes no funcionen, necesitamos recordar que no se trata de nosotros.

Lo que usted no ve

Deje de combatir contra todo lo que no le gusta. Deje de molestarse por haber cometido un error, pasar por una decepción, obtener un reporte médico que no era lo que usted esperaba. Dios no lo habría permitido si no lo fuera a usar para su bien. Parece un contratiempo, pero en realidad es una preparación para avanzar hacia su destino.

Recuerde que después de que José soportó trece años de traiciones, decepciones y noches solitarias con una buena actitud en una prisión egipcia, fue hecho la segunda persona más poderosa en Egipto. A pesar de todo lo que pasó, le podría decir exactamente lo que les dijo más tarde a sus hermanos quienes lo habían vendido como esclavo: todo estuvo bien. Todo fue parte del plan. Mis amigos Craig y Samantha, quienes le presenté en el capítulo anterior, no entendieron por qué tienen un hijo con autismo, pero ahora después de haber comenzado el Club de Campeones y de ayudar a tantos otros padres con hijos con necesidades especiales, podrían decirle que todo fue bueno.

Probablemente no lo vea en este momento, pero hay una bendición en la oscuridad. Cuando todo se una, va a cooperar para bien. Quizá sea viernes en su vida, y que no haya una razón para llamar bueno o santo a lo que está atravesando, pero no se preocupe, el domingo viene. Dios todavía está en el trono. Si usted se mantiene en fe, todo lo que fue pensado para detenerlo, Dios lo va a usar para

> *Probablemente no lo vea en este momento, pero hay una bendición en la oscuridad.*

empujarlo hacia adelante. Él está uniendo todo en este momento. El Viernes Santo viene. ¡El viernes de bendición, el viernes de reivindicación, el viernes saludable, el viernes victorioso viene en camino!

CAPÍTULO OCHO

Nada es desperdiciado

Victoria y yo tenemos algunas camas de flores en casa, y varias veces al año le ponemos mantillo a esas camas. El mantillo que utilizamos es un fertilizante que ayuda a las plantas a crecer. Uno de los ingredientes principales del mantillo es estiércol. Es un residuo, y huele bastante mal. Durante varios días después de aplicarlo, apenas y podemos soportar caminar afuera de la casa. Mis hijos dicen: «Papá, ¿qué pasó? Apesta aquí afuera». Pero si usted regresa en un mes o dos, el olor se ha ido y las plantas se están abriendo, floreciendo, llenas de cantidad de nuevo crecimiento. El fertilizante, tan mal como huele, le está dando a las plantas nutrientes y minerales valiosos que no podrían obtener por sí solas.

En una manera similar, todos pasamos por cosas en la vida que apestan. No nos gusta lo que pasó; algo no fue justo. «¿Por qué está persona me hizo este mal?». «¿Por qué nuestra relación no sobrevivió?». «¿Por qué estoy en cama con esta enfermedad?». «¿Por qué perdí a mi cliente principal? Esto apesta». Necesita tener una nueva perspectiva: eso es solo fertilizante. Quizá huele mal en este momento.

Parece como si hubieran echado una pila de estiércol sobre usted. Usted podría fácilmente quedar desanimado, pero si se mantiene en fe, no lo va a obstaculizar; va a fortalecerlo, va a desarrollarlo. Las cosas apestosas —la traición, la decepción, la pérdida— lo están preparando para un nuevo crecimiento, para florecer, para abrirse, para convertirse en todo lo que usted fue creado.

La verdad es que no puede alcanzar su máximo potencial sin fertilizante. Lo apestoso no está trabajando en su contra; está obrando a su favor. Quizá huela mal durante un rato, pero si usted sigue haciendo lo correcto, llegará a una nueva temporada de crecimiento y oportunidades de nuevos niveles de su destino. Me encantaría decirle que, si usted confía en Dios y hace su mejor esfuerzo, navegará por la vida sin dificultades, pero esa no es la realidad. Usted va a tener un poco de estiércol. Van a venir algunas cosas apestosas a su camino. Lo que quiero que vea es que no está obrando en su contra; está trabajando a su favor. En lugar de deprimirse y pensar: *Apesta. No puedo creer que esto haya sucedido.* Tenga esta actitud: *Simplemente es más fertilizante. Dios me está preparando para algo mayor.* Si usted pasa por la peste con la actitud correcta y no permite que agrie su vida, Dios va a tomar lo que había sido pensado para su mal y lo va usar para su bien.

La verdad es que no puede alcanzar su máximo potencial sin fertilizante.

Quizá sienta como si ya hubiera tenido más que suficiente de la cosa apestosa: equivocaciones, decepciones, sueños rotos. Anímese, porque eso significa que tiene mucho fertilizante. Dios lo está preparando para ir a donde nunca ha estado. Este no es el momento de sentir lástima por sí mismo y vivir con resentimiento, pensando en todo lo que ha pasado. Este es el momento de prepararse. Dios permitió ese fertilizante para prepararlo para dónde usted no puede ir por sí solo. Quizá no le haya gustado, pero depositó algo en el interior que usted solo puede obtener por medio de pasar por ello. Deje de quejarse con respecto al fertilizante —acerca de quién lo lastimó o lo que no funcionó— y de todo el estiércol que le echaron encima. Sin el fertilizante, sin lo apestoso, no podría alcanzar su destino. No lo está deteniendo; lo está ayudando. Si fuera demasiado, Dios no lo habría permitido. Usted tiene que clavar sus pies en la tierra y decir: «Estoy en esto para ganar. No voy a permitir que esta cosa apestosa, este estiércol, esto que no entiendo, me lleve a agriarme y a renunciar a mis sueños. Probablemente no me guste, pero sé que es fertilizante. Me está enriqueciendo. Me está haciendo más fuerte. Me está preparando para nuevos niveles».

Deje que los fertilizantes de la vida funcionen

Había una jovencita que creció en un ambiente bastante difícil. Su padre murió cuando ella tenía seis años y poco después de eso su madre tuvo que someterse a diálisis. Cuando otras niñas de su edad estaban participando en animación y jugando afuera con sus amigas, ella estaba en casa cuidando de su madre, ayudando a operar la máquina para los riñones. A los doce años, ella tenía que ir a la tienda de comestibles a hacer la compra y cocinar para la familia. Todos los días vestía y arreglaba a su hermano para que estuviera listo para la escuela. Parecía que ella estaba en desventaja, que esta dificultad la retrasaría y evitaría que llegara a su destino. Pero solo porque algo sea injusto no significa que Dios ya no tenga todavía un futuro maravilloso frente a usted. Quizá apeste, pero recuerde que el estiércol tiene muchos ingredientes útiles; el estiércol es fertilizante. La gente gasta mucho dinero para poner estiércol en sus camas de flores. Parece como si fuera un residuo, pero utilizado en la manera correcta es una ventaja. Genera crecimiento.

Esta jovencita no tenía una mentalidad de víctima; tenía una mentalidad de vencedora. Era difícil y no era justo, pero ella no se quejaba ni sentía lástima por ella misma. Seguía haciendo su máximo esfuerzo, sacudiéndose la autolástima, sin permitir que los pensamientos negativos la convencieran de dejar sus sueños. A pesar de todas las probabilidades acumuladas en su contra, se destacó en la escuela media-superior y recibió una beca completa en una universidad importante. Continúo para obtener su maestría y luego obtuvo un doctorado. Hoy es extremadamente exitosa en el mundo corporativo y está felizmente casada y tiene tres hermosos hijos.

Esta es mi pregunta: ¿por qué algunas personas en ese mismo tipo de situación batallan con la vida, viven derrotados, desanimados y siempre se quejan de los problemas mientras que otros como ella vencen las probabilidades en su contra, florecen y ven la bondad de Dios en maneras asombrosas? La diferencia se encuentra en cómo vemos la vida. Todos tenemos cosas apestosas; todos tenemos situaciones injustas, cosas que no nos gustan. Usted se puede amargar, desanimar y agriarse o puede verlo como fertilizante y decir: «Esta dificultad no me va a derrotar; me va a promover. No me va a detener; me va a ayudar». Dios no lo habría permitido a menos que tuviera un propósito. No solo lo atraviese; crezca a través de ello. Reconozca que lo está fortaleciendo. Usted está desarrollando carácter, perseverancia, confianza y seguridad.

Un tiempo difícil y oscuro en su vida no tiene que desviarlo de su destino. De hecho, puede hacer justo lo opuesto. Lo puede propulsar a su destino. Lo que apesta en su vida en este momento, y lo que no le gusta, puede ser justo lo que lo promueva y lo lleve a florecer. Sin fertilizante, no podría alcanzar su máximo potencial. No se queje de la peste; hay promoción en esa peste. No se agrie por lo apestoso; hay un nuevo nivel en eso apestoso. No se desaliente por el estiércol. Probablemente no le guste, pero eso es fertilizante. Eso es lo que lo prepara para el gran futuro que Dios tiene preparado. Es probable que sienta como si ya tuvo demasiado fertilizante. Pero si usted tiene muchas cosas apestosas de las cuales quejarse, es porque Dios tiene un destino más grande frente a usted. Lo va a llevar alguna parte que nunca se hubiera imaginado. Lo está preparando para bendiciones. Sus raíces están yendo más profundo. El estiércol no huele bien, pero tiene nutrientes y minerales; lo está haciendo más fuerte.

Lo que apesta en su vida en este momento, y lo que no le gusta, puede ser justo lo que lo promueva y lo lleve a florecer.

Lo próxima vez que usted vea a esa persona en el trabajo que lo desespera y que no lo trata con respecto, en lugar de molestarse, simplemente sonría y dígase a sí mismo: «Solo eres fertilizante. Apestas, pero me estás ayudando a crecer. Piensas que me estás empujando hacia abajo, pero en realidad me estás empujando hacia arriba». Cuando usted pase por una decepción o un revés, o el informe médico no sea bueno, usted puede ser honesto y decir: «Esto apesta. No me gusta, pero conozco un secreto. Es solo fertilizante. Va a llevarme a florecer, a abrirme, a prosperar».

De la cisterna a la prisión al palacio

Eso fue lo que hizo José. Sus hermanos le tenían envidia y lo echaron en una cisterna. Él podría haberse deprimido y decir: «Dios, esto no lo entiendo. Soy una buena persona». En lugar de ello se dio cuenta: «Esto es fertilizante. Están tratando de detenerme, pero Dios lo va a usar para incrementarme». No obstante, eso era solo el comienzo. Después de eso a José le sucedió una cosa mala tras otra. Sus hermanos lo vendieron como esclavo en Egipto, donde la esposa de su amo mintió acerca de él, lo acusó falsamente de un crimen y lo echaron en prisión. Pasó allí trece años por algo que no cometió. Estaban tratando de mantenerlo abajo, pero no se dieron cuenta de que le estaban echando fertilizante. José siguió creciendo, haciéndose fuerte, sus raíces crecieron más profundo en la fe. Pensaron que lo estaban deteniendo, pero la verdad es que lo estaban fortaleciendo. Toda esa injusticia, esas cosas apestosas, parecían como un desperdicio de años de su vida, pero, así como el fertilizante alimenta la planta con nutrientes y minerales, esa temporada difícil y oscura estaba obrando en José, preparándolo para la plenitud de su destino.

Si usted se mantiene en fe en los momentos apestosos, los momentos que no tienen sentido, cuando no es tratado de manera justa, cuando está haciendo lo correcto pero las cosas malas siguen sucediendo, su tiempo llegará para florecer, para ser promovido, ser bendecido, ser reivindicado y todas las fuerzas de las tinieblas no lo pueden detener. La gente no tiene la última palabra; Dios tiene la última palabra. Él lo va a llevar adonde se supone que debe estar.

José pasó de la cisterna a la prisión y de allí directamente al palacio. Usted quizá sienta que está en la cisterna en este momento. Probablemente haya tenido malos momentos, está tratando con una enfermedad, acaba de perder a un ser querido, un amigo lo traicionó, un sueño murió. Pero, así como fue cierto para José, esa cisterna no es el final de su historia, y la prisión no es el capítulo final. Su destino es el palacio. Dios lo ha destinado para vivir una vida victoriosa. David dijo: «Me sacó del foso de desesperación [...] Me dio un canto nuevo». Probablemente esté en el foso, pero necesita prepararse, porque va a salir. Esa depresión no es el final. Esa enfermedad no es el final, y esa adicción no es el capítulo final. La persona que lo abandonó y que le hizo mal no es el final. Si lo dejaron, no los necesitaba. Si lo dejaron, ellos no eran parte de su destino. Dios tiene a alguien mejor. Quiere poner un nuevo canto en su corazón. No se acomode en el foso. No permita que la

José pasó de la cisterna a la prisión y de allí directamente al palacio.

autolástima y el desánimo roben su pasión. Necesita recuperar su fuego. Cada bendición que Dios le ha prometido Él todavía tiene la intención de hacerla suceder. El palacio está en su futuro. La victoria está en su futuro. Los sueños cumplidos están en su futuro, con incremento, abundancia, promoción, salud y restauración. Eso es lo que está delante de usted. Allí es donde su historia termina.

Hablé con un hombre que estaba sumamente molesto porque su jefe estaba en su contra y siempre estaba tratando de hacerlo ver mal. Este jefe estaba celoso de él, y hacia cosas adicionales para no darle al hombre ningún reconocimiento. Le dije: «Solo es fertilizante. Mantente en el camino alto, y Dios no solamente hará una obra en ti, sino que se encargará de tus enemigos. Probablemente apeste en este momento, pero no te preocupes, el fertilizante apesta. Eso significa que estás por ver un nuevo crecimiento». Este hombre recuperó su pasión y fue a la oficina a ser lo mejor que podía, tomando el camino alto y trabajando como para Dios y no para los hombres. En varias ocasiones él debería haber sido promovido, pero gracias a la opinión sesgada de este jefe injusto, era relegado. Un día el director general de toda la empresa estaba en la ciudad, y este hombre tenía que dar un informe. El director general quedó sumamente impresionado con su trabajo. Como un año más tarde, quedó disponible una posición que normalmente habría sido para su jefe, pero el director general se saltó a su jefe y se fue directamente con este hombre y le ofreció el puesto. Ahora en lugar de tener que trabajar para el jefe con el que era difícil llevarse bien, la tortilla se volteó, ¡y el jefe estaba trabajando para él! Un toque del favor de Dios y usted pasará del fondo al frente, de empleado a empleador, de la cisterna al palacio.

Todos tenemos ciertas cosas apestosas, asuntos que no son justos, personas que no nos están tratando bien, situaciones que no entendemos. Usted tiene que hacer como José y verlo como fertilizante. No lo va a detener; lo va a promover. No se moleste con la persona que mintió acerca de usted y trató de hacerlo ver mal. Ellos simplemente esparcieron un poco de fertilizante sobre usted. Ellos pensaron que lo estaban empujando hacia abajo, pero en realidad lo estaban empujando hacia arriba. Usted está un paso más cerca de su palacio.

Ninguna experiencia es desperdiciada

Probablemente, a causa de un error que cometió, se siente como si hubiera fracasado y hubiera echado a perder su oportunidad. Recuerde que Dios usa lo apestoso. Usted no puede florecer hacia todo lo que usted fue creado sin un poco de cosa apestosa. No está cooperando en su contra; está obrando a su favor. Algunas veces nos traemos problemas a nosotros mismos. Tomamos malas decisiones, y el acusador susurra en nuestro oído: «No te mereces ser bendecido. Es tu culpa. Dios no te va a ayudar». Pero Dios no desperdicia nada. Él sabe cómo sacar lo bueno de cada situación. Probablemente no sea buena, pero puede hacer que coopere para nuestro bien.

En Juan 4, Jesús se encontró con una mujer en un pozo fuera de una ciudad en Samaria, y le dijo que Él le daría «agua viva». Ella dijo: «Por favor [...] ¡deme de esa agua!».

Él respondió: «Ve y trae a tu esposo». Ella respondió: «No tengo esposo». Jesús dijo: «Es cierto [...] porque has tenido cinco esposos y ni siquiera estás casada con el hombre con el que ahora vives». Ella estaba sorprendida de que este extraño pudiera saber todo acerca de ella. Ella le dijo a Jesús: «Sé que el Mesías está por venir». Jesús le respondió: «¡Yo soy el Mesías!». A la primera persona a la que le dijo Jesús alguna vez que era el Mesías fue a esta mujer; una mujer que había tenido un pasado difícil, había cometido muchos errores y había pasado por algunas situaciones apestosas. Regresó a la ciudad y le dijo a todo el pueblo: «¡Vengan a ver a un hombre que me dijo todo lo que he hecho en mi vida! ¿No será este el Mesías?». Dios la usó como la primera evangelista en llevar el mensaje de que Él era el Mesías. Este es mi punto. Habiendo estado casada cinco veces, esta mujer se sentía cómoda alrededor de los hombres. Si hubiera sido callada y se hubiera intimidado fácilmente, no les hubiera dicho a muchas personas. Dios tomó lo que el enemigo había usado en su contra —su atrevimiento, su franqueza— y lo volteó y le dijo en efecto: «Esto te ha metido en problemas en el pasado, pero voy a hacer que el enemigo pague. Voy a usar eso para hacer avanzar el Reino». Había sido usado en su contra; ahora estaba operando a su favor.

Dios conoce cómo usar aquello por lo que ha pasado. Él no desperdicia sus experiencias. Quizá haya tomado malas decisiones, pero puede convertir su desastre en su

> *Quizá haya tomado malas decisiones, pero Él puede convertir su desastre en su mensaje.*

mensaje. Él lo va a utilizar para ayudar a otros que están pasando por lo mismo.

Un amigo mío pasó varios años en una banda de forajidos en motocicleta. Era adicto a las drogas, corriendo con el grupo equivocado, quebrantando la ley, entrando y saliendo de la cárcel. Parecía como si nunca fuera a cambiar, pero este joven tenía una madre que oraba por él. Cada día su madre decía: «Dios, tu prometiste que mis hijos serían poderosos en la tierra. Gracias por reformar a mi hijo». Un domingo en la mañana, estaba en un lugar tan tenebroso de depresión y tan drogado que decidió acabar con su vida. Justo cuando estaba por tomar un frasco de pastillas, por alguna razón encendió el televisor, y allí estaba mi padre ministrando. Este joven se subió a su motocicleta, todavía drogado, condujo a Lakewood y entró al servicio; mal encarado, chamarra de cuero, tatuajes, barba, lo más malo que podía ser. El ujier lo llevó hasta el frente para que se sentara. Ese día sintió un amor que nunca había sentido. En el estacionamiento después del servicio, se arrodilló frente a su motocicleta y dijo: «Dios, si eres real, ayúdame a cambiar. Te estoy dando mi vida». Hoy ese hombre es pastor de una iglesia, y tiene un ministerio en motocicleta. Va con los antiguos miembros de la banda de forajidos y les comparte su historia de cómo Dios cambió su vida. Dios no desperdicia ninguna experiencia. Él no desperdicia aquello por lo que ha pasado. Lo va a utilizar para ayudar a otros que están tratando con lo mismo.

Hubo un reporte en las noticias acerca de un gatillero de veinte años que entró a una escuela primaria con un rifle de asalto y comenzó a dispararle a los oficiales de policía que estaban rodeando el edificio. Afortunadamente, no le dio a ninguno. Después de que todos se dispersaron, hizo una barricada en un pequeño cuarto. Escondida detrás del mostrador estaba la contadora de la escuela, una mujer de mediana edad llamada Srta. Tuff. Tenía muchas agallas. Ella se levantó, sus ojos se encontraron y él le apuntó con el rifle. En lugar de asustarse, ella comenzó a hablar con él. Ella es una mujer tan amable, gentil y calmada como alguien puede ser. El joven fue atraído hacia ella, y comenzó a abrirse. Le dijo cómo había dejado de tomar su medicina y que se sentía sin esperanza, como si su vida no tuviera propósito. La Srta. Tuff le dijo: «Sé cómo te sientes. Mi esposo me abandonó después de treinta y tres años de casados, el año pasado traté de suicidarme, pero por la gracia de Dios no sucedió» (es mi paráfrasis tomada de varias fuentes noticiosas). Le siguió diciendo cómo Dios le había dado un nuevo comienzo, que su vida había sido restaurada y cómo había abierto un nuevo negocio y estaba emocionada por su futuro. Ella le dijo: «Si Dios lo hizo por mí, puede hacerlo por ti». De pie allí con el rifle de asalto, un equipo SWAT afuera, los estudiantes escondidos en sus aulas y helicópteros sobrevolando, el joven bajó el arma y salió caminando pacíficamente, y nadie fue lastimado. Ella dijo después: «Dios me puso allí porque yo había pasado lo que había pasado». Nada es desperdiciado: lo bueno, lo malo, lo doloroso. Dios sabe cómo sacar bendición de los lugares tenebrosos. Sin importar lo que venga en su camino, si usted se mantiene en fe, no solo funcionará como fertilizante y le ayudará, sino que adelante en el camino usted será clave para ayudar a otros.

Música a partir de la basura

La Escritura registra una de las ocasiones en las que David estaba huyendo del rey Saúl, quien estaba celoso de él y tratando de matarlo. David se fue con tanta prisa que ni siquiera tomó su espada. Llegó a la siguiente ciudad y le dijo al sacerdote local que estaba en una misión por parte del rey y que era tan urgente que no había tenido tiempo de tomar un arma. Le preguntó al sacerdote si tenía una espada o lanza que pudiera tomar prestadas. El hombre le dijo: «Solo tengo la espada de Goliat el filisteo, a quien tú mataste en el valle». El rostro de David se iluminó y le dijo: «¡Esta espada es sin igual [...] dámela!». David se fue ese día con la espada que había sido pensada para derrotarlo, y usó esa misma espada para derrotar a otros. Los enemigos que tratan de derrotarlo: la depresión, las equivocaciones, la enfermedad, la injusticia; no solamente las va a derrotar, sino que usted usará esas experiencias para ayudar a otros. Usted puede tener algunas espadas para su futuro; cosas que ha vencido, batallas que ha ganado, enemigos que ha derrotado, desafíos que ha conquistado. Esas victorias estarán allí cuando las necesite. Fueron pensadas para su mal, fueron pensadas para detenerlo, fueron pensadas para evitar que alcance su destino, pero Dios sabe cómo no solo voltearlas, cómo no solo darle la victoria,

Los enemigos que tratan de derrotarlo: la depresión, las equivocaciones, la enfermedad, la injusticia; no solamente los va a derrotar, sino que usted usará esas experiencias para derrotar a otros.

sino cómo poner esa espada en su futuro. Eso lo ayudará a vencer otros obstáculos.

Vi un informe acerca de una pequeña ciudad en América del Sur que fue construida en un vertedero. Hay basura por todas partes: en las calles, en el río, en sus patios. Todo lo que uno puede ver son residuos. Personas muy pobres viven allí con poca electricidad o agua potable. Se ganan la vida revisando la basura para buscar cualquier cosa que puedan vender. Hora tras hora, hurgan a través de ella para ganarse unos pocos centavos al día. No parecía como si algo bueno pudiera salir de ese lugar tenebroso. Pero cuando un caballero llamado Favio Chávez vino a la ciudad y vio a los niños jugando en la basura, rompió su corazón. Quería ayudar. Decidió comenzar una escuela de música justo allí en el montón de residuos. No tenía dinero para los instrumentos, así que él y un carpintero que vivía en el pueblo comenzaron a buscar en la basura materiales que pudieran usar para hacer instrumentos. Un tubo viejo sería parte de un saxofón, y cajas de madera desechadas se convertirían en parte de una guitarra. Cubos y barriles de diferentes tamaños serían usados para los tambores. En unos meses tenía violines, violonchelos, guitarras y tambores; todos hechos a partir de residuos.

Siendo él mismo un músico, Chávez les enseñó a los niños cómo tocar. Estaban tan emocionados. Ahora tienen lo que ellos llaman la Orquesta de Reciclados, compuesta por docenas de niños que tocan los instrumentos hechos a partir del montón de residuos. Después de que pusieron un clip en YouTube que se hizo viral, comenzaron a obtener invitaciones de todo el mundo para tocar. Hoy llenan salas de conciertos adondequiera que van, tocando delante de decenas de miles de personas. Las personas quedaron tan conmovidas por lo que vieron y escucharon que comenzaron a donar no solamente instrumentos nuevos, sino también fondos para ayudar a los niños. Al final del informe, los reporteros hablaron con una música reconocida, quien hizo una declaración que se me quedó. Ella dijo: «No podía creer que uno pudiera hacer música con la basura». Eso es lo que nuestro Dios hace. Puede tomar los pedazos rotos de nuestra vida: los errores, las injusticias, lo que parece como un residuo y que no tiene aspecto de que algo bueno pueda salir de ello; y Él sabe cómo hacer música con nuestro desastre. Otras personas podrían no ser capaces de verlo, pero Dios puede verlo.

> *Él sabe cómo hacer música de nuestro desastre.*

Levántese a la cima

Dios lo tiene en la palma de su mano. Nada de lo que le ha sucedido ha sido desperdiciado. Todo es parte del plan de formarlo tal como fue creado. Probablemente, no haya sido bueno, pero Dios puede hacer que coopere para su bien. Puede tomar lo mismo que lo debería haber destruido y usarlo para propulsarlo. Ningún obstáculo es demasiado grande; ningún desafío es infranqueable. Las fuerzas que están a su favor son mayores que las fuerzas que están en su contra.

Quizá usted esté pasando por un tiempo difícil, como le sucedió a David, pero usted está a punto de encontrarse con una de sus espadas. Dios va a usar aquello por lo que usted ha pasado para catapultarlo hacia adelante. La gente no lo puede detener, las equivocaciones no lo pueden detener, la basura no lo puede detener, la injusticia no lo puede detener y los errores que ha cometido no tienen que detenerlo. Al igual que José, usted está a punto de levantarse a la cima. Quizá usted se encuentre en un foso oscuro, pero el palacio viene. Deje ir lo que no funcionó, sacúdase la autolástima, la duda y el desánimo, para este nuevo día. Dios tiene nuevas montañas para que usted las escale. Sus mejores días no son sus ayeres; todavía están frente a usted. El enemigo no estaría batallándolo tan fuerte si no supiera que Dios tiene algo asombroso en su futuro. Podría ser difícil, es probable que apeste, pero recuerde que eso es fertilizante. Está trabajando a su favor. Usted está creciendo, se está fortaleciendo. Creo y declaro que usted está a punto de florecer, está a punto de abrirse, está a punto de prosperar. ¡Hablo victoria sobre usted, hablo restauración y hablo nuevos comienzos y bendiciones: salud, restauración, creatividad, justicia, reivindicación, abundancia, la plenitud de su destino!

CAPÍTULO NUEVE

El problema es el transporte

Todos pasamos por dificultades en la vida, cosas que no entendemos. Es fácil desalentarse y pensar: *¿Por qué me está sucediendo esto?* Pero Dios usa las dificultades para movernos hacia nuestro destino. Nada sucede por accidente. Quizá no lo comprenda, pero Dios no lo hubiera permitido si no lo fuera a usar a su favor. Viendo hacia atrás en mi vida, veo la importancia de los tiempos cuando estaba más incómodo, cuando pasé por una decepción o alguien me hizo mal. No me hizo sentido entonces, pero años después caí en cuenta de que, si no hubiera sucedido, nunca hubiera conocido a cierta persona. Si esa puerta no se hubiera cerrado, está puerta más grande nunca se hubiera abierto. Si esas personas no me hubieran hecho mal, no tendríamos la experiencia que necesito para este nuevo desafío. Ahora puedo ver que todo el tiempo, Dios estaba dirigiendo mis pasos. Pensé que estaba yendo hacia atrás, pero me estaba preparando para avanzar. No me gustó, me sentí atorado, pero la verdad es que el problema era el transporte; me estaba llevando a mi destino.

Usted no se va a convertir en todo lo que usted fue creado sin problemas. Usted no creció en los buenos tiempos; usted creció en los momentos difíciles, en los tiempos oscuros. La tribulación lo prepara para el siguiente nivel. La tribulación desarrolla algo en usted que no puede obtener cuando es fácil y todo le está saliendo bien. En los momentos difíciles sus músculos espirituales están desarrollados, y usted obtiene fuerza, resistencia y sabiduría. Cada desafío por el que usted ha pasado ha depositado algo en usted. A través de cada relación que no funcionó, usted obtuvo una experiencia que lo ayudará en el futuro. Los tiempos en los que fracasó, cuando usted cometió una equivocación, no fueron desperdiciados; usted obtuvo perspectiva. Todo fue parte del plan de Dios. Deje de quejarse acerca del problema.

Deje de estar desalentado porque la vida le ha repartido una mano difícil. La razón por la que usted tiene grandes desafíos es que tiene un gran destino. La persona promedio, tiene problemas promedio; las personas ordinarias tienen desafíos ordinarios. Usted no es promedio; no es ordinario. Usted es un hijo del Dios altísimo. El Creador del universo inspiró su vida en usted. Lo ha coronado con su favor. Él ha puesto semillas de grandeza dentro de usted. Usted no es ordinario; usted es extraordinario. No se sorprenda si enfrenta desafíos extraordinarios. Eso es porque usted tiene un destino extraordinario. Dios lo está preparando para las mayores bendiciones que usted pueda imaginar.

Usted no es ordinario; usted es extraordinario. No se sorprenda si enfrenta desafíos extraordinarios.

Lo mueve hacia su destino

Piense en Moisés. Nació en problemas que no eran su culpa. De bebé, cuando era más vulnerable, la vida le repartió una mano injusta. Por temor de la población en crecimiento de los israelitas en Egipto, el faraón les ordenó a las parteras que mataran a todos los bebés hebreos. Parecía como si Moisés estuviera arruinado. Algunos dirían que era demasiado malo que hubiera nacido en el momento equivocado. Pero la madre de Moisés entendió el principio que estamos discutiendo: ella creyó que el problema no podría evitar que su hijo cumpliera con su destino. Cuando ella ya no podía esconderlo en una manera segura en casa, colocó a Moisés en una canasta de papiro y lo escondieron entre los juncos a lo largo de la ribera del río Nilo. Aunque su hermana estaba a cierta distancia vigilándolo, allí había serpientes, cocodrilos y todo tipo de peligros naturales. La canasta se podría haber volteado, y Moisés se podría haber ahogado. Si la persona incorrecta lo hubiera descubierto allí, su hermana no habría podido detener a esa persona de obedecer la orden del faraón de echar al niño hebreo al Nilo. Mil cosas podrían haber terminado con la vida de Moisés, pero ninguna de ellas habría sido una sorpresa para Dios. El decreto de muerte del faraón no cancelaba el propósito de Moisés. Dios tiene la última palabra. La gente no determina su destino, pero Dios sí.

Simplemente sucedió que de entre toda la gente, la hija del faraón, una princesa, decidió bajar al río a darse un baño. Vio la pequeña canasta flotando entre los juncos y envió a una sirviente a recuperarla. Abrió la canasta, y allí estaba el bebé Moisés, quien comenzó a llorar. Fue amor a primera vista. Aunque ella sabía que Moisés era un bebé hebreo, estaba tan emocionada que lo tomó y dijo que quería tomarlo como su propio hijo. ¡Así que Moisés fue criado en el palacio de la hija del faraón!

Dios podría haber detenido el problema. Podría haber hecho cambiar de opinión al faraón y no permitirle que sacara el oscuro decreto que amenazaba la vida de Moisés. Pero Dios usó el problema para llevar a Moisés a dónde Él quería que estuviera. El problema fue parte del plan de Dios. Si Moisés hubiera sido criado en el ambiente limitado en el que había nacido, no habría descubierto lo que necesitaba para su destino. En el palacio, bajo el faraón, conoció lo mejor de la civilización egipcia: acerca de negocios, de liderazgo, cómo dirigir una reunión, cómo hablarles a las personas, y más y más. Los egipcios eran conocidos por su educación superior e ingenio. Todavía nos maravillamos delante de las colosales pirámides que construyeron sin el equipo moderno.

Pero en el tiempo en el que Moisés fue apartado de su casa y de su familia, estoy seguro de que la madre de Moisés no lo podía entender. Parecía como un contratiempo, tener que esconder a su bebé en río y con toda seguridad su hermana pensó que era el fin cuando vio a la hija de faraón abriendo la canasta ese día. Pero muchos años después, cuando Dios le dijo a Moisés que volviera a Egipto y le dijera al faraón que dejara ir a su pueblo, una de las razones por las que Moisés podía caminar en la corte de faraón con confianza era que había vivido en un palacio y había sido criado por la realeza. Conocía el protocolo egipcio. No se sentía abrumado. Había crecido en ese ambiente.

¿Qué fue lo que había preparado a Moisés para sacar a los israelitas de Egipto? Los problemas. Fue haber nacido en una situación disfuncional, tener las probabilidades acumuladas en su contra. Si faraón no hubiera publicado el decreto, Moisés hubiera crecido en su propia casa, como un esclavo con una educación limitada. Dios sabe lo que está haciendo. A usted quizá no le gusten los problemas, probablemente no sean justos, usted se siente incómodo, pero ese problema es su medio de transporte. Al igual que le sirvió a Moisés, los problemas lo están llevando al siguiente nivel de su destino. Lo están preparando. Usted no sería quién es hoy sin todas las cosas por las que ha pasado.

¿Qué fue lo que había preparado a Moisés para sacar a los israelitas de Egipto? Los problemas.

Cuando hacia atrás significa hacia adelante

La Escritura dice que Dios no llevó a los israelitas por la ruta más corta hacia la Tierra Prometida porque no estaban listos para la guerra. Tenía que fortalecerlos para que estuvieran preparados para lo que tenía para ellos. No se desanime por el problema y diga: «¿Por qué me está pasando esto?». Ese problema no lo va a derrotar; lo va a promover. No lo está deteniendo; lo está preparando. Quizá no pueda ver como se pueda resolver, pero Dios tiene un camino a través de la oscuridad. Ya ha alineado a las personas correctas. Como lo hizo por Moisés, tiene a la hija del faraón quien estará allí para ser buena con usted. Él tiene todas las oportunidades que usted necesita, la reivindicación, los fondos y la sanidad. Usted confía en Dios cuando todo está bien, así que ¿por qué no confiar en Él en los momentos de tribulación? ¿Por qué no cree que a pesar de que usted no lo entienda, todavía está dirigiendo sus pasos? Usted no tiene que vivir sintiéndose estresado porque tuvo un mal momento o desalentado porque pasó por una decepción. Ese problema significa que usted está en camino a su destino. Si usted se mantiene en fe, verá a Dios comenzar a conectar los puntos. Usted verá que había una razón por la que esa puerta se cerró y una razón por la que no obtuvo esa promoción. Dios tiene algo mejor preparado. Él estaba usando ese problema para llevarlo a su destino.

Escuché acerca de un joven que creció en Detroit en las décadas de 1930 y 1940. Sus padres habían migrado a los Estados Unidos del pequeño país europeo de Macedonia y no hablaban inglés. A este joven le encantaba jugar béisbol. Su sueño era un día jugar para los Tigers de Detroit. Fue un jugador excelente a través de la escuela media-superior, sumamente talentoso. Después de la escuela media-superior se fue y sirvió en la milicia. Cuando regresó a Detroit en 1952, los Tigers le ofrecieron un contrato de cuatro años para jugar en sus ligas menores. Estaba emocionado, trabajó duro y siguió mejorando y mejorando, creyendo que un día llegaría a las grandes ligas. Pero tres años después de haber comenzado su carrera sufrió una grave lesión de rodilla y fue forzado a dejar de jugar. Estaba bastante decepcionado. Todo por lo que había trabajado tan duro de pronto llegó a su fin.

Tuvo que mudarse de regreso con sus padres. Su padre le había advertido que nunca tendría éxito jugando béisbol. No podía vivir en casa a menos que consiguiera un empleo para que pudiera ayudar a pagar la renta.

Este joven tenía un amigo que era propietario de un restaurante. Le preguntó a su amigo si podía ir a trabajar para él hasta que encontrara otro trabajo. Le dijo: «Ni siquiera me tienes que pagar. Solo necesito un lugar a dónde ir todos los días para que mi padre sepa que estoy trabajando». Le iba a pagar a su padre con dinero que había ahorrado de jugar al béisbol. Su amigo le dijo: «No tenemos vacantes, pero si quieres ir a la parte de atrás y ayudarles a hacer pizzas, puedes hacerlo». Comenzó trabajando en el restaurante gratuitamente, haciendo pizzas. Se hizo tan bueno haciendo pizzas que inició su propio restaurante de pizzas. A la gente le encantaba su pizza, y su restaurante fue tan exitoso que abrió otro, y otro, y otro. Hoy la mayoría de nosotros hemos disfrutado una rebanada de Little Caesars, el restaurante que él inicio. Sí, esa lesión en la rodilla fue una gran decepción, pero no era el fin. Fue el transporte; lo llevó hacia su destino.

«Bueno, Joel, nunca me sucedería algo así». ¿Cómo lo sabe? Su historia no ha terminado. Dios no ha acabado con usted. Ese mal momento, esa decepción, ese divorcio no es su capítulo final. Si usted hace lo que él hizo y sigue siendo lo mejor que pueda ser, y sigue creyendo, sigue orando, sigue honrando a Dios, entonces los problemas no serán el fin; serán su medio de transporte. Lo llevarán hacia lo nuevo que Dios tiene preparado.

El sueño de este hombre de jugar en los Tigers de Detroit nunca sucedió, ¡pero hoy es el dueño de los Tigers de

Detroit! Para mi amigo, Mike Ilitch, no salieron las cosas a su manera, pero Dios tenía un camino mejor. Probablemente aquello que usted sueña es demasiado pequeño. Esa puerta probablemente se cerró porque Dios tiene algo más grande para usted. Usted hoy está trabajando para una empresa, pero un día usted va a ser propietario de su propia empresa. Usted cree que tendrá que manejar esa adicción, pero Dios lo va a liberar de esa adicción. Usted está pensando que será soltero por el resto de su vida, pero Dios va a traer a alguien que es mejor de lo que ha imaginado. No se desanime por el problema; ese no es el fin. Confiamos en Dios en los buenos momentos. Le estoy pidiendo que confíe en Él en los tiempos de tribulación; cuando no entiende lo que está pasando y cuando está incómodo. Atrévase a creer que Él está en control, que sabe lo que es mejor, que sus pasos y sus pausas están ordenados por el Señor. Es una actitud poderosa cuando puede decir: «Dios, confío en ti en los problemas. Confío en ti cuando no están saliendo las cosas a mi manera. Confío en ti aunque sienta como si estuviera yendo hacia atrás».

> *El sueño de este hombre de jugar en los Tigers de Detroit nunca sucedió, ¡pero hoy es el dueño de los Tigers de Detroit!*

Fuerza, poder y gracia para vencer

Muchas veces estamos tratando de orar para que se vayan nuestros problemas, oramos para que se vayan los desafíos, oramos para que se vayan los malos momentos. Pero esta es la clave: usted no es ungido para evitar los problemas, usted es ungido para enfrentar los problemas. La Escritura dice: «Dios [...] siempre está dispuesto a ayudar en tiempos de dificultad». No va a detener cada dificultad y cada desatino, pero le va a dar la fuerza, el poder y la gracia para atravesar los momentos oscuros con una buena actitud. Salmos 89 dice: «...a mi siervo David; lo ungí [...] Con mi mano lo mantendré firme [...] lo haré fuerte. Sus enemigos no lo vencerán [...] Aplastaré a sus adversarios frente a él y destruiré a los que lo odian [...] con mi autoridad crecerá en poder». No dice: «Lo ungiré para que ya no tenga oposición ni problemas». Dice que lo está ungiendo para el problema, para la enfermedad, para el problema legal.

Usted no es ungido para evitar los problemas, usted es ungido para enfrentar los problemas.

Deje de decirse a sí mismo: «¡Ya no puedo más! Es demasiado». Usted está siendo ungido para esa dificultad. «Bueno, no obtuve el ascenso, el préstamo no fue aprobando y mi hijo se descarrió. Por eso es que estoy desanimado». Tenga una nueva perspectiva. En este momento, Dios está soplando en su dirección, afirmándolo y fortaleciéndolo. Usted no tiene que pelear esas batallas o vivir sintiéndose estresado porque las cosas no están sucediendo como usted quiere. Dios dijo que aplastará a sus adversarios. Él derrotará a sus enemigos. Esa enfermedad, ese asunto legal, ese problema en el trabajo no lo va a vencer. ¿Por qué? Porque usted ha sido ungido para enfrentar los problemas. Usted es poderoso, determinado, favorecido. El Dios altísimo dice que usted no se va a mantener en la tribulación. Que se levantará en poder. Eso significa que usted verá incremento, promoción, sanidad y bendición. Probablemente se encuentre en problemas en este momento, pero no se preocupe; es un transporte que lo está llevando al siguiente nivel de su destino. Usted va a ver a Dios comenzar a conectar los puntos en su vida. Es posible que no haga sentido ahora, pero un día usted verá hacia atrás y mirará lo que Dios estaba haciendo en la oscuridad. Incluso en las cosas que usted no entiende, si mantiene la actitud correcta, podrá decir: «Me fortalecieron. Soy más determinado. Desarrollé una confianza mayor».

Un par de años después de que Victoria y yo nos casamos, vendimos una casa y nos mudamos a otra. Tres meses después, llamaron a nuestra puerta. Respondí y un oficial de policía estaba allí de pie. Me entregó un sobre y me dijo: «A alguien seguramente usted no le simpatiza». Las personas que habían comprado nuestra casa nos estaban demandando por la plomería. También demandaron al constructor, al arquitecto, al agente de bienes raíces, al plomero, como a una docena de nosotros. No habíamos hecho nada malo. Sabíamos que no habíamos incurrido en una falta. Pero yo tenía veinticinco años y nunca me había imaginado que estaría involucrado en una demanda. No me gustó. Tuve que ir al centro al juzgado y dar mi deposición. Estaba tan nervioso y preocupado que después no pude conducir de regreso a casa. Alguien tuvo que ir a recogerme. Unos meses después se retiró la demanda y todo estaba bien. Parecía como si todo el calvario de haber tenido que testificar y pasar por el proceso, hubieran sido un desperdicio de tiempo y dinero. No creía que nada bueno pudiera salir de ello.

Pero dieciséis años después, cuando adquirimos el Compaq Center, una empresa nos demandó tratando de evitar que nos mudáramos. Esta vez cuando fui a dar mi deposición, no estaba nervioso en lo absoluto. Yo sabía qué esperar. Estaba confiado, fuerte y con la mente despejada. Ahora me doy cuenta de que Dios permitió la demanda por la plomería porque sabía que dieciséis años después iba a haber una demanda importante que podría afectar mi destino. Tenía que prepararme. Yo no lo podía ver en ese tiempo, pero ahora me doy cuenta de que ese problema solo fue un medio de transporte. En lugar de molestarse cuando las cosas vengan en su contra, ¿por qué no cree que Dios sabe lo que está haciendo? En lugar de vivir agrio y quejándose: «Dios, ¿por qué está sucediendo esto?». Tenga esta perspectiva: «Dios, yo sé que me tienes en la palma de tu mano. Sé que estás dirigiendo mis pasos. Incluso cuando no lo entiendo, confío en ti».

Cada paso divinamente orquestado

Escribí acerca de José en el capítulo anterior. Cuando José era adolescente, Dios le dio un sueño de que había sido destinado para grandeza, pero antes de que ese sueño se cumpliera, pasó por una serie de lugares tenebrosos. Hubo muchos años en los que hizo lo correcto, pero sucedía lo incorrecto. No parecía como si el sueño fuera a realizarse alguna vez, pero José entendió este principio: mientras él siguiera siendo lo mejor que pudiera, los problemas no lo podían detener; lo estaban moviendo hacia su destino. Cuando usted estudia su vida puede ver cómo Dios conectó los puntos. Cada paso fue orquestado divinamente. Si usted dejara un paso fuera, los demás no funcionarían. Si los hermanos de José no lo hubieran echado a la cisterna, nunca habría sido llevado a Egipto como esclavo y vendido a un hombre llamado Potifar. Si nunca hubiera sido vendido a Potifar, nunca hubiera conocido a la esposa de Potifar, no hubiera sido acusado falsamente ni puesto en prisión. Si no hubiera sido puesto en prisión, nunca hubiera conocido al jefe de los coperos ni al jefe de los panaderos, ni hubiera interpretado sus sueños. Si él nunca hubiera interpretado sus sueños, el faraón nunca lo hubiera llamado para que interpretara su sueño, que lo llevó a poner a José a cargo de la nación.

Si usted aísla cualquiera de esos pasos a lo largo del camino, no tienen sentido. Era solo un mal momento tras otro. Pero usted tiene que creer, al igual que José, que lo que parece una decepción, una traición o un revés es todo parte del plan de Dios. Es transporte. Lo está moviendo poco a poco a través de la oscuridad hacia su destino. Dios sabe lo que está haciendo. Él sabía que iba a necesita a alguien a cargo de Egipto que les mostrara favor a los israelitas. Así que años antes, comenzó su plan para colocar a José en posición. Lo que parecían problemas en realidad era la mano de Dios. Los hermanos de José le quitaron su túnica de colores, que representaba el favor de su padre, pero no pudieron quitarle el llamado en su vida. Lo que la gente le quite no detiene su propósito. Lo que está en el interior es más poderoso que cualquier cosa en el exterior. Usted siga

Lo que parecían problemas en realidad era la mano de Dios.

haciendo lo correcto a pesar de los problemas, a pesar de la traición, a pesar de la equivocación, y un día Dios va a conectar los puntos para usted, así como lo hizo con José. Él va a llevarlo a su trono, por decirlo así. Usted dirá, como dijo José: «...se propusieron hacerme mal, pero Dios dispuso todo para bien».

La Escritura dice: «La persona íntegra enfrenta muchas dificultades, pero el Señor llega al rescate en cada ocasión». Eso significa que Dios detendrá la dificultad. Pero considérelo en una diferente luz. La oficina postal recoge un paquete en Nueva York, y los operadores lo entregan en California. Entregar significa que lo transportan; lo mueven de un lugar a otro. Quizá tenga que pasar por cinco escalas diferentes a lo largo del camino. La oficina postal regional lo envía a la oficina postal de la ciudad, la cual lo envía a la oficina postal del vecindario, y el cartero lo lleva a su casa. Entonces es entregado. En esa misma manera, en este momento, Dios lo está rescatando de las dificultades. Usted está en curso, el proceso ha comenzado y quizá haya algunas escalas a lo largo del camino. Pero no se preocupe, todavía no ha sido entregado. Al igual que José, es posible que se encuentre en la cisterna o en la prisión, pero el palacio viene. Usted está endeudado, pero Dios lo está librando a abundancia. Está tratando con la depresión, pero Dios lo está rescatando al gozo. Usted está enfrentando una enfermedad, pero Dios lo está rescatando a sanidad, recuperación y victoria. Cuando esos pensamientos le digan: «Este problema es permanente. Nunca va a cambiar», solo responda: «No, estoy siendo rescatado. Estoy en curso. Este problema no me va a detener; me va a transportar».

Que comience el viaje

Conocí a una jovencita llamada Victoria Arlen quien creció como una niña saludable, muy activa, pero cuando cumplió once años tuvo un dolor en su costado que no se iba. Los médicos le quitaron el apéndice, pero eso no la ayudó. Entonces su salud comenzó a ir cuesta abajo rápidamente. Bajó treinta libras o casi catorce kilogramos en unas semanas. Los médicos no podían encontrar lo que estaba mal. Sus piernas comenzaron a debilitarse, perdió todo movimiento en sus brazos, no podía tragar su comida y cuando trataba de hablar, sus palabras no estaban allí. Victoria lo describió como si alguien hubiera apagado todos los interruptores que controlaban su cuerpo y su cerebro hasta que apagaron la luz. Terminó en el hospital en un estado vegetativo. Era incapaz de moverse, de abrir los ojos o de comunicarse en manera alguna: se había ido. Los médicos finalmente diagnosticaron la causa como un trastorno autoinmune poco común que provocaba inflamación de su cerebro y la médula espinal. Le dijeron a su familia que sería un vegetal por el resto de su vida y que había una buena posibilidad de que no viviría mucho tiempo.

A pesar de las noticias devastadoras, la familia de Victoria creía que Dios todavía estaba en control y que restauraría su salud. Sus padres y sus hermanos le siguieron hablando como si estuviera allí y le siguieron diciendo que la amaban. Mes tras mes, pasaron sin una señal de que algo estuviera cambiando. Dos años después, esta jovencita despertó por dentro. Todavía no podía moverse ni abrir los ojos y no parecía como si algo hubiera cambiado.

Pero ahora estaba al tanto de todo lo que estaba pasando a su alrededor. Victoria estaba atrapada dentro de su propio cuerpo, incapaz de decirle a la gente que nuevamente estaba despierta. Ella podía escuchar a los médicos diciéndole a sus padres que se había ido y que no había oportunidad de recuperación. Podía escuchar a su madre diciéndole que la amaba y que iba a lograrlo. Cada domingo, su madre encendía la televisión para ver nuestras reuniones. Victoria nos escuchaba hablar acerca de cómo Dios es nuestro sanador y de cómo lo que había sido pensado para nuestro mal, Él lo usaría a nuestro favor y cómo las dificultades son solo un medio de transporte.

A lo largo de todo el día, acostada en su cama paralizada, atrapada en su cuerpo sin movimiento, en lugar de sentir lástima por sí misma, Victoria decía en su mente: *Soy una vencedora, no una víctima.* Los pensamientos le decían: *Estás atrapada. Jamás podrás salir.* Ella respondía: *No, mi tiempo viene. Así no es como termina mi historia.* Ella oró que pudiera darle una señal a su familia de que estaba allí. Tres años después de que su cuerpo se apagó, pudo abrir los ojos, pero todavía no tenía ningún otro movimiento. Su mamá le hizo una pregunta y le dijo: «Si me puedes entender, parpadea una vez para decir que sí». Parpadeó una vez, y supieron que todavía estaba allí. Ese fue el inicio de un largo viaje de regreso. Aprendió de nuevo a hablar, a moverse y a comer. En septiembre de 2010, cuatro años después de haberse enfermado, pudo regresar a la escuela. Todo despertó excepto sus piernas. Estaba paralizada de la cintura para abajo. Estaba feliz de estar en una silla de ruedas, feliz de estar afuera, pero no estaba satisfecha. Ella sabía que Dios terminaría lo que había comenzado. Se le dijo que nunca podría volver a caminar, pero a través de la oración, trabajó extraordinariamente duro y miles de horas de entrenamiento, en noviembre de 2015 dio un pequeño paso. En marzo de 2016 desafió las probabilidades, dejó las muletas y dio sus primeros pasos sin ayuda. Ahora ya no necesita la silla de ruedas o las muletas y camina como si nunca hubiera pasado nada.

Después de un viaje de diez años, esta hermosa señorita de veintiún años, se convirtió en la personalidad más joven al aire en ESPN. También es actriz, modelo y oradora motivacional. Amigo, el problema es un medio de transporte. Victoria me dijo: «Yo no escogería lo que me sucedió, pero no lo cambiaría». Fue pensado para mal, pero Dios lo volteó y lo usó para bien. Probablemente sienta como si estuviera atrapado en sus circunstancias, atrapado en una adicción, atrapado en depresión, atrapado en la mediocridad. No siente como si alguien lo pueda escuchar. No cree que pueda salir alguna vez. Pero, así como fue cierto en el caso de Victoria, no es como termina su historia. El Dios que la rescató a ella es el Dios que lo va a rescatar a usted. Creo que algunos sueños son como despertar, la esperanza es despertar, la sanidad es despertar, la abundancia es despertar. Ese problema no lo va a detener. Va a impulsarlo a un nivel de su destino que nunca habría experimentado sin él. Al igual que Victoria, usted no habría escogido lo que pasó, pero cuando ve a Dios restituyéndolo, cuando ve las

El Dios que la rescató a ella es el Dios que lo va a rescatar a usted.

nuevas puertas abrirse, cuando ve cómo lo convierte a su favor, usted dirá: «No lo cambiaría».

Sacúdase la autolástima, sacúdase la decepción. Usted ha sido ungido para enfrentar ese problema. Quizá no entienda lo que está pasando. Probablemente sienta que está yendo en la dirección equivocada, pero Dios está en control. Ese problema no lo va a vencer. Podría parecer un revés, pero en realidad es una preparación para que Dios haga algo mayor. Si usted confía en Dios mientras se encuentra en el problema, ese problema se va a convertir en su medio de transporte. Dios va a abrir nuevas puertas, voltear situaciones imposibles y llevarlo a la plenitud de su destino.

CAPÍTULO DIEZ

Dejado caer, pero no olvidado

Todos pasamos por situaciones en las que la vida no es justa. Conocí a un hombre hace un tiempo que había sido despedido después de veinticinco años con su empresa. Había sido un empleado fiel, dándole lo mejor, leal como podía serlo. Se sentía traicionado, solo y olvidado, como si hubiera sido dejado caer. No está solo al sentirse de esa manera. Tengo un amigo cuyo padre murió en un accidente cuando tenía dos años, y a lo largo de la escuela pensó: *¿Por qué todos los demás tienen un papá, pero yo no?* Había un vacío en su interior. Sentía que había sido dejado caer de pequeño.

Algunas veces las malas decisiones de otras personas tienen un efecto negativo en nosotros. Probablemente, usted fue criado en un ambiente poco saludable, y ahora está tratando con las mismas adicciones, la misma depresión y la misma ira que lo rodeaban todos los días cuando era niño. Esas cosas se pasan de una generación a otra. Algunas personas son víctimas de abuso o maltrato; ahora enfrentan la vergüenza y la culpa, sienten que no están a la altura. No fue su culpa. Alguien los dejó caer.

He aprendido que uno no vive suficiente tiempo sin que lo dejen caer, ya sea por una enfermedad, por un divorcio, por un amigo que le da la espalda. Es fácil quedarse atorado en un lugar tenebroso pensando: *Esto nunca va a cambiar. Es lo que me tocó en la vida.*

Usted quizá fue dejado caer, pero las buenas noticias son que el Dios al que servimos sabe cómo levantarlo de vuelta. David dijo: «Me sacó del foso de desesperación [...] Puso mis pies sobre suelo firme». David fue dejado caer por las personas que venían en su contra, por rechazo, por decepciones y por sus propios fracasos, pero Dios le dijo algo semejante a: «No te preocupes David, esa caída no es el fin». En la misma manera, ese mal momento, ese fracaso, esas personas que le hicieron mal, esa enfermedad, esa adicción, ese dolor crónico, no es el fin de su historia.

Si usted ha sido dejado caer, necesita prepararse. Dios está a punto de levantarlo. Está a punto de ponerlo en un lugar más alto. Va a llevarlo a donde no pueda ir por sí solo; a un nuevo nivel, a nuevas oportunidades, a nuevas amistades, a nueva salud, a nuevo gozo, a nueva realización. Usted no va a salir igual. La Escritura habla acerca de cómo Dios le pagará el doble por las cosas injustas que han sucedido. Cuando usted tiene un mal momento o es dejado caer, no se desanime ni se amargue. Prepárese para el doble. Prepárese para extenderse. Prepárese para el favor. Prepárese para nuevos niveles.

Dios no se ha olvidado de usted. Él ha visto cada noche solitaria, cada mal que se ha hecho en su contra y cada persona que alguna vez lo ha dañado. Él es un Dios de justicia. Cuando los israelitas estaban siendo maltratados en esclavitud, cuando los egipcios se estaban aprovechando de ellos, les dijo: «Ciertamente he visto la opresión que sufre mi pueblo en Egipto. He oído sus gritos de angustia a causa de la crueldad de sus capataces. Estoy al tanto de sus sufrimientos. Por eso he descendido para rescatarlos [...] El clamor de los israelitas me ha llegado y he visto con cuánta crueldad abusan de ellos los egipcios». ¿Observó lo que causa que Dios descienda del trono, lo que hace que el Creador del universo detenga lo que está haciendo y actúe? Cuando lo ve siendo maltratado, cuando ve esa injusticia, no se sienta y dice: «Que mal». Él dice: «Ese es mi hijo, esa es mi hija, mi posesión más preciada. Han sido dejados caer, y ahora descenderé para hacer algo al respecto». Cuando Dios va a trabajar, todas las fuerzas de las tinieblas no lo pueden detener. Él le dará retribución, lo indemnizará por las dificultades y lo llevará a dónde se supone que debería estar.

El hecho es que, todos somos dejados caer en la vida. Es fácil sentirse solo y olvidado, como si no importara. Pero no crea esas mentiras. Dios dijo en el libro de Isaías: «...yo no los olvidaría a ustedes. Mira, he escrito tu nombre en las palmas de mis manos». Cada vez que Dios abre sus manos, Él ve su nombre. Lo recuerda. Quizá haya tenido malos momentos, algunas puertas cerradas, algunas personas que no lo trataron bien, pero Dios no se ha olvidado de sus sueños, no ha olvidado las promesas que le ha dado, no ha olvidado al bebé que usted ha anhelado tener, ese cónyuge por el que ha estado orando,

Es fácil sentirse solo y olvidado, como si no importara. Pero no crea esas mentiras.

esa sanidad, esa recuperación, esa libertad que necesita. Manténgase en fe. La vida nos sucede a todos nosotros, y quizá usted haya sido dejado caer, pero recuerde que es solamente temporal. Dios lo ve. Él no solamente va a levantarlo de vuelta, sino que va a llevarlo a un lugar más alto de bendición. Usted va a salir mejor que lo que era antes.

Nada pasa inadvertido

Esto fue lo que le sucedió a un joven en la Escritura llamado Mefiboset. Era el nieto del rey Saúl e hijo de Jonatán. Nacido en la realeza, estaba destinado a tomar el trono un día. Su futuro era brillante. De niño fue cuidado por niñeras amorosas y personas que lo trataban con amabilidad, haciendo su mejor esfuerzo por satisfacer todas sus necesidades. Sabían que estaban tratando con el futuro rey. Pero cuando tenía cinco años, su padre, Jonatán, y su abuelo, el rey Saúl, ambos fueron muertos en una batalla. Un mensajero vino a casa de Mefiboset contando las malas noticias de que el enemigo venía en camino para destruir a toda la familia del rey Saúl. Una niñera cargó al pequeño Mefiboset y en pánico salió corriendo tan rápido como pudo para salvar la vida del muchacho. Tenía buenas intenciones, estaba tratando de ayudarlo, pero en su prisa mientras huían, dejó caer a Mefiboset. Se le rompieron ambas piernas y quedó lisiado y ya no pudo caminar.

Mefiboset no hizo nada malo. No fue su culpa. No obstante, tuvo que pagar el precio del error de otro por el resto de su vida. No parecía justo. Algunas veces, las personas bien intencionadas nos pueden dejar caer. No tienen la intención de lastimarnos, pero probablemente cometieron un error y dijeron o hicieron algo que no deberían haber hecho. Estaban trabajando duro, batallando para salir adelante, y no nos apoyaron cuando los necesitábamos. O tenían malos hábitos, adicciones que les fueron heredadas, y que ahora nos han heredado a nosotros. No fueron malas personas, sus corazones estaban a nuestro favor, pero como esta niñera nos dejaron caer. Ahora estamos lisiados, con baja autoestima, con adicciones, con pesimismo, con depresión. Nos está desviando de nuestro destino.

> *Algunas veces, las personas bien intencionadas nos pueden dejar caer. No tienen la intención de lastimarnos, pero probablemente cometieron un error y dijeron o hicieron algo que no deberían haber hecho.*

Mefiboset era el nieto del rey, tenía realeza en su sangre, y estaba destinado al palacio. Pero terminó viviendo un lugar llamado Lo-debar, que era una de las ciudades más pobres, más descuidadas de su época; un lugar tenebroso. Pasó un año tras otro, y estoy seguro de que pensó: *Todos se han olvidado de mí. Solía ser alguien importante y respetado. Solía tener grandes sueños y estaba emocionado por la vida, pero véanme ahora. Estoy lisiado y viviendo en los barrios bajos. No tengo amigos, a nadie le importo y nada de esto fue mi culpa siquiera. Alguien me dejó caer.* Se sintió solo y olvidado, como si nunca fuera a cambiar.

Pero nada pasa inadvertido con nuestro Dios. Dios vio que su padre había sido muerto y que le fue quitado a una edad temprana. Dios vio a la niñera bien intencionada dejarlo caer. Dios vio sus piernas que antes eran normales, con las que podía correr, saltar y jugar, quedar lisiadas, resultando en que tenía que ser cargado a todas partes. Dios vio la pobreza y la escasez en la que estaba viviendo. Dios no solamente se sentó y dijo: «Que mal, Mefiboset, de veras que te ha ido mal. Necesitas encontrar una niñera más fuerte la próxima vez. Ella realmente echó a perder tu vida». Más bien, Dios dijo: «Mefiboset, no te he olvidado. He escrito tu nombre en las palmas de mis manos. Siempre estás en mi mente. Sí, te dejaron caer. Sí, la vida no te ha tratado con justicia, pero ese mal momento no es el fin. Soy un Dios de justicia. Voy a compensarte por lo que ha sucedido».

Muchos años después, el rey David había ganado grandes victorias, se había establecido en el trono de Israel, estaba viviendo en el palacio, y era altamente respetado por el pueblo. David no necesitaba nada; lo tenía todo. Pero un día tuvo el deseo de mostrar bondad a la familia de Saúl. Piense en lo inusual que era esto. Saúl era el que había tratado de matar a David. Saúl era el que lo había perseguido a través del desierto y había hecho su vida miserable. No obstante, David dijo en 2 Samuel 9: «¿Hay alguien de la familia de Saúl que todavía viva? De ser así, quisiera mostrarle la bondad de Dios». ¿Por qué David querría ser bueno con la familia de uno de sus enemigos? Eso no era lógico. Pero Dios es un Dios de justicia. Él controla todo el universo. Ese era Dios susurrando en el oído de David, poniendo un deseo en él de ser bueno con alguien que había sido dejado caer; a saber: con Mefiboset.

Dios sabe cómo hacer que sucedan cosas que usted

nunca podría hacer suceder. Usted quizá diga: «Joel, estoy atascado en un lugar tenebroso. He tenido estos malos momentos, y nunca voy a salir de este desastre, nunca voy a cumplir mis sueños y nunca voy a realizarme». No, su tiempo viene. Dios va a susurrarle al oído de alguien que sea bueno con usted. Usted no se lo merece, no se lo ganó y no podría hacerlo suceder por sí mismo, pero alguien le dará una buena oportunidad, alguien le ofrecerá el trabajo, alguien le dará el contrato, alguien se levantará y resolverá el problema. Probablemente usted haya sido dejado caer, pero no se desaliente. La justicia viene, la restauración viene, la promoción viene, el favor viene y los nuevos comienzos vienen.

Probablemente usted haya sido dejado caer, pero no se desaliente. La justicia viene, la restauración viene, la promoción viene, el favor viene y los nuevos comienzos vienen.

El rey lo está convocando

Cuando David preguntó si quedaba vivo algún pariente de Saúl, su asistente le dijo algo parecido a: «Sí, uno de los hijos de Jonatán sigue con vida. Su nombre es Mefiboset. Pero el problema es que está lisiado de ambos pies. No puede caminar. Nunca va a lograr mucho. No vale la pena desperdiciar su tiempo con él». Como si estuvieran tratando de convencer a David de que no lo hiciera, pero entonces David mandó a buscarlo y lo sacó de la casa donde estaba.

Mefiboset se había estado escondiendo, viviendo en el exilio, esperando que nadie supiera que tenía parentesco con el rey Saúl. Después de todo, Saúl no había tratado bien a David. Imagínese lo que la gente pensó cuando los funcionarios del palacio, llevando sus uniformes reales, se presentaron en Lo-Debar y comenzaron a buscar entre los barrios bajos buscando a este hombre lisiado. Todo el pueblo estaba agitado, alborotado de emoción. Finalmente, le llegó la noticia a Mefiboset: «Alguien del palacio está aquí». Él preguntó: «¿Pero que están haciendo aquí?». Le respondieron: «Te están buscando». El corazón de Mefiboset se saltó un latido. Pensó: *Qué mal, se me acabó la suerte. Me encontraron. Ahora se van a deshacer de mí.* Los funcionarios le dijeron: «Venga con nosotros en este momento. El rey lo está convocando».

El problema era que Mefiboset no podía caminar. Tuvieron que llevarlo cargando al palacio. Pasaron horas y horas viajando y finalmente llegaron al palacio. Cuando le dijeron a David que había llegado, David salió a encontrarse con él. Estoy seguro de que David estaba esperando ver a un hombre alto, fuerte, apuesto que de hombros arriba era más alto que el resto de la gente, como su abuelo el rey Saúl. Saúl tenía el aspecto de un rey, tenía una presencia que exigía respeto y caminaba como realeza. Ahora aquí viene su nieto. Con toda seguridad debería existir algún parecido. Pero cuando David vio al frágil Mefiboset, con sus piernas marchitas, puedo imaginármelo preguntándole a su asistente: «¿Estás seguro de que este es el nieto de Saúl? ¿Están seguros de que es realeza? ¿Realmente es el hijo de Jonatán?». Si esta historia hubiera tomado lugar en la actualidad, habrían respondido: «Sí, estamos seguros. Lo consultamos en ancestry.com. Hicimos pruebas de ADN». David estaba bastante intrigado y preguntó: «¿Mefiboset?». Su pregunta claramente daba a entender: «¿Qué te pasó?». Mefiboset no veía a David a los ojos, habiendo caído rostro en tierra. Estaba demasiado avergonzado, demasiado inseguro, demasiado asustado. Dijo: «Rey David, cuando tenía cinco años y mataron a mi padre y a mi abuelo, fui dejado caer, y mi vida nunca ha vuelto a ser la misma».

Ese podría haber sido el final de la historia. David podría haber dicho: «Qué mal. Deberías haber visto cómo me trató tu abuelo. No te tengo lástima. Estás recibiendo lo que tu familia merecía». Mefiboset tenía tanto miedo que estaba temblando, pensando que era el fin, pero David le dijo algo parecido a: «¡No tengas miedo! No te voy a hacer daño. Mi intención es mostrarte mi bondad por lo que le prometí a tu padre, Jonatán. De ahora en adelante ya no vas a vivir en Lo-Debar. Vivirás aquí en el palacio conmigo. Te daré todas las propiedades que pertenecían a tu abuelo Saúl. No vas a tener que salir a trabajar la tierra. Te voy a dar todo el personal que labrará la tierra por ti, y tú te quedarás con todas las ganancias. Harán todo el trabajo y tú cosecharás los beneficios. Y, por último, siempre te sentarás a mi mesa y cenarás conmigo; no allá con el personal, no con mis asistentes ni con mis líderes militares. Tú tienes un asiento permanente en la mesa del rey».

«De ahora en adelante ya no vas a vivir en Lo-Debar. Vivirás aquí en el palacio conmigo».

Hay un asiento para usted en la mesa del Rey

Probablemente usted se sienta como si lo hubieran dejado caer en una manera muy similar a Mefiboset. Probablemente tuvo un mal momento, perdió a un ser querido o no fue tratado correctamente. Sería fácil amargarse, quedarse allí y no esperar nada bueno. Necesita prepararse, porque su tiempo viene. El Rey está a punto de convocarlo al palacio. Dios está a punto de compensarlo, y no solo con lo que debería haber sido suyo. Le va a dar lo que les pertenecía a sus antepasados. Va a ser un favor muy grande. Usted no va a tener que trabajar por ello. Será la bondad de Dios, retribuyéndolo y trayendo justicia. Probablemente no vea cómo podría suceder, pero Dios le está hablando a las personas adecuadas acerca de usted. Está suavizando los corazones correctos. Le va a compensar por esa niñez injusta, lo va a indemnizar por esas personas que le hicieron mal, le va a retribuir por ese ser querido que perdió, le va a restituir por ese bebé que no pudo tener. Quizá usted haya sido dejado caer, pero necesita prepararse, porque hay un asiento a la mesa del Rey esperándolo. Dios ya lo preparó y tiene su nombre. Es un asiento de favor, de restauración, de sanidad, de incremento.

Usted tiene realeza en sus venas. El Dios Altísimo sopló su vida en usted. Lo ha coronado con favor y lo ha destinado a vivir en el palacio. Ese es un lugar de bendición, un lugar de restauración, un lugar de victoria. Así que no se quede en Lo-Debar, no se acomode a solamente sobrevivir, soportar y apenas salir adelante en ese lugar tenebroso. «Bueno, Joel, he tenido malos momentos. La vida no ha resultado ser justa». Probablemente no, pero eso no cambia quién es usted. Usted sigue siendo realeza. Sigue llevando la corona de favor. Usted todavía tiene el ADN del Dios todopoderoso. Es tiempo de retribución. Hay un asiento en la mesa del Rey con su nombre. La gente podía haberlo derribado, pero Dios lo va a levantar. Quizá las circunstancias lo hayan dejado caer, pero Dios es su gloria y el que levanta su cabeza. Al igual que con los esclavos israelitas en Egipto, Él viene a enderezar las cosas. Usted va a ser sacado del foso. Cosas van a suceder a su favor que usted no podía hacer suceder. El favor de Dios abrirá nuevas puertas, haciendo que la gente sea buena con usted, restituyéndolo por las situaciones injustas.

Va a ser sacado del foso. Cosas van a suceder a su favor que usted no podía hacer suceder.

Lo interesante es que Mefiboset nunca fue sanado. Por el resto de su vida permaneció siendo un lisiado. Parecería como si este no fuera un buen final. Pero he aprendido que, si Dios no remueve una dificultad, si no la voltea totalmente, le va a compensar por ello. Probablemente haya perdido a un ser querido; no puede traer a esa persona de vuelta, pero Dios puede hacer que el resto de su vida sea tan gratificante, tan plena, que se lleve el dolor. Pudiera ser que una relación no funcionó; una persona lo abandonó y le rompió el corazón. Dios puede traer a alguien nuevo a su vida que sea tan amoroso, tan divertido, tan amable, tan atractivo para usted, que ni siquiera extrañe a la persona que lo dejó. Dios sabe cómo compensarlo. Mefiboset nunca pudo volver a caminar, pero se sentaba a la mesa del rey cada noche, tenía gente que cuidara de él, que labrara su tierra y le trajera la ganancia; por esas razones no creo que nunca se hubiera quejado. Todo lo que podía decir era: «Gracias, Señor, por tu bondad. Gracias por salvarme. Gracias por rescatarme. Gracias por tu misericordia». Cuando Dios lo abruma con su bondad, cuando lo saca con doble, no piensa en lo que ha perdido, quien lo ha lastimado o en lo que no funcionó. Usted está tan sorprendido de que Dios lo haya recordado, lo haya promovido, haya traído a las personas correctas cuando usted no pensaba poder continuar y que lo hayan cargado al palacio, que todo lo que puede hacer es agradecerle por lo que ha hecho.

Mi hermana, Lisa, y su esposo, Kevin, trataron durante muchos años de tener un bebé sin éxito. Pasaron por todos los tratamientos de fertilidad, ella se sometió a un par de cirugías, pero seguía sin embarazarse. Finalmente, los doctores les dijeron que nunca iban a poder tener un hijo. Muchas personas han recibido ese mismo reporte, pero en contra de todas las probabilidades, han tenido un bebé de todos modos. Han visto a Dios abrir un camino donde no lo había. Pero para Lisa y Kevin, no sucedió. Lisa sentía como si la hubieran dejado caer. Pero Dios es un Dios de justicia. Así como sucedió con Mefiboset, si usted no es sanado o no salen las cosas como usted espera, Dios lo va a compensar. Un día Lisa recibió una llamada telefónica de una amiga en otro estado que está encargada de un hogar para niñas adolescentes. Le dijo: «Tenemos a una jovencita que está a punto de tener gemelas, y algo me dijo que te llamara para ver si tú y Kevin estarían interesados en adoptarlas». Cuando escucharon eso, algo saltó en su espíritu. Supieron justo en ese momento que esas niñas eran para ellos. Un par de años después, también adoptaron a un niño. Ahora tienen a tres adolescentes maravillosos, tan felices como pueden ser. Lisa dijo: «Así de bueno es Dios. Tengo tres hijos, y nunca he estado embarazada».

Dios sabe cómo compensarlo. No se amargue ni se revuelque en autolástima. Dios no se ha olvidado de usted. Cuando le restituya será más grande, mejor y más gratificante de lo que se puede imaginar. Ya no se va a quejar de la decepción. Más bien usted dirá: «Mira lo que hizo Dios. Me ha asombrado con su bondad».

Tiene un boleto para salir de Lo-Debar

Mefiboset fue convocado al palacio, pero no podía llegar allí por sí mismo; fue cargado al palacio. Cada noche a la hora de la cena, no podía ir a sentarse por sí mismo; era cargado a la mesa. Cuando se iba a dormir en la noche, era llevado a su cama. Usted quizá piense: *No puedo lograr mis sueños. Estoy lisiado. Estoy roto. Tengo estas adicciones. Estoy tratando con esta depresión, con esta enfermedad.* Pero cuando usted no lo pueda hacer por sí mismo, Dios siempre tendrá a alguien allí para cargarlo. Usted no está solo, y no ha sido olvidado. Dios lo tiene en la palma de su mano. Él no lo ve menos porque esté lisiado, si se puede decir así. Usted está batallando en algunas áreas. Él vio las veces en que usted ha sido dejado caer. Usted no cayó por sí mismo, y no va a levantarse por sí mismo. Dios tiene personas ya formadas para cargarlo, para alentarlo, para ayudarlo a hacer lo que usted no podía por sí mismo.

Cuando Jesús estaba cargando la cruz y estaba por ser crucificado, estaba tan exhausto, tan débil, que colapsó debajo del peso de la cruz. No la pudo llevar más lejos. Había un hombre llamado Simón que simplemente sucedió que estaba allí. Levantó la cruz y la cargó el resto del camino. Usted no necesita ser fuerte todo el tiempo. Incluso Jesús cayó bajo el peso de la cruz. Las buenas noticias son que siempre habrá alguien allí para ayudarlo, para cargarlo, para llevarlo a donde necesita estar. En el huerto de Getsemaní, la noche anterior, Jesús había estado en tal angustia que su sudor se volvió como grandes gotas de sangre. En la cruz, Jesús se sintió solo, olvidado y abandonado. En cierto momento clamó: «Dios mío, Dios mío, ¿por qué me has abandonado?». Había sido maltratado, acusado falsamente y rechazado. Estaba diciendo: «Dios, he sido dejado caer. Me siento olvidado, solo, abandonado». Parecía como si ese fuera el fin y las tinieblas hubieran ganado, pero tres días después, Jesús estaba sentado en la mesa del Rey, como el vencedor, no como la víctima. El enemigo nunca tiene la última palabra. Dios controla el universo. Es un Dios de justicia.

Las buenas noticias son que siempre habrá alguien allí para ayudarlo, para cargarlo, para llevarlo a donde necesita estar.

Cuando usted no tenga la fuerza para avanzar por sí mismo, Dios tiene ángeles para llevarlo. Él tiene a las personas correctas formadas para ayudarlo. No lo va a dejar quedarse en Lo-Debar. Va a continuar trabajando en usted, restaurándolo, promoviéndolo e incrementándolo hasta que llevarlo a un asiento en la mesa del Rey. La cena no está completa sin usted allí. Usted podría haber sido dejado caer, quizá tuvo malas oportunidades, es posible que se sienta quebrantado y lisiado, pero eso está bien. Hoy, usted ha sido convocado por el Rey. Necesitamos su presencia. Necesitamos sus dones. Necesitamos su sonrisa, su risa, su amor y su bondad, no a medias ni forzada.

Este es un nuevo día. Isaías dijo que Dios: «Les dará una corona de belleza en lugar de cenizas, una gozosa bendición en lugar de luto, una festiva alabanza en lugar de desesperación». Es probable que no tenga suficiente gozo, que no haya suficiente risa y que esté permitiendo que sus circunstancias y presiones lo agobien. Pero creo que Dios está soplando nueva vida en su espíritu. La tristeza se está yendo y la alegría está viniendo. La pesadez se está yendo y el gozo está en camino. Su vida va a ser llena de risa y felicidad. La Escritura dice que usted tendrá gozo inefable y plenitud de gloria.

Usted no ha sido olvidado

Hace muchos años, hubo un joven en Corea del Sur que estaba muriendo de tuberculosis. Uno de sus pulmones ya había colapsado. Al estar en su cama en casa esperando morir, estaba en tanto dolor que comenzó a clamar a sus dioses uno por uno. Clamó a un dios: «¡Por favor, ven y ayúdame!». No hubo respuesta. Clamó a otro dios, pero tampoco hubo respuesta. Finalmente, en su desesperación, dijo en el vacío oscuro de su habitación: «Si hay algún dios en alguna parte, no te pido que me sanes. Solo te pido que me muestres cómo morir». Se sintió solo y abandonado. Había sido dejado caer por una enfermedad mortal, aunque no era por culpa suya.

Quizá usted no crea que Dios quisiera tener algo que ver con este joven. Después de todo, no era creyente. Pero la Escritura dice: «Clama a mí y yo te responderé». No dice, clama si vas a la iglesia, o clama si puedes citar la Escritura, o clama si eres lo suficientemente bueno. No, dice que cualquiera es bienvenido a clamar. Dios sopló su vida en usted. Tiene un asiento para usted en la mesa del Rey. Unas horas después, una joven estudiante universitaria que pasaba por el vecindario sintió lo que describió como un amor inexplicable atrayéndola a la casa de ese hombre. Ella llamó a la puerta y la madre abrió. La estudiante universitaria dijo: «Sé que no me conoce, pero solo quería saber si hay algo por lo que pueda orar con usted». La madre comenzó a llorar y le dijo cómo su hijo estaba en su lecho de muerte. La señorita pasó y oró por él. El joven le dio su vida a Cristo, y, para abreviar la historia: Dios lo sanó, y hoy, muchos años después, el Dr. Yonggi Cho es el pastor fundador de la iglesia más grande del mundo.

Dios tiene un asiento para usted en la mesa del Rey.

Amigo, Dios no se ha olvidado de usted. Él es un Dios de justicia. Probablemente usted está tratando con una enfermedad, una pérdida o un mal momento. Es posible que sienta como si la vida lo haya dejado caer, pero usted necesita prepararse. Dios está a punto de levantarlo, y no lo va a sacar siendo el mismo; lo va a poner en alto y lo va a sacar mejor. Es tiempo de retribución. Dios está a punto de compensarle algunas cosas. Está formando a las personas adecuadas para venir a buscarlo con bendiciones, con favor. Creo que al igual que Mefiboset, usted está llegando al palacio: un lugar de sanidad, un lugar de restauración, abundancia, oportunidad y nuevos niveles. Usted va a tomar su lugar en la mesa del Rey y a ver la bondad de Dios en maneras asombrosas.

CAPÍTULO ONCE

Balancear los libros

En contabilidad, el término *balancear los libros* significa compensar una pérdida. Si una cuenta está baja, si hay un déficit, al balancear los libros, uno le añade ingresos para nivelarla. Para saber qué tan abajo está la cuenta, usted primero tiene que tomar todas las pérdidas, todos los déficits, y sumarlos. Entonces usted sabe qué tanto necesita añadir para balancearla. Una definición de *balancear los libros* es «equilibrar para no experimentar pérdida». Cuando los libros están balanceados, nadie puede decir que haya existido una pérdida. No hay déficit.

En la misma manera, Dios ha prometido que Él balanceará los libros de nuestra vida. Todos pasamos por cosas que nos ponen en déficit; situaciones que son injustas, una niñez difícil, un amigo que nos abandona, la pérdida de un ser querido. Si nada cambiara, estaríamos fuera de balance. Pasaríamos por la vida con más pérdida, pensando: *Qué mal por mí. Me tocó la parte mala.* Una señorita me dijo que había tenido seis abortos espontáneos y que no podía llevar un bebé a término. Con grandes lágrimas corriendo por sus mejillas dijo: «No lo puedo entender. Deseo tanto tener un bebé». La vida no siempre es justa, pero Dios es justo. Él compensará las pérdidas, las decepciones, las congojas y las lágrimas, y Él le restituirá.

En Hebreos 10, el escritor señala que sus lectores habían soportado un fuerte tiempo de sufrimiento y persecución. Algunos de ellos habían perdido sus casas y algunos habían sido encarcelados. Los anima diciendo que el tiempo vendrá en el que serán ricamente recompensados. En esencia dice: «A mí me corresponde hacer justicia; yo pagaré [...] El Señor juzgará a su pueblo». Dios sabe lo que le deben. Usted ya no va a vivir en déficit. Quizá pase por temporadas en las que esté fuera de balance: tiene una decepción, una pérdida, algo que no tiene sentido; pero no se preocupe por ello. Su tiempo viene. Dios va a hacerle justicia. Él ha visto cada lágrima que ha derramado, a cada persona que le ha hecho mal, cada injusticia, cada lugar tenebroso. Nadie más quizá sepa una sola palabra acerca de ello, pero Dios sí. Él no lo va a dejar fuera de balance. Usted no va a terminar en números rojos: solitario, decepcionado, en desventaja. Todo eso es temporal. El Creador del universo está sumando todos los déficits. Quizá haya pasado por cosas que no entiende, y fácilmente podría desanimarse y sentir lástima por sí mismo. En lugar de ello, recupera su pasión. Dios está diciendo: «Estoy por balancear tus libros». La compensación viene, la

Usted no va a terminar en números rojos: solitario, decepcionado, en desventaja. Todo eso es temporal.

promoción viene, la reivindicación viene, la sanidad viene, la bendición viene.

La justicia viene

Puedo ver hacia atrás en mi vida y ver los momentos en los que Dios balanceó mis libros. De chico, teníamos la reunión de la iglesia en un edificio pequeño descuidado que había sido una tienda de alimento para animales. Tenía telarañas y agujeros en el piso, y uno podía barrer el alimento para animales a través de las grietas. Lo limpiamos, y durante trece años tuvimos los servicios allí. Con el tiempo la zona noreste de Houston se fue cuesta abajo y no se le dio un buen mantenimiento. Mi familia vivía a treinta minutos de la iglesia. La mayoría de mis compañeros de la escuela asistían a una iglesia cercana. Era una hermosa y prestigiosa iglesia hecha de ladrillos con vitrales y un enorme órgano de tubos. Algunas personas consideraban que éramos de segunda clase, pensando: *No se pueden dar el lujo de tener un lugar lindo para reunirse. Están en ese edificio descuidado.* Ocasionalmente los escuchaba burlándose de nosotros, haciendo chistes acerca de nuestro edificio. Eran buenas personas, pero nos menospreciaban, nos veían menos. En su libro no estábamos a la altura.

Si avanzamos rápidamente treinta años, ya no estamos en un edificio de madera ruinoso, porque Dios nos ha dado el Compaq Center, el recinto principal de nuestra ciudad, en la parte más prestigiosa. Ese fue Dios balanceando los libros. Ese fue Dios trayendo justicia. Cuando era chico, nunca me molestó escuchar a la gente hacer chistes sobre nuestra iglesia. No le prestaba atención a ello. Pero Dios sí presta atención. Está llevando registro de quién está tratando de hacerlo tropezar, de desacreditarlo, de hacerlo ver pequeño. Él sabe quién está hablando detrás de su espalda. Está sumando todos los déficits, y en el momento oportuno, va a balancear sus libros.

Dios le va a compensar no solo por lo malo que le han hecho, sino también por lo que sus padres tuvieron que tolerar, las injusticias que se les hicieron a los que fueron antes de usted. Mi padre nunca vio el nivel de influencia con el que Dios me ha bendecido. Reconozco que estoy cosechando lo que él sembró. Este es Dios balanceando los libros en nuestra familia. Hay personas en nuestro linaje que hicieron lo correcto, pero a quienes les sucedió lo malo. Sirvieron, dieron y honraron a Dios, pero no vieron justicia total. Prepárese, porque Dios lo va a bendecir, como lo hizo conmigo, compensando lo que debería haber sido suyo. Dios no va a dejar a su familia fuera de balance. Habrá momentos en las que usted llegue a bendiciones que no merezca, buenas oportunidades por las que no trabajó, puertas abiertas que nunca se deberían haber abierto. No fue algo que usted hizo; ese era Dios pagándole a su familia lo que se le debía.

Usted va de salida, no será con las manos vacías

Esto fue lo que les sucedió a los israelitas. Durante diez generaciones habían sido esclavos en Egipto. Habían sido maltratados, se habían aprovechado de ellos, habían sido obligados a trabajar largas horas, se les habían dado cuotas que eran imposibles de cumplir. Después de 430 años, Dios los liberó de la esclavitud. El solo hecho de que eran finalmente libres y que podían irse era un gran milagro. Pero no se fueron como esclavos quebrados con las manos vacías y cabizbajos por la vergüenza. Habían trabajado todo ese tiempo sin paga. Se les debía mucho. Dios dijo: «Muy bien, es momento de balancear los libros». Al salir, Dios los llevó a tener favor con sus captores, las mismas personas que los habían maltratado, los mismos que los habían menospreciado y que habían hecho su vida miserable. De pronto, sus captores tuvieron un cambio de corazón y les dieron su oro, su plata, sus joyas y su ropa. Los israelitas dejaron el lugar tenebroso de la esclavitud atrás, empujando carretillas llenas de tesoros. Ese fue Dios balanceando los libros, compensándoles por esos 430 años.

De pronto, sus captores tuvieron un cambio de corazón y les dieron su oro, su plata, sus joyas y su ropa. Los israelitas dejaron el lugar tenebroso de la esclavitud atrás, empujando carretillas llenas de tesoros.

Dios ve cada déficit, cada cosa mala que le ha sido hecha a usted y su familia. Dios sabe lo que le deben a usted. Como con los israelitas, habrá un tiempo en el que Él diga: «Ya basta. Es momento de balancear los libros». Él ha prometido que lo va a compensar. Deje de preocuparse por lo que le hicieron, por lo que no obtuvo, por quién lo puso en desventaja, y quién no le está dando el crédito. Dios sabe lo que sucedió, y está diciendo: «Es momento de restitución. Van a salir y no se van a ir con las manos vacías, menospreciados o considerados como de segunda clase. Usted saldrá reivindicado, promovido, respetado con abundancia». Usted recibirá el favor que no merece, con bendiciones persiguiéndolo. Ese es el Dios de justicia compensándolo con lo que se le debe.

Un joven me dijo acerca de cómo había sido criado en un ambiente negativo. Su padre no había estado presente en su vida y su madre nunca estaba cerca, ya que tenía una gran cantidad de problemas propios. No entendía por qué le habían repartido esta mano en la vida, y por qué había sido puesto en tal desventaja. Le dije lo que le estoy diciendo a usted. La vida no siempre es justa, pero Dios es justo. Él sabe por lo que usted ha pasado, y va a compensarlo. Pero esta es la clave: usted no puede ir por allí con un resentimiento, pensando en lo que su mami y su papi no le dieron. Dios sabe lo que no le dieron. Si usted se mantiene en fe, Dios balanceará sus libros. Él le restituirá. Dios es un Dios de justicia. Si usted no obtiene mucho en cierta área, Él le dará más en otra para compensarlo.

Quizá sienta también como que le han dado menos de lo debido: no tuvo una buena infancia o está tratando con un asunto de salud o su jefe no lo ha tratado justamente. Las buenas noticias son que Dios ve lo que se le debe. Él está llevando la cuenta. Quizá no pueda darle otra infancia o traer de vuelta a un ser querido que usted perdió, pero puede hacer el resto de su vida tan gratificante, tan satisfactoria, que no piense en lo que

> *Balancear los libros significa que no está viviendo en un lugar de pérdida o déficit, siempre pensando en lo que le falta y cómo se encuentra en desventaja.*

no funcionó. Balancear los libros significa que no está viviendo en un lugar de pérdida o déficit, siempre pensando en lo que le falta y cómo se encuentra en desventaja.

Cuando mi padre se fue con el Señor en 1999, perdí a uno de mis mejores amigos. Había trabajado con él durante diecisiete años y habíamos viajado juntos alrededor del mundo. Pero, aunque extraño hoy a mi padre, aunque me encantaría que él estuviera aquí, Dios me ha bendecido en tantas otras áreas que no estoy viviendo a partir de una posición de déficit. Durante el primer año, más o menos, quedé desequilibrado; esa pérdida fue pesada. Pero Dios comenzó a sacar nuevos dones de mí, abrió nuevas puertas e hizo que las cosas cayeran en su lugar. ¿Qué estaba sucediendo? Estaba balanceando mis libros.

La restitución viene

Probablemente alguien abandonó una relación con usted y le rompió el corazón. No se rinda, y no se amargue. Dios vio la ofensa, y siente su dolor. No es el fin. Es probable que se sienta fuera de balance en este momento, el desánimo puede ser pesado, pero las buenas noticias son que Dios va a balancear sus libros. La restitución viene. Alguien mejor de lo que se ha imaginado viene en camino. Probablemente su sueño no funcionó, o no obtuvo la beca, o está criando a un niño con necesidades especiales y nunca pensó que eso pudiera suceder. Probablemente recibió un reporte médico que no era bueno, y quizá ahora tenga que tomar otra ronda de tratamiento. En esos momentos difíciles, esos momentos en los que la vida no parece justa, usted tiene que seguir recordándose a sí mismo que Dios es un Dios de justicia. Él sabe exactamente lo que está sucediendo. Usted ya no va a vivir en una posición de déficit. A lo largo del día, simplemente diga: «Padre, quiero agradecerte que estás balanceando mis libros. Señor, creo que la restitución viene, la restauración viene, la sanidad viene». Esa actitud de fe es lo que le permite a Dios restituirle lo que se le debe. Usted no está sentado por allí en autolástima, culpando a otros o viviendo desanimado. La mano que se le ha repartido quizá no sea justa, pero no es una sorpresa para Dios. Él ya tiene una manera de hacerle justicia. Cada vez que se sienta tentado a preocuparse, simplemente voltee y agradézcale que la restitución viene en camino, agradézcale que está llegando a un punto sin déficit.

Hablé con una señora que había estado casada catorce años y que tiene niños hermosos. La vida era buena. Pero un día, de la nada, su marido le dijo que la estaba dejando por otra mujer. Esto la tomó totalmente por sorpresa. Había sido una madre ama de casa y no había estado en la fuerza laboral por más de diez años. Ella no sabía qué iba a hacer o cómo iba a proveer para sus hijos. Unas semanas después, mientras todavía estaba entumecida, tratando de entenderlo todo, una antigua amiga de la escuela media-superior, con quien no había hablado en veinte años, se comunicó con ella. Esta mujer le dijo: «Estoy comenzando un nuevo negocio, y de la nada me vino tu nombre a la mente. Me pregunto si estarías interesada en ser mi socia de negocios». Su amiga había sido bastante exitosa en otros negocios. La mujer le dijo que estaba pasando por un divorcio y que no tenía fondos para invertir en un negocio. Su amiga le dijo: «No necesito dinero. Tengo todos los fondos necesarios. Solo quiero que trabajes conmigo». Su negocio despegó, y hoy esta mujer es increíblemente bendecida. Tiene bastante para cuidar de su familia.

Dios sabe cómo balancear sus libros. Él no promete que le sucederán cosas injustas, pero sí promete que le compensará con lo que se le debe. Usted ya no va a vivir en déficit. Va a balancear sus cuentas. Ya ha preparado a las personas adecuadas para buscarlo. Puede hacer que sucedan cosas que usted nunca podría hacer suceder. Probablemente haya pasado por una decepción, un mal momento y es posible que alguien no lo haya tratado bien. Prepárese. La restitución viene. La reivindicación está en camino.

Nada pasa inadvertido

Anteriormente, en el capítulo tres, consideramos a una mujer del Antiguo Testamento llamada Lea. Ella y su hermana Raquel, las dos, estaban casadas con Jacob. Raquel era mucho más hermosa y Jacob no le daba a Lea demasiado tiempo y atención. Estoy seguro de que Lea sentía como si no fuera suficientemente buena; se sentía inferior o en desventaja, y no tenía la belleza de su hermana. La Escritura dice: «Cuando el Señor vio que Lea no era amada, le concedió que tuviera hijos, pero Raquel no podía concebir». Lea tuvo seis hijos y una hija antes de que Raquel pudiera tener un hijo. Tener un hijo varón era un asunto importante en esa época. Dios estaba diciendo: «Lea, como tu marido no te está tratando bien, a causa de que no eres tan hermosa como tu hermana, voy a balancear tus libros y te voy a dar algo que haga que Jacob te ponga atención. Voy a hacer que tengas hijos antes que tu hermana».

¿Qué estoy diciendo? Dios le da favor especial a la gente en desventaja. Usted quizá sienta como si alguien más obtuvo las buenas oportunidades: la buena infancia, la apariencia adecuada, la personalidad ganadora. No se preocupe. Su tiempo viene. Dios tiene algunas ventajas para usted que harán que se destaque. Usted no va a vivir siempre a la sombra de alguien más talentoso, mejor parecido o más exitoso. Dios lo va a llevar a brillar. Usted se va destacar, usted va a ser conocido, usted va a dejar su marca. Lo que usted piensa que no tiene en apariencia, en personalidad, en preparación académica o en educación, Dios se lo va a compensar. Él va a balancear sus libros.

Como con Lea, cuando las personas no lo traten bien, cuando lo menosprecien, cuando lo rechacen y traten de hacerlo sentir pequeño, eso no pasa inadvertido. Dios ve cada injusticia, cada ofensa, cada lágrima, cada mal momento. La Escritura dice que un pájaro no cae a tierra sin que Dios lo sepa. ¿Cuánto más Dios ve todo lo que le sucede a usted? Cuando alguien le hace mal, Dios lo toma personal. Usted es su hijo. Él no se cruza de brazos y dice: «Qué mal. No deberían tratarlo así». Él obra en una manera semejante a nosotros como padres si alguien maltrata a nuestros hijos. Incluso nosotros exageramos un poco para emparejar las cosas.

Una vez, cuando nuestra hija, Alexandra, tenía cuatro años, le compré un cono de helado. Salió afuera de la tienda y se detuvo a hablar con algunos amigos. Había algunos otros en la acerca, corriendo por allí y comiendo su propio helado. Observé a un muchachito que estaba jugando rudo con todos. Yo pensé: *Más te vale tener cuidado, porque la que está allí es mi pequeñita.* Aunque yo estaba participando en una conversación, la mitad de mi atención estaba viendo esa otra escena. Mientras los chicos estaban corriendo, en cierto punto el muchachito chocó con Alexandra, y ella dejó caer su cono de helado. El muchachito se rio y pensó que era divertido, y entonces comenzó a burlarse de ella porque no tenía helado. Alexandra vino directo conmigo, sabiendo que yo le haría justicia. Regresamos a la tienda. Normalmente le compro una bola de helado, pero esta vez le dije: «Vamos a comprar tres bolas para que tengas más que nadie más». Ella tomó su helado de tres bolas, encontró al muchachito y comenzó a ondearlo delante de él como diciendo: «Mira lo que hiciste. ¡Me hiciste tener tres veces más de lo que tenía antes!». Ese muchachito había pensado hacerle mal, pero Dios pensó hacerle bien. Esa es la manera de ser de Dios. Probablemente alguien le hizo mal, pero manténgase en paz. Dios le va a compensar. Él sabe lo que se le debe. Dios nunca lo saca igual. Siempre hace pagar al enemigo. Él lo sacará mejor.

Sus enemigos terminarán estrechando su mano

El profeta Isaías dijo: «Disfrutarán de una doble honra en lugar de vergüenza y deshonra. Poseerán una doble porción de prosperidad en su tierra, y una alegría eterna será suya». No se queje de las dificultades; esa dificultad lo está preparando para el doble. Ese mal momento y esa decepción quizá luzca como un revés, pero en realidad era una preparación para que Dios se mostrara en una manera nueva. Está a punto de balancear algunas cuentas. Si hay personas en su vida que han estado en su contra, algunos de ellos por años, y han tratado de detenerlo, hacerlo ver mal o desacreditarlo, las cosas están a punto de cambiar. Dios va a hacer que lo vean en una nueva luz. Va a hacer que reconozcan su bendición sobre su vida a un punto en el que lo traten con el respeto y el honor que usted merece.

«Disfrutarán de una doble honra en lugar de vergüenza y deshonra. Poseerán una doble porción de prosperidad en su tierra, y una alegría eterna será suya».

Cuando los israelitas estaban atorados en la oscuridad de la esclavitud, Moisés le dijo al faraón una y otra vez que permitiera ir al pueblo de Dios, pero faraón no escuchó. No respetó a Moisés. Pensó: *¿Quién eres tú para decirme qué hacer? Yo soy el faraón. Soy un líder mundial. Tengo la capa real puesta. Vivo en el palacio. Tú eres un pastor. No tienes credenciales. No eres exitoso, vives en el desierto, y parece como si hubieras estado usando esa misma ropa durante cuarenta años. No eres nada comparado conmigo.* Descartó a Moisés como si fuera de segunda clase. Esto sucedió una y otra vez. Cada vez que Moisés volvía para decirles que venía otra plaga, el faraón no le prestaba atención. Pensaba: *Aquí viene ese loco de Moisés tratando de decirme qué hacer otra vez.* Lo interesante es que después de la última plaga, cuando el faraón finalmente decidió dejar ir al pueblo hebreo, no solamente los egipcios les dieron a los israelitas su oro y su plata, sino que el faraón le dijo a Moisés: «Llévense sus rebaños y sus manadas, como dijeron, y márchense ya. Váyanse, pero bendíganme al salir». En lugar de burlarse de Moisés, en lugar de verlo como que no era lo suficientemente bueno, el faraón reconoció la mano de Dios sobre Moisés. ¡Vio la unción y sintió el poder al punto que le pidió a Moisés que lo bendijera!

Una parte de que Dios balancee sus libros es que la gente que no lo respetaba, que lo descartaba y que lo desacreditaba va a tener que cambiar de opinión y pedirle su bendición. Van a reconocer el favor en su vida. La Escritura dice: «El corazón del rey es como un arroyo dirigido por el Señor, quien lo guía por donde él quiere». Dios sabe cómo cambiar a la gente. Usted no tiene que adularlos o tratar de convencerlos para que usted les simpatice ni dejarse controlar o manipular por ellos con el fin de tratar de obtener su favor. No, más bien camine en su unción. Corra su propia carrera, siempre honrando a Dios con excelencia e integridad. Dios cambiará el corazón de los que están en su contra. Quizá no suceda de la noche a la mañana. Pudiera ser que tome años, pero Dios va a balancear sus libros. Como lo hizo con Moisés, usted verá llegar un día en el que la persona que más le faltaba al respeto, el faraón que ni siquiera le prestaba atención y quién ni siquiera se molestaría en

> *Como lo hizo Moisés, usted verá un día en el que la persona que más le faltaba al respeto, el faraón que ni siquiera le prestaba atención y quién ni siquiera se molestaría en voltearlo a ver, le pedirá que lo bendiga.*

voltearlo a ver, le pedirá que lo bendiga. Proverbios dice: «Cuando la vida de alguien agrada al Señor, hasta sus enemigos están en paz con él». No se moleste cuando la gente trate de menospreciarlo, hacerlo menos o actúe irrespetuosamente. Siga honrando a Dios, y un día le pedirán su bendición. Una paráfrasis en inglés dice: «Sus enemigos terminarán estrechando su mano».

Un domingo después de la reunión conocí a un hombre que era pastor en otro estado. Me dijo que había sido nuestro mayor crítico y que solía decirle a su congregación que no viera nuestros servicios por televisión. Era muy expresivo y escribió artículos en nuestra contra. Pero un par de años atrás, pasó por una crisis de salud importante y tuvo que dejar su iglesia. No sabía si iba a sobrevivir. Una noche estaba pasando los canales de la TV y encontró nuestro programa, y me dijo que por primera vez lo vio con atención. Me dijo: «Joel, desde entonces no he dejado de verlo. Ahora soy la persona que más lo apoya. Le digo a todos acerca de usted. Usted me ayudó en el momento más difícil de mi vida». Me dio un abrazo y me dijo: «¿Oraría por mí?». Eso es lo que la Escritura dice. Cuando usted honra a Dios, un día sus enemigos terminarán estrechando su mano. Dios sabe cómo hacer que la gente que está en su contra necesite lo que usted tiene. En lugar de derribarlo, lo apoyarán.

Balancear los libros requiere extender su bendición

En la Escritura, un hombre llamado Saulo era el mayor enemigo de la iglesia primitiva. Iba por todos lados haciendo que arrestaran a los creyentes y los metieran en la cárcel. Nadie estaba más en contra de los seguidores de Cristo que él. Cuando el sumo sacerdote y el consejo apedrearon a Esteban a muerte por predicar acerca de Jesús, Saulo estaba parado allí mismo dando su aprobación. Un día Saulo se dirigía a Damasco con cartas en mano autorizándolo para arrestar a los creyentes. Pero a la mitad del viaje, una brillante luz del cielo iluminó a su alrededor. Él cayó al suelo y cuando abrió los ojos no podía ver nada. Quedó ciego. Entonces los hombres que viajaban con él lo llevaron de la mano a Damasco. Durante tres días estuvo tan perturbado que no comió ni bebió.

Mientras tanto, en Damasco, un creyente llamado Ananías vio una visión en la que el Señor le dijo que fuera a la casa donde Saulo se estaba hospedando y que pusiera las manos sobre él para que recuperara la vista. Ananías fue y oró por él, y Saulo pudo volver a ver. Observe lo que hizo Dios. Saulo estaba sentado allí ciego, y ahora la única persona que tenía la respuesta a su oración era uno de los discípulos cristianos que había venido a arrestar. Saulo había sido el mayor crítico de Ananías y con gusto lo hubiera aprisionado e incluso ejecutado, pero ahora necesitaba lo que tenía Ananías. En lugar de querer perseguir a Ananías, estoy seguro de que Saulo había estado orando: «Señor Jesús, por favor envía a uno de tus creyentes para que venga y ore por mí. Estoy dispuesto a seguirte, pero no sé qué hacer».

Usted quizá tenga personas como Saulo en su vida que han estado en su contra por años. Probablemente no hayan sido tan amenazadores o expresivos, pero lo ven con un aire de superioridad como si usted fuera menos que ellos. No se preocupe. La restitución viene. Dios es su reivindicador. Siga tomando el camino alto, siga haciendo lo correcto y un día ellos van a necesitar lo que usted tiene. Vendrán a usted en humildad, pidiendo su ayuda, su bendición, su favor.

Cuando el Señor le dijo a Ananías en la visión que fuera y orara por Saulo, podría haber respondido: «Dios, he escuchado todo acerca de este tipo y el daño que le ha causado a tu gente en Jerusalén. ¿Te das cuenta de quién es? Es una trampa. Va a arrestarme». Dios dijo: «No, no es lo que piensas. Las cosas cambiaron. Voy a usar a Saulo en una gran manera». Ananías fue y oró por su mayor enemigo. Le hizo bien a alguien que había pasado años haciéndole mal a sus compañeros creyentes. Esta es una prueba que todos tenemos que pasar. ¿Será usted bueno con Saulo en su vida cuando él necesite lo que usted tiene? ¿Le mostrará favor incluso cuando no lo haya tratado bien a usted, incluso cuando haya tratado de hacerlo ver mal? Si usted quiere que Dios balancee sus libros, usted tiene que ser la persona más madura y bendecir a los que lo han maldecido. En su tiempo de necesidad, no detenga su ayuda. No diga: «Qué mal por usted, Saulo. Estoy contento que usted esté ciego. Se lo merece. Ahora probablemente nos deje en paz». No, haga bien a los que lo persiguen. Ananías entró a la casa y dijo: «Hermano, Saulo». Llamó a este enemigo un hermano y lo trató como su amigo. Después de que oró, Saulo pudo volver a ver. Y Saulo se convirtió en el

> *¿Será usted bueno con Saulo en su vida cuando él necesite lo que usted tiene?*

apóstol Pablo, quien escribió alrededor de la mitad de los libros del Nuevo Testamento.

Su tiempo viene

Cuando las personas vienen en nuestra contra y dicen cosas falsas, es fácil frustrarse y tratar de enmendarle la plana y probarles quiénes somos. Pero no desperdicie su energía emocional con los Saulos de su vida. Espere en Dios para hacerlo a su manera. Él ve cada injusticia, cada palabra negativa y está sumando todos los déficits, todas las ofensas. En el momento oportuno, Él hará que sucedan cosas que usted nunca podría hacer suceder. Va a hacer que ellos necesiten lo que usted tiene.

Amigo, su tiempo viene. Usted ya no va a vivir en déficit. Quizá tuvo algunos momentos malos, pasó por cosas que no entiende. Anímese. El Dios de justicia está diciendo: «Es tiempo de restitución». Creo y declaro que Dios va a venir a balancear sus libros. Va a voltear las situaciones más oscuras. Va a abrir nuevas puertas de oportunidad. La promoción viene, la reivindicación viene. Como usted honra a Dios, incluso sus enemigos van a estar en paz con usted.

CAPÍTULO DOCE

Fe para lo de en medio

Es fácil tener fe en el inicio. Cuando su nuevo bebé nace, o se casa con esa hermosa chica o inicia es nuevo negocio, es emocionante. Hay adrenalina fluyendo, y se siente excelente. También es fácil tener fe al final. Cuando puede ver la meta, usted ya peleó la buena batalla y ahora el sueño está a la vista. Tener fe en el inicio y al final no es un problema.

El desafío es tener fe en medio; cuando está tomando más tiempo del que usted pensó, cuando no tiene los fondos, cuando el informe médico no es bueno. Usted estaba tan emocionado por ese lindo bebé que no podía hacer ningún mal. Ahora es un adolescente, y usted está convencido de que no es su hijo por lo que va hacerle un análisis de ADN la próxima semana. El error que cometemos es que nos desalentamos en medio. Pensamos, *Dios, sé que tú me diste este niño, pero está haciendo mi vida miserable. Sé que tú trajiste a mi cónyuge a mi vida, pero ahora hay conflictos. Sé que me bendijiste con este negocio, pero ahora no tengo los fondos que necesito.* Es en medio donde la mayoría de la gente pierde la batalla.

Pero Dios nunca prometió que llegaríamos a nuestro destino sin oposición, sin decepciones, sin cosas que no entendiéramos. La Escritura dice: «Queridos amigos, no se sorprendan de las pruebas de fuego por las que están atravesando, como si algo extraño les sucediera». Eso significa no molestarse porque alguien le hizo mal. No comience a preocuparse porque el negocio bajó de ritmo. No viva en ansiedad porque su hijo ha tomado un camino equivocado. Dios todavía está en el trono. Nada de lo que le ha sucedido ha detenido su plan para su vida. Él no está en el cielo rascándose la cabeza y pensando: *Qué barbaridad, esa no la vi venir. Ese mal momento me sacó de onda.* Lo que Dios le ha prometido, Él todavía tiene la intención de hacerlo suceder. Yo sé que usted puede tener fe al inicio; eso es fácil. Sé que usted puede tener fe al final. Mi pregunta es: ¿tendrá usted de en medio? Tendrá usted fe cuando no estén sucediendo las cosas como usted pensó que sucederían, cuando siente como si usted está yendo en la dirección equivocada y está oscuro y difícil allá afuera, cuando cada voz le dice que se rinda y le dice: «Con toda seguridad escuchaste mal a Dios». No crea esas mentiras. Todo es parte del proceso.

Cuando Dios pone un sueño en su corazón, le mostrará el final. Él le dará la promesa, pero no le mostrará lo de en medio. Si nos dijera todo lo que tomaría para que sucediera, nos convenceríamos a nosotros mismos de no hacerlo. En la Escritura un ángel se le apareció a una jovencita llamada María. Parafraseando le dijo: «María, eres muy favorecida por Dios. Tendrás un bebé sin haber conocido varón, y Él será el Mesías, el Salvador del mundo». Dios le mostró el final. Iba a ser la madre del

Cristo. Ella tendría honor y sería respetada y admirada por generaciones por venir. Estoy seguro de que María estaba emocionada. Ella no lo podía creer. Pero puedo escuchar a María muchos años después diciendo: «Dios, no me dijiste que tener este bebé iba a causar que mi prometido quisiera cancelar nuestro compromiso. No me dijiste que tendría este bebé en un pesebre con animales apestosos. No me dijiste que tendría que vivir huyendo durante dos años, escondiendo mi bebé del rey Herodes. No me dijiste que mi hijo sería maltratado, traicionado y que se burlarían de él. No me dijiste que tendría que verlo ser crucificado y morir una muerte dolorosa».

¿Qué estoy diciendo? Dios no nos da todos los detalles. Quizá aquello por lo que usted está pasando es difícil, no le gusta o no tiene sentido. Aquí es donde su fe tiene que activarse. ¿Va a rendirse y a convencerse a sí mismo de no continuar? O va a hacer como hizo María y decir: «Dios no entiendo esto. No me dijiste que esta persona me iba a hacer mal o que estaría tratando con esta enfermedad. No me dijiste que este negocio iba a bajar de ritmo. Pero Dios, sé que sigues en el trono, y que esta no es una sorpresa para ti. No voy a vivir desanimado, a renunciar a mis sueños ni a dejar de creer. Voy a tener fe en medio».

Dios no nos da todos los detalles.

En medio puede ser complicado

Usted recuerda lo que dije en el capítulo nueve acerca de José. Dios le dio un sueño de que un día su padre y su madre y sus once hermanos se arrodillarían delante de él. Dios le mostró el final, y la promesa fue plantada en su corazón. Pero lo que Dios no le mostró fue lo de en medio. Años más tarde, cuando José estaba gobernando sobre la nación de Egipto, uno de los pueblos más poderosos de su época, el sueño se cumplió. Puedo escuchar a José diciendo: «Dios me diste esta increíble promesa, pero no me dijiste que mis hermanos estarían celosos y me arrojarían a una cisterna. Me mostraste que un día gobernaría, pero no me dijiste que en el camino sería vendido como esclavo. No me dijiste que sería acusado falsamente y encarcelado». Si José estuviera aquí hoy, le diría: «No se desanime cuando esté en medio. No se rinda cuando la vida no tenga sentido». Usted sabe que la promesa está en su corazón. Usted sabe que Dios le dijo que va a volver a estar saludable, que va a ver a su familia restaurada, que va a conocer a la persona de sus sueños, pero cada circunstancia dice justo lo opuesto. Se siente como si estuviera yendo marcha atrás. Siga creyendo, siga siendo lo mejor que usted pueda ser. Dios no lo ha traído tan lejos para abandonarlo. No le ha fallado en el pasado, y no lo va a fallar en el futuro. No se desaliente por el proceso.

El inicio es divertido, y el final es emocionante; pero la verdad es que, lo de en medio puede ser complicado. En alguna forma, todos estamos en el centro; todos estamos en una jornada. Hay cosas por las que usted está creyendo; usted sabe que Dios plantó esas semillas. Con el tiempo es fácil rendirse y pensar: *Hay demasiados obstáculos. Nunca va a suceder.* Dios lo tiene leyendo esto para soplar nueva vida a sus sueños. Lo que Él ha puesto en su corazón ya está en camino. El proceso ya comenzó. Las personas adecuadas, la sanidad, el avance, el nuevo negocio viene en camino. Ahora haga su parte y tenga fe para lo de en medio.

David podría haber dicho: «Dios, me prometiste que sería rey, pero no me dijiste que tendría que enfrentar a un gigante dos veces mi tamaño. No mencionaste ese detalle. No me dijiste que, a pesar de que estuviera sirviendo fielmente al rey Saúl, trataría de matarme. No me dijiste que mi propio hijo me daría la espalda y trataría de quitarme el trono». Cuando usted estudia a los héroes de la fe como David y José, un común denominador que usted encontrará es que tuvieron fe en lo de en medio. Cuando parecía imposible, cuando la promesa parecía demasiado lejos, se mantuvieron avanzando, sabiendo que era parte del proceso. No quedaron sorprendidos por las pruebas o los lugares tenebrosos. No fueron desalentados por la oposición. Sí, tuvieron sus momentos. Eran tan humanos como el resto de nosotros. En ciertos momentos, la preocupación venía, el temor venía, la duda venía, pero les permitieron quedarse. Volvían a estimular su fe y creían que la promesa sucedería.

Cuando usted estudia a los héroes de la fe como David y José, un común denominador que usted encontrará es que tuvieron fe en lo de en medio.

Recuerdo cuando estaba sentado en un restaurante cuando un amigo mío me dijo que la ciudad de Houston iba a poner el Compaq Center en el mercado de bienes raíces. Mientras estaba hablando, en lo profundo tuve este sentir de que ese sitio era para nosotros. Dios me mostró el final. Podía vernos teniendo servicios en ese lugar y tocando al mundo. Veo en retrospectiva y me doy cuenta de que Dios no me mostró que iba a tomar dos años convencer a diez concejales de la ciudad a que votaran por nosotros. No me mostró que una de las empresas más grandes de Texas presentaría una demanda para evitar que nos mudáramos. No me dijo que iba a costar cien millones de dólares renovar el lugar. Algunas veces Dios deja fuera ciertos detalles a propósito. Si me hubiera dicho que sería responsable de todo ese dinero, yo hubiera dicho: «Estamos bien con nuestras viejas instalaciones». Me hubiera conformado con menos de lo mejor que Él tiene. Hay una razón por la que no tenemos todos los detalles. Si los tuviéramos, no avanzaríamos a la plenitud de nuestro destino porque a nadie le gusta la adversidad. Nos gusta estar cómodos. Pero no se convertirá en todo lo que fue creado sin oposición, desafíos y dificultades que lo hacen estirarse y crecer y usar sus músculos espirituales.

Usted está atravesando

Cuando Dios sacó a los israelitas de la esclavitud, iban en camino a la Tierra Prometida. Dios les mostró su destino, la tierra que fluye leche y miel. Los hizo comenzar su camino, los sacó de la esclavitud, pero en medio Dios no los abandonó. No dijo: «Ya los hice comenzar. Les di la promesa y ahora están por su cuenta. Buena suerte en lo de en medio». A lo largo del camino Dios sobrenaturalmente les proveyó con bendiciones. Les dio maná en el desierto para comer. Cuando quisieron carne, hizo que los vientos cambiaran y cientos de miles de codornices llegaron al campamento. Cuando tenían sed y no podían encontrar manantiales o pozos, Dios hizo salir agua de una roca. Los protegió de naciones enemigas que eran mucho mayores y más poderosas y entrenadas para la guerra. Cuando el faraón fue tras los israelitas, llegaron a un callejón sin salida en el mar Rojo y no tenían adonde ir. Dios partió el mar y salvó sus vidas. Una y otra vez Dios les dio favor e hizo que sucedieran cosas que ellos nunca podrían haber hecho suceder. Les estaba mostrando a ellos y a nosotros: «No solo soy el Dios del inicio, no solo soy el Dios de la meta. Soy el Dios de lo de en medio. Soy el Dios que te hará salir vencedor de la prueba, de la adversidad, de la pérdida».

Cuando usted esté en medio, recuerde que Dios le ha dado la promesa y que usted conoce el destino. Pero va en camino. Está en proceso de criar a su hijo, creyendo por su sanidad o por operar ese negocio. A lo largo del camino usted enfrentará situaciones que parecerán imposibles; las probabilidades están en su contra, la oposición es más fuerte, el reporte dice que no se está recuperando. Anímese, reconociendo que Dios es el Dios de lo de en medio y allí es justo donde usted está. Quizá haya un mar Rojo en su camino. Parece como si estuviera atascado, pero las buenas noticias son que Dios sabe cómo partirlo. Quizá no tenga los fondos para el colegio universitario, usted no puede ver cómo podría ir, pero a Dios no le falta nada. Él sabe cómo cambiar los vientos y traer codornices a su campamento, digamos. Todavía puede hacer salir agua de una roca. Puede hacer que las paredes que lo han estado deteniendo que de pronto se derrumben. Ahora haga su parte y tenga fe para lo de en medio.

La Escritura dice: «Cuando pases por aguas profundas,

yo estaré contigo. Cuando pases por ríos de dificultad, no te ahogarás. Cuando pases por el fuego de la opresión, no te quemarás; las llamas no te consumirán». Quizá usted esté en el fuego, en la inundación o en el hambre, pero Dios está diciendo: «No te vas a quedar allí. Vas a vencerlo». Cuando esté en lo de en medio, necesita recordarse a sí mismo que esto también pasará. Es temporal. Ahora deje de poner tanta energía en algo que no va a durar. Deje de desperdiciar tiempo por causa de una situación en el trabajo, de estar molesto por ese informe médico o por estar frustrado con esa persona que le hizo mal. Ese no es su destino; usted solamente está pasando. El problema no es permanente. La enfermedad, la soledad o la dificultad es solo una parada a lo largo del camino. Pero si usted se rinde y deja que lo abrume con desánimo, se va a quedar allí y va a permitir que lo que debería haber sido temporal se vuelva permanente. Aquí es donde muchas personas se equivocan: se quedan en el medio. Le estoy pidiendo que siga avanzando.

Cuando esté en lo de en medio, necesita recordarse a sí mismo que esto también pasará. Es temporal.

David lo dijo de esta manera: «Aun cuando yo pase por el valle más oscuro». No dijo: «Aun cuando me quede en el valle. Acampe en el valle. Construye mi casa en el valle». En efecto dijo: «El valle no es mi casa. No me voy a quedar en medio. No me voy a desanimar cuando las cosas vengan en mi contra. No me voy a rendir cuando sea difícil, cuando la vida no sea justa, cuando esté tomando largo tiempo. Tengo fe para lo de en medio».

Cuando las cosas vengan en su contra, y usted se sienta tentado a quedarse allí, tiene que clavar los tacones en la tierra y decir como dijo David: «Sé que Dios no es solo el Dios del final. Él es el Dios de lo de en medio. E incluso aunque quizá no lo entienda, no me voy a quedar en el valle. No me voy a quedar atascado en lo de en medio. Voy a seguir avanzando, sabiendo que Dios está en control y que esta dificultad es solamente otro paso en el camino hacia mi destino».

Usted no desarrolla su vida por sí solo

Salmo 138 dice: «El Señor llevará a cabo los planes que tiene para mi vida». No dice que tendremos que hacer funcionar nuestros planes, hacer que las cosas sucedan con nuestra propia fuerza y quedarnos frustrados cuando no sucedan en la manera en que deberían. Podemos quedarnos en paz, sabiendo que el Señor, el Dios que creó el universo. El Dios que con sus palabras hizo que existieran los mundos, ha prometido que llevará a cabo sus planes para nuestra vida. Algunas veces se siente como si estuviéramos yendo hacia atrás. Sabemos que deberíamos estar yendo en cierta dirección, pero vamos en el sentido opuesto. Dios sabe lo que está haciendo. Sus caminos son mejores que nuestros caminos. Justo ahora, está tras bastidores, llevando a cabo su plan para su vida. Está arreglando las cosas a su favor, quitando a las personas equivocadas del camino, alineando las oportunidades que usted necesita. Quizá no vea que nada esté sucediendo; usted tiene que andar por fe y no por vista.

En lo de en medio José podría haber dicho: «Nunca va

a funcionar. Fui un esclavo y ahora estoy en prisión en una tierra extranjera. Nunca voy a liderar una nación». Pero lo que José no podía ver era que tras bastidores Dios estaba llevando a cabo el plan para su vida. En lo de en medio, David podría haber dicho: «Nunca tomaré el trono. Soy solamente un pastorcillo de una familia de bajos ingresos. No tengo las habilidades, las conexiones o el entrenamiento». Pero Dios no depende de lo que usted no tiene. Cuando Él sopló vida en usted, lo equipó con todo lo que necesitaba. De lo que usted piense que no tiene lo suficiente, el favor de Dios lo compensará. La unción sobre su vida lo llevará más lejos que a las personas con más talento. En lo de en medio, Abraham podría haber dicho: «Sara y yo nunca tendremos un bebé. Está tomando demasiado tiempo. Estamos demasiado viejos». Pero lo que no podía ver Abraham, es que tras bastidores Dios ya había preparado a un pequeño bebé llamado Isaac quien tenía el nombre de Abraham y Sara escrito en él. Dios ya lo había llevado a cabo para su vida.

Usted quizá no pueda dilucidar cómo sucederá su sueño. Porque cuando pone el plan de negocios en papel, le dice que no saldrá de deudas hasta que tenga cien años de edad. El informe médico dice que no va a mejorar. No parece como si alguna vez fuera a romper la adicción. Por su cuenta, ya se le acabó la suerte. Las buenas noticias son que no está por su cuenta. Usted no está desarrollando su vida por sí solo. Su Padre celestial, el Dios altísimo, está llevando a cabo su plan para su vida. Quizá haya obstáculos que parezcan infranqueables, pero Dios tiene la

> *Las buenas noticias son que no está por su cuenta.*

última palabra. Si usted tiene fe en lo de en medio, Él abrirá puertas que ninguno puede cerrar. El volteará situaciones que parecían imposibles. Él lo llevará más lejos de lo que se haya imaginado.

Los días de tribulación son temporales

Pablo dijo en Efesios: «Pónganse todas las piezas de la armadura de Dios para poder resistir al enemigo en el tiempo del mal». En la vida todos tendremos días de tribulación o dificultades, días de oposición, días de oscuridad. Pero el mismo Dios quien dijo que había un día de tribulación también ha dicho que habrá un día en el que la tribulación termine. Quizá usted se encuentre en una dificultad en este momento. Anímese; no es permanente, esa tribulación tiene fecha de caducidad. Dios le ha puesto un término. Usted se encuentra en la mitad en este momento, pero en el momento oportuno llegará el fin. No se abrume por esa enfermedad; tiene una fecha de caducidad. Ese problema legal o esa situación en sus finanzas no es una sorpresa para Dios. Es uno de esos días de tribulación. En lugar de desanimarse, recuérdese a usted mismo: «Esta tribulación tiene una fecha de caducidad». No es permanente. Así como hay un día de tribulación, Dios tiene un día de liberación, un día de sanidad, un día de abundancia, un día de avance.

Conozco a una pareja que tiene un hijo que fue adicto a las drogas durante más de veinte años. Estos padres eran buenas personas que amaban a Dios y siempre estaban sirviendo y dando, pero de algún modo su hijo se fue por el mal camino. Pasaron año tras año, y no parecía como si algo estuviera cambiando. Jamás escuché una sola vez a estos padres hablar acerca del problema. Nunca se quejaron: «Dios, ¿por qué le sucedió esto a nuestro hijo? No lo entendemos». Estaban en el valle, pero no se quedaron allí. Creyeron que, así como había existido un día de tribulación cuando su hijo se hizo adicto, habría un día de liberación, establecido por el Creador del universo, cuando su hijo fuera libre de esa adicción. Hicieron todo lo que pudieron; entonces oraron, creyeron, lo enviaron a rehabilitación, pero nada funcionó. Hace unos meses, algunas personas con las que este joven trabajaba tomaron un interés especial en él. Ni siquiera eran creyentes, pero se hicieron amigos del joven e hicieron más allá de lo que era su responsabilidad para ayudarlo. Le pagaron el tratamiento, y esta vez fue exitoso. Por primera vez en más de veinte años, está completamente libre. No tiene ningún deseo drogarse.

¿Qué sucedió? Entró en su día de liberación. Lo que sus padres no pudieron hacer, Dios hizo que alguien más lo hiciera por él. Cuando usted tiene fe en lo de en medio, Dios hará que sucedan cosas para usted mismo que usted no puede hacer suceder. Usted quizá se encuentre en un día de tribulación en este momento; en su salud, en sus finanzas, en su mente. Es fácil establecerse allí y pensar: *Nunca va a cambiar. Nunca voy a ser libre. Siempre estaré deprimido. Siempre batallaré con mis finanzas.* Pero Dios le está diciendo, así como le dijo a este joven: «Su día de liberación viene. Su día de sanidad, su día de abundancia, su día de bendición, su día de gozo, su día de victoria está en camino».

En Marcos 4, Jesús acababa de enseñarle a miles

de personas. Era tarde ya ese día cuando le dijo a sus discípulos: «Crucemos al otro lado del lago». Se metieron a la barca y comenzaron a viajar hacia allá, pero a lo largo del camino quedaron atrapados en una inmensa tormenta en la oscuridad de la noche. La Escritura lo describe como una furiosa ráfaga de viento de proporciones huracanadas. Los vientos eran tan fuertes que los discípulos pensaron que la barca iba a voltearse. Las olas estaban viniendo sobre el borde y la barca se estaba llenando. Estaban en pánico. Los discípulos corrieron a la popa de la barca donde Jesús estaba durmiendo. Ellos le dijeron: «¡Jesús, despierta! ¡Estamos a punto de ahogarnos en esta inmensa tormenta!». Jesús despertó y reprendió a la tormenta y le dijo al mar y al viento: «¡Silencio! ¡Cálmense!». Y todo se calmó.

Lo interesante es que Jesús supo desde antes de subirse a la barca que iba a haber una tormenta esa noche. Él es Dios; lo sabe todo. ¿Por qué sugirió cruzar al otro si sabía que iban a venir vientos de fuerza huracanada, una tormenta grande? Porque Él también sabía que la tormenta no podía evitar que llegaran a su destino. Sabía que en medio habría dificultades, pero cuando declara que crucemos al otro lado, todas las fuerzas de las tinieblas no lo pueden detener de llevarnos al otro lado. En la misma manera, cuando Dios pone una promesa en su corazón, cuando Él le habla a su destino, no es movido por los vientos. No está preocupado por las tormentas o estresado porque hay algunos huracanes en su jornada. Él controla el universo. Lo que Él diga sucederá.

En medio de esa tormenta, Jesús no se despertó porque sabía que sus discípulos podían manejarlo. Si hubiera pensado que se iban a morir, se habría levantado sin que ellos tuvieran que despertarlo. No los iba a decepcionar. Cuando estamos en una tormenta, con frecuencia nos molestamos y entramos en pánico como los discípulos. «Dios, ¡tienes que ayudarme! Este informe médico es malo. Mis finanzas no lo están logrando. Mi relación se está desmoronando. ¡Dios, grandes cosas vienen en mi contra!». La razón por la que siente como si Dios siguiera dormido no es porque lo esté ignorando o porque no tenga interés. Es que Él sabe que usted lo puede manejar. Él no hubiera permitido que eso viniera a su camino si fuera a hundirlo. Él no hubiera permitido esa dificultad si fuera a detener su destino.

Deje de molestarse por las cosas que puede manejar. Deje de perder el sueño por esa situación en el trabajo. Deje de entrar en pánico por ese problema. Dios no lo está ignorando. Él sabía que iba a haber una tormenta antes de enviarlo a usted. Él sigue dormido porque lo está haciendo crecer. Le está enseñando a tener fe en lo de en medio. Si viniera corriendo cada vez que usted tuviera una dificultad, sus músculos espirituales nunca se desarrollarían. Usted realmente nunca aprendería a confiar en Él. Cuando usted está en calma, a pesar de lo que está viniendo en su contra, es una señal de madurez. Esa es una señal de que ha desarrollado fe en lo de en medio. Si Dios no ha cambiado ya la situación y los vientos siguen soplando y las olas siguen ondeando,

> *Cuando usted está en calma, a pesar de lo que está viniendo en su contra es una señal de madurez. Esa es una señal de que ha desarrollado fe en lo de en medio.*

tómelo como un cumplido. Eso significa que usted puede manejarlo. No es rival para usted. Usted tiene la fuerza más poderosa del universo de su lado.

No se desaliente por el proceso

Hace años, estábamos haciendo una Noche de Esperanza en el Dodger Stadium en Los Ángeles. Nuestra hija, Alexandra, era una pequeña niña en esa época, y ella vendría al final del programa a cantar. Había miles de personas allí, y estaba siendo transmitido en vivo por televisión. Ella comenzó su canción, pero el micrófono no estaba funcionando adecuadamente. Entraba y se iba unos tres segundos, entrecortándose. Es bastante difícil cantar en un estadio con todo el eco, y ahora no se podía escuchar a sí misma. Ella no sabía qué hacer con tanta confusión en su mente, y con cada voz diciéndole: «¡Detente! ¡Nadie te escucha!». Volteó a ver a la izquierda y podía ver a Victoria sentada en el costado de la plataforma. Todo el tiempo Victoria tuvo una gran sonrisa en su rostro y estaba asintiendo con la cabeza y diciendo: «Sigue adelante, sigue adelante. ¡Vas bien!». Alexandra cantaba otros quince segundos con el micrófono entrecortándose. Y entonces miraba de vuelta y allí estaba Victoria todavía sonriendo y asintiendo con la cabeza. Alexandra terminó toda la canción simplemente porque podía ver a su madre asegurándole que todo iba a estar bien.

Hay veces en la vida en las que el micrófono no funciona. Usted se encuentra a la mitad de su canción. Usted pensó que sería la mejor parte de su vida, pero alguien lo abandonó, el negocio no funcionó o el informe médico no fue bueno. Usted llega a uno de esos días de angustia. Todas las voces le están diciendo que se rinda, que no está funcionando, que nadie lo escucha. Pero si usted ve a través de sus ojos de la fe, verá a su Padre celestial asintiendo con la cabeza, diciendo: «¡Sigue adelante! Estoy en control». Cuando se encuentre en lo de en medio y el micrófono deje de funcionar, la clave es simplemente seguir cantando. Siga haciendo lo correcto.

Cuando se encuentre en lo de en medio y el micrófono deje de funcionar, la clave es simplemente seguir cantando.

Usted no puede controlar todo lo que le sucede. Simplemente sea lo mejor que pueda y confíe en que Dios cuidará del resto. Él no solo es el Dios de la salida, no solo es el Dios de la meta, Él es el Dios de lo de en medio. Él lo tiene en la palma de su mano. Justo ahora, está llevando a cabo su plan para su vida. No se desaliente por el proceso. Quizá se encuentre en el fuego, pero es temporal. Va a vencerlo. Si usted tiene fe en lo de en medio, creo que el Dios de lo de en medio lo va a proteger, le va a proveer y lo va a favorecer. No se quedará atascado en lo de en medio. Él abrirá puertas que ninguno puede cerrar y lo llevará a la plenitud de su destino.

CAPÍTULO TRECE

Anclado a la esperanza

Un ancla suele ser un dispositivo metálico que está atado a un barco o barca con un cable y es echada por la borda para mantener el barco en un lugar en particular. Una vez que el capitán llega a su destino, baja el ancla. En esa manera no va a estar a la deriva ni a terminar donde no quiere estar. Cuando el barco está anclado, puede moverse un poco con las olas y los vientos, pero el capitán no está preocupado. Puede relajarse, porque sabe que ha bajado el ancla.

La Escritura nos dice que la esperanza es el ancla de nuestra alma. Lo que va a mantener su alma en el lugar correcto, lo que va a provocar que usted venza desafíos y que alcance sus sueños es estar anclado a la esperanza. Eso significa que no importa lo que usted enfrente, no importa lo grande que sea el obstáculo, no importa cuánto tiempo este tomando, usted sabe que Dios sigue en el trono. Usted sabe que los planes de Dios para usted son para bien, que Él es mayor que cualquier obstáculo, y que su favor lo está rodeando. Cuando usted está anclado a su esperanza, nada lo puede mover. Los vientos, las olas y las oscuras tormentas de la vida pueden venir, pero usted no está preocupado. Usted ha bajado su ancla.

Usted recibe un informe médico malo, que haría que muchas personas se molesten y se pongan negativas, pero usted no. Usted está anclado a la esperanza. «Sé que Dios está restaurando mi salud». Usted pasa por una pérdida o decepción y sus emociones están tirando de usted hacia la amargura y la depresión. Pero hay algo que lo está manteniendo en su lugar. Usted no lo puede explicar, pero en lo profundo usted escucha esa voz diciendo: «Todo va a estar bien. Dios tiene una corona de belleza en lugar de esas cenizas». Esa es el ancla de la esperanza. Probablemente su sueño parezca imposible. Usted no tiene las conexiones o los recursos, y cada voz le dice: «¡Ríndete! Nunca va a suceder. Estás desperdiciando tu tiempo». La mayoría de la gente tiraría la toalla, pero su actitud es: *Probablemente no vea un camino, pero sé que Dios tiene un camino. Está abriendo puertas que ningún hombre puede cerrar. El favor está en mi futuro.* Cuando usted está anclado a la esperanza, Dios hará que sucedan cosas que usted nunca podría hacer suceder.

> *Cuando la vida no hace sentido, cuando sus oraciones no fueron respondidas, cuando está tomando más de lo que debería, usted tiene que asegurarse de mantener su ancla abajo.*

Pero he aprendido que siempre habrá algo tratando de hacer que levemos el ancla: malos momentos, demoras, decepciones. En estos momentos difíciles, cuando la vida no hace sentido, cuando sus oraciones no fueron respondidas, cuando está tomando más de lo que debería, usted tiene que asegurarse de mantener su ancla abajo. Si la levanta, se irá a la deriva en un mar de duda, desaliento y autolástima. Cuando usted está anclado a la esperanza, es como si estuviera atado a ella. No puede ir muy lejos. Probablemente esté teniendo pensamientos de duda que dicen: «Este problema nunca se va a resolver». Pero su fe se activará: «No, sé que la respuesta ya está en camino». En papel, podría decirle que le llevaría treinta años salir de deudas. Usted podría aceptarlo, pero como está anclado en la esperanza, hay algo en usted que dice: «Sé que Dios lo puede acelerar. Sé que esas bendiciones explosivas vienen en camino». Sus hijos podrían estar descarriados, y no parece como si fueran a cambiar alguna vez. Usted podría desanimarse, pero está atado a la esperanza. Cada vez que vienen esos pensamientos, tratando de hacerlo ir a la deriva, su ancla se activa. «Porque en cuanto a mí y a mi familia, nosotros serviremos al Señor».

Mi pregunta es, ¿ha bajado ya su ancla? ¿Tiene esa esperanza, esa expectativa de que sus sueños se van a cumplir, que va a romper con esa adicción, que su familia va a ser restaurada? ¿O ha levado su ancla y ahora está a la deriva en un mar de duda, de mediocridad y de no esperar nada bueno? Vuelva a bajar su ancla. La Escritura dice: «Ahora bien, la fe es la certeza (sustancia) de lo que se espera». No puede tener fe si primero no tiene esperanza. Usted tiene que creer que lo que Dios puso en su corazón sucederá, que usted logrará sus sueños, que usted conocerá a las personas correctas, que usted vivirá saludable y pleno.

Sea un prisionero de esperanza

En una ocasión, David tenía muchas cosas viniendo en su contra. Se sintió abrumado por la vida. Todo simplemente seguía empeorando. Estaba deprimido y desanimado y había renunciado a sus sueños. Estaba atascado en un lugar bastante tenebroso. Pero entonces finalmente dijo: «¿Por qué estoy desanimado? ¿Por qué está tan triste mi corazón? ¡Pondré mi esperanza en Dios!». Cayó en cuenta de que había permitido que sus circunstancias lo llevarán a levar su ancla de esperanza. Fue como si en realidad dijera: «Voy a bajar de nuevo mi ancla. Voy a esperar en el Señor».

Quizá usted no vea ninguna razón para tener esperanza. No parece como si usted alguna vez se fuera a recuperar, a casarse, a iniciar ese negocio. Usted tiene que hacer como David y esperar en el Señor. No ponga su esperanza en sus circunstancias; quizá no funcionen en la manera que usted espera. No ponga su esperanza en las personas; podrían decepcionarlo. No ponga su esperanza en su carrera; las cosas podrían cambiar. Ponga su esperanza en el Señor, en el Dios que trajo mundos a la existencia con sus palabras, en el Dios que arrojó las estrellas al espacio. Cuando usted tiene su esperanza en Él, la Escritura dice que usted nunca será decepcionado. Quizá tenga algunos reveses temporales, esas cosas suceden, pero cuando todo haya terminado, usted saldrá mejor que antes.

El profeta Zacarías lo dijo en esta manera: «¡Vuelvan, pues, a la fortaleza, prisioneros de esperanza! [...] les devolveré el doble de lo que perdieron». Ser un «prisionero de esperanza» significa que usted no puede alejarse de ella. Está anclado a ella. Usted debería estar desanimado, pero a pesar de todo lo que viene en su contra, usted todavía cree como José que verá realizarse su sueño. Usted debería estar abrumado por el tamaño de los obstáculos que está enfrentando. Goliat se veía más fuerte y más poderoso, pero como David, usted tiene su esperanza en el Señor. Usted sabe que, si Dios está a su favor, nadie se atreverá a estar en su contra. Esa enfermedad que podría parecer como si fuera a ser el final para usted. Usted podría estar preocupado y sentirse estresado, pero usted sabe que nada lo puede arrebatar de la mano de Dios. Su esperanza no está en la medicina, no está en el tratamiento, no está en los profesionales, aunque todas esas cosas son buenas y estamos agradecidos por ellas. Su esperanza está en el Señor, en el Dios que sopló vida en usted. Él es el Dios que hace que los ojos ciegos vean. Él es el Dios que hace que un pastor adolescente derrote a un enorme gigante. Él es el Dios que tomó a José de la oscuridad de la cisterna y lo llevó al palacio. Él es el Dios que sanó a mi madre de cáncer terminal. Le estoy pidiendo que mantenga su ancla abajo. Mantenga su esperanza en el Señor.

> *«¡Vuelvan, pues, a la fortaleza, prisioneros de esperanza! [...] les devolveré el doble de lo que perdieron».*

Cuando usted se encuentra siendo consumido por la preocupación, lleno de duda, pensando que nunca va a funcionar, reconozca lo que ha sucedido: usted ha levado su ancla. Las buenas noticias son que usted puede volverla a bajar. Deje de morar en los pensamientos negativos:

Nunca vas a mejorar. Jamás saldrás de deudas. Nunca conocerás a la persona indicada. Dele la vuelta y diga: «Padre, te agradezco que la respuesta viene en camino. Gracias por que la sanidad viene, la bendición viene, la libertad viene, el favor viene, la victoria viene». Eso no es solamente ser positivo: eso es mantener su ancla abajo.

Espere en fe

Esto fue lo que hizo Abraham. Cuando Dios le dio un a promesa de que él y su esposa, Sara, iban a tener un bebé, ella tenía unos setenta y cinco años. Era imposible. Nunca había sucedido antes. Abraham podría haberlo descartado y pensado: *Seguramente escuché mal a Dios.* Estoy seguro de que sus amigos le dijeron: «Abraham, eres un anciano. ¿Realmente crees que Sara va a tener un bebé a su edad?». Podría haberse convencido a sí mismo de olvidarlo, pero la Escritura dice: «Aun cuando no había motivos para tener esperanza, Abraham siguió teniendo esperanza porque había creído». Algunas veces no hay una razón lógica para tener esperanza. El informe médico decía que mi madre nunca se recuperaría. Todos los expertos decían que nunca obtendríamos el Compaq Center. Nuestros oponentes eran mucho más grandes y tenían más recursos. Quizá haya muchas razones por las que su situación nunca vaya a funcionar. Pero usted tiene que hacer como Abraham: en contra de toda esperanza, espere en fe. No leve su ancla; no se deje convencer de

> *«Aun cuando no había motivos para tener esperanza, Abraham siguió teniendo esperanza porque había creído».*

olvidarlo. No está limitado por lo natural. Es un Dios sobrenatural. Sara tenía más de noventa años cuando dio a luz un hijo. La promesa se cumplió, pero esperaron durante quince años o más. No sucedió de la noche a la mañana. Hubo una gran cantidad de veces en las que fueron tentados a pensar: *Ya pasó mucho tiempo. Nunca va a suceder. Estamos demasiado viejos.* Si hubieran creído esas mentiras, se hubieran ido a la deriva a un mar de duda y desánimo, y nunca habrían visto cumplirse la promesa.

¿Se encuentra usted a la deriva en un mar de duda, preocupación y negatividad? Le estoy pidiendo que baje su ancla. Levante su esperanza. Solo porque la promesa no se haya cumplido no significa que no vaya a suceder. Usted probablemente haya tenido malos momentos como José, pero eso no significa que no vaya a cumplir con su destino. Si no fuera a cooperar para su bien, Dios no lo habría permitido. Sacúdase la autolástima, sacúdase la decepción. Dios todavía va a hacer realidad lo que le prometió.

Una joven que conozco creció en nuestra iglesia. Ella y su marido querían tener un bebé. Trataron y trataron y pasaron por todos los tratamientos de fertilidad, sin éxito. Pasaron un año tras otro. Cuando mi padre se fue con el Señor y me hice pastor, ella era la cabeza de nuestro departamento de niños. En ese tiempo ella ya había estado creyendo para tener este bebé por más de veinte años. Estábamos en una junta acerca del ministerio de niños y ella hizo el comentario: «Tengo una buena asistente entrenada, porque cuando tenga a mi bebé, voy a estar fuera un tiempo». Yo pensé que me había perdido de algo. Nadie me había dicho que estaba embarazada.

Después le pregunté a mi hermana, Lisa, si esta señorita iba a tener un bebé. Ella dijo: «No, ella solo está creyendo en tener uno». Ella habló como si el bebé ya viniera en camino. Ella no dijo: «Si tengo un bebé»; ella dijo: «Cuando tenga mi bebé». ¿Qué fue eso? Ella estaba anclada a la fe.

Yo pensé para mí mismo, siendo el gran hombre de fe que soy: *Has estado creyendo por un bebé durante veinte años. Es momento de seguir adelante. Probablemente Dios quiera hacerlo de otra manera. Pudiera ser que debas adoptar.* No deje que otras personas lo convenzan de olvidar lo que Dios ha puesto en su corazón. No los deje convencerlo de levar su ancla. Dios no puso la promesa en ellos; puso la promesa en usted. Por eso es que usted puede tener fe cuando los demás creen que lo que usted está creyendo es imposible. Usted puede creer para obtenerlo a pesar de que les parezca imposible a ellos. Esta joven mantuvo su ancla abajo. Veintinueve años después de que comenzó a creer por un bebé, fue al médico para una revisión, y le dijo: «¡Felicidades, estás embarazada! Y no solo de un bebé; ¡estás embarazada con gemelos!». Eso fue lo que dijo Zacarías: «...prisioneros de esperanza [...] les devolveré el doble de lo que perdieron». Lo que sea por lo que usted esté creyendo podría tomar mucho tiempo, pero Dios va a terminar lo que empezó. Él no aborta sueños. Mantenga su ancla abajo.

La vida diaria puede llevarlo a ir a la deriva

Cuando era niño, nuestra familia solía ir a Galveston. No podía esperar meterme al agua y jugar en las olas. Encontrábamos un lugar para nuestras toallas y zapatos en la playa, entonces corríamos y comenzábamos a divertirnos en el agua. Después de un par de horas cuando estábamos listos para tomar un descanso, mirábamos a nuestro alrededor para encontrar nuestras toallas, caíamos en cuenta de que estábamos a un par de cientos de yardas (o de metros) de distancia de la playa donde habíamos comenzado. No nos habíamos dado cuenta de que todo el tiempo nos habíamos estado alejando lentamente. La Escritura describe a la esperanza como el ancla de nuestra alma. No diría «ancla» a menos de que existiera la posibilidad de ir a la deriva. Esto es lo que sucede en la vida. Si no mantenemos abajo nuestra ancla y nos mantenemos llenos de esperanza, entonces poco a poco comenzamos a ir a la deriva, poniéndonos negativos y desanimándonos. «No creo que vaya a tener un bebé. Ha pasado mucho tiempo». «Nunca me voy a recuperar». «Nunca voy a conocer a la persona indicada». El problema es que usted no ha bajado su ancla.

Cuando usted no está anclado a la esperanza, puede tener circunstancias negativas, pero no está preocupado porque usted sabe que Dios está peleando sus batallas. Usted probablemente no ve la manera en que su sueño pueda hacerse realidad, pero no usted no se rinde. Usted sabe que Dios está tras bastidores arreglando las cosas a su favor. Quizá haya tenido una decepción, pero no se amarga. Usted sabe que por la noche durará el lloro, y a la mañana vendrá la alegría. *Estar anclado a la esperanza* no significa que no tendrá dificultades; significa que cuando esas dificultades vengan, usted no se irá a la deriva. Nada lo moverá. Seguro que habrá olas, vientos y mareas cambiantes, pero usted es consistente; su esperanza está en el Señor.

Lo interesante es que cuando estábamos en la playa, no fue una gran tormenta o un huracán u olas inmensas lo que nos hizo alejarnos. Fue simplemente el movimiento normal del océano. Si no tiene su ancla abajo, las corrientes normales de la vida van a hacer que usted se aleje. No se requiere una enfermedad importante, un divorcio, un despido para alejarse; simplemente la vida diaria lo hace. Probablemente usted no se dé cuenta, pero se ha ido a la deriva a ese lugar tenebroso de duda. Usted ya no está creyendo en que sus sueños se cumplirán. Usted solía estar emocionado por sus sueños, pero ha pasado tanto tiempo que ha perdido su pasión. Probablemente se ha alejado hacia la amargura porque pasó por un mal momento, una persona le hizo mal. Usted solía ser amoroso y amable, pero ahora es agrio y no es una compañía agradable. Usted solía creer que Dios está en control, solía saber que Él estaba cuidando de usted, pero levó su ancla y se fue a la deriva hacia las aguas de la preocupación. Ahora todo el tiempo se siente estresado. Las buenas noticias son que usted puede volver a donde se supone que debe estar. Usted puede bajar esa ancla de esperanza y comenzar a creer de nuevo, a empezar a esperar su bondad y bendiciones.

Si no tiene su ancla abajo, las corrientes normales de la vida van a hacer que usted se aleje.

La vida es demasiado corta para que usted la pase a la deriva, sintiéndose negativo, desalentado y sin pasión. Levante su esperanza de nuevo. Si usted no tiene una expectativa en su espíritu de que algo bueno viene, limitará lo que Dios pueda hacer. El apóstol Pablo le dijo a Timoteo que avivara sus dones. Usted tiene que avivar la esperanza. Si no lo hace, se irá a la deriva en un mar de autolástima, preocupación y desánimo. «Bueno, Joel, si Dios es bueno, ¿por qué no se han cumplido mis sueños? ¿Por qué pasé por este mal momento?». Porque usted tiene un enemigo que está tratando de evitar que usted llegue a su destino. Pero esta es la clave: las fuerzas que están a su favor son mayores que las fuerzas que están en su contra. No permita que lo que le suceda, grande o pequeño, lo lleve a levar anclas. Si usted mantiene su esperanza en el Señor, Dios lo llevará a donde se supone que deba estar.

Corte cualquier ancla de negatividad

Esto no se trata solamente de ser positivo. Tener esperanza se trata de que su alma esté anclada a lo correcto, porque si usted no está anclado a la esperanza, con el tiempo se va a anclar a algo más. Usted se puede anclar al desánimo, y esa será, entonces, su configuración predeterminada. Usted se despertará desanimado y verá todo con una perspectiva contaminada. Todo será agrio. Porque está anclado a lo incorrecto. Conozco personas que están ancladas a la amargura. Están tan enfocadas en quién los lastimó y en lo que no fue justo que la amargura ha envenenado toda su vida. Usted puede anclarse a la autolástima e ir por allí con un resentimiento, siempre pensando en lo injusta que ha sido la vida. No estoy minimizando lo que sucedió. Es probable que usted tenga una buena razón para sentirse así. Simplemente estoy diciendo que estar anclado a cualquiera de esas cosas lo va a mantener lejos de su destino. Va a llevarlo a perder su propósito. Es momento de cortar esa ancla y acercarse a la esperanza. Dios no sopló su vida en usted, lo coronó de favor y le dio una capa real para para que pudiera ir por allí anclado a la duda, el temor y la amargura. Lo creó para estar anclado a la esperanza, para salir cada día esperando su bondad, creyendo que los días que vienen son mejores que los que quedan atrás.

Cuando enfrente dificultades, mantenga la perspectiva correcta. Una dificultad no está allí para derrotarlo; está allí para promoverlo. David podría haber visto a Goliat y haber pensado: *Qué barbaridad, nunca lo voy a derrotar. Es el doble de mi tamaño.* No tengo oportunidad. Si David hubiera levado su ancla de esperanza, no estaríamos hablando de él. Goliat no fue enviado a detener a David; fue enviado a promoverlo. Lo que usted está enfrentando no tiene el propósito de retenerlo; tiene el propósito de impulsarlo hacia adelante. En lugar de ser negativo y decir: «Dios, ¿por qué está sucediendo esto? ¿Cómo es que siquiera va a funcionar?», manténgase anclado a la esperanza. «Dios, no veo un camino, pero mi esperanza está en ti. Sé que lo tienes todo ya pensado, y que me llevarás a donde se supone debo estar».

La Escritura dice: «La esperanza que se demora enferma el corazón». Si usted no tiene esperanza de que el problema cambie, si no espera que el sueño vaya a funcionar, que la nueva casa está en su futuro, o que su bebé está en camino, entonces su corazón, su espíritu, se van a enfermar. Cuando usted no tiene esperanza, no es positivo o no está esperando la bondad de Dios, algo está mal en el interior. Incluso físicamente, cuando nos sentimos estresados y agotados, nuestro sistema inmune se debilita. No combatimos la enfermedad como deberíamos. Por su salud, mantenga el ancla de la esperanza abajo. Todos pasamos por épocas en la vida en las que las cosas no son emocionantes. Es fácil ponerse melancólico y perder nuestro entusiasmo. Eso es parte de las corrientes normales de la vida. Nadie vive en la nube nueve con todo perfecto y emocionante todos los días. Parte de la buena batalla de la fe es mantenerse esperanzado en las temporadas secas. Cuando esté tomando mucho tiempo, mantenga una sonrisa en su rostro y a lo largo del día diga: «Gracias, Señor, que tienes preparadas cosas buenas». «Joel, ¿y sí hago eso y no pasa nada?». ¿Y qué pasaría si lo hace y algo sucede? Prefiero estar anclado a la esperanza que a la duda, la preocupación y la negatividad. Lo único que va a lograr eso es atraer más derrota.

Una vez un amigo de la escuela media-superior me invitó a pescar con él y su papá. Nos metimos a su bote y condujimos como una hora para alejarnos de la costa y pescamos la mayor parte de la mañana. Cuando habíamos terminado y estábamos listos para regresar a casa, me pidió que leváramos el ancla. Tiré y tiré, pero no podía subirla. Su padre vino y tiramos juntos, pero no se movió nada. Mi amigo encendió el motor, un motor grande y poderoso, comenzó a avanzar con mucha lentitud, tratando de forzarla a soltarse. El ancla seguramente estaba atrapada debajo de un árbol grande o de una roca, porque cuando trató de avanzar más, el ancla tiró del bote y casi lo voltea. Giró el boté hacia el lado opuesto para tratar de tirar de ella en una manera distinta, pero sucedió lo mismo. Finalmente, su padre sacó su cuchillo grande y dijo: «Esto es todo lo que podemos hacer». Y cortó la línea. Dejamos el ancla en el océano. A mi amigo no le gustó perder su ancla, pero la alternativa era quedarnos atorados en el golfo.

Algunas veces estamos anclados a cosas que no nos dejan ir fácilmente. Si usted ha estado anclado al desánimo, anclado a la preocupación o al pesimismo por mucho tiempo, probablemente tenga que hacer lo que hizo el papá de mi amigo y cortar la línea, por decirlo así. El enemigo no quiere que usted sea libre. Él no quiere que usted esté anclado a la esperanza. Quiere que pase por la vida sintiéndose agrio, desanimado y en duda. Es tiempo de cortar algunas líneas. Es tiempo de decir: «Este es un nuevo día. He estado anclado a esta basura suficiente tiempo. Ya tuve suficiente del pesimismo y la amargura, de vivir sin pasión y sin expectativa. Estoy cortando esas líneas, y me estoy anclando a la esperanza». Usted tiene que tener la perspectiva correcta cuando los tiempos oscuros se extienden. Esa enfermedad no lo puede derrotar. Esa adicción es solamente temporal. Las oportunidades correctas están en su futuro. Quizá haya tenido algunas decepciones, y la vida le haya repartido una mano difícil, pero no puede detener su destino. Las probabilidades podrían estar en su contra, pero el Dios altísimo está a su favor. Cuando usted está anclado

Si usted ha estado anclado al desánimo, anclado a la preocupación o al pesimismo por mucho tiempo, probablemente tenga que hacer lo que hizo el papá de mi amigo y cortar la línea, por decirlo así.

a la esperanza, Él se mostrará en su vida en maneras que nunca ha imaginado.

Mantenga su ancla abajo

Conozco a un joven llamado Owen que tiene quince años. Su familia asiste a nuestra iglesia. Una de sus cosas favoritas era jugar baloncesto. Siempre era uno de los mejores jugadores de su equipo. Su sueño era obtener una beca para jugar en el colegio universitario. Él y su padre estaban viendo el Draft 2014 de la NBA por televisión. Había un jugador destacado de Baylor llamado Isaiah Austin quien había sido proyectado para irse en la primera ronda, pero unas semanas antes del «draft» descubrió que tenía una enfermedad mortal llamada síndrome de Marfan. Es un trastorno genético que debilita los tejidos conectivos del cuerpo. Las complicaciones más serias involucran al tejido que mantiene unidos los músculos del corazón y los vasos sanguíneos para que el cuerpo pueda crecer y desarrollarse. Si no se trata, puede ser fatal con facilidad. Es sumamente peligroso jugar deportes de alta energía si se tiene este síndrome. A Isaiah Austin le concedieron una selección ceremonial en el «draft» esa noche, y los comentaristas dieron muchos datos descriptivos de la enfermedad que había terminado con su carrera.

El padre de Owen reconoció los mismos síntomas en Owen. Llevó a Owen al médico, y también fue diagnosticado con el síndrome de Marfan y se le dijo que nunca podría volver a jugar baloncesto. Su cuerpo no lo podría soportar. Algunas veces la vida no parece justa. Owen podría haber cortado la línea de su ancla de esperanza, renunciado a su sueño y vivir agrio y amargado. Pero Owen sabía que esa decepción no era una sorpresa para Dios. Su padre dijo que cuando se le dijo el diagnóstico a Owen, lloró unos treinta segundos, pero luego dijo: «Papá, solamente tengo trece años. Todavía puedo llegar a ser un entrenador o un árbitro o incluso trabajar para la NBA». Entonces Owen decidió que quería ayudar a otros muchachos como él, así que comenzó a tener eventos para recaudar fondos. En febrero de 2016 recaudó $140,000 dólares. ¡Yo dije que este joven necesitaba venir a trabajar para nosotros! Owen dice: «Usted puede hacerlo su excusa, o puede hacerlo su propósito».

«Usted puede hacerlo su excusa, o puede hacerlo su propósito».

Recientemente Owen tuvo que tener una cirugía a corazón abierto, un procedimiento bastante serio para arreglarle unas válvulas en su corazón que estaban demasiado grandes. Si seguían creciendo, explotarían como un globo y le provocarían la muerte instantáneamente. Uno de los mejore cirujanos para el síndrome de Marfan en el mundo vive aquí en Houston y lo operó. Un día después de la cirugía, Owen salió de cuidados intensivos, y una semana después salió del hospital. Un mes después, ya estaba de vuelta en la iglesia.

Amigo, un mal momento, una decepción, un divorcio o una enfermedad no pueden detenerlo. Cuando la vida le lance una curva no leve su ancla. Haga lo que hizo Owen y siga esperando en fe. Todavía no ha visto sus mejores días. Dios lo tiene en la palma de su mano. Probablemente haya sido pensado para su mal, pero Él lo va a usar para su bien. Si usted se mantiene anclado a la esperanza, lo que ahora es su prueba pronto se convertirá en su testimonio. Al igual que Owen, usted se levantará sobre cada desafío, derrotará a cada enemigo y se convertirá en todo lo que Dios lo creó.

CAPÍTULO CATORCE

Empujado a su propósito

No siempre entendemos por qué nos suceden ciertas cosas. Probablemente un amigo que usted pensó que estaría con usted durante años, alguien con quien contaba, de pronto se fue. Ahora usted tiene que encontrar nuevos amigos. O en el trabajo, usted tenía todo este favor, las cosas iban excelentes, pero ahora hay conflicto, todo es cuesta arriba y usted no lo está disfrutando. Un amigo mío ha sido el gerente de ventas de un gran concesionario de coches que estaba consistentemente rompiendo récords de ventas, pero no hace mucho la agencia fue vendida a una empresa nacional. A su nuevo supervisor no le simpatizaba y lo trataba injustamente. Mi amigo dijo: «Después de todos estos años, nunca soñé que tendría que estar buscando otro trabajo».

Algunas veces Dios nos permitirá estar incómodos durante un periodo oscuro y difícil para poder bendecirnos más tarde. Puede cerrar una puerta, lo cual no nos gusta y no lo entendemos, pero más tarde abrirá una puerta más grande. Nos llevará a un nuevo nivel de nuestro destino. Dios no está tan preocupado por su comodidad como lo está por su propósito. Hay momentos en los que Él sacudirá las cosas: un amigo le hará un mal, el negocio se hará lento, perderá a un ser querido. Dios usará la persecución, el rechazo y la pérdida; nos fuerza a cambiar. Su meta no es hacer nuestra vida miserable; nos está empujando a nuestro propósito.

No toda puerta cerrada es algo malo. No cada vez que una persona se aleja de nosotros es una tragedia. Dios sabe que no podemos avanzar sin un empujón. Cuando todo va bien estamos cómodos. No queremos estirarnos o encontrar una nueva amistad o desarrollar nuevas habilidades. Dar un paso hacia lo desconocido puede ser atemorizante. ¿Y si no funciona? Quizá no nos guste, pero si Dios no hubiera cerrado esa puerta, nos habríamos conformado con quedarnos donde estábamos. Dios nos ama demasiado como para permitir que su destino se pierda. Usted tiene demasiado potencial, demasiado talento, demasiado en usted para que se quede atorado donde está. Él lo va a poner en situaciones que lo harán estirarse, lo harán crecer, abrir sus alas.

> *Usted tiene mucho potencial, demasiado talento, demasiado en usted para quedarse atorado donde está.*

Ninguna de las dificultades por las que ha pasado, ninguno de los malos momentos que ha experimentado y ninguna de las veces que alguien lo haya lastimado han tenido el propósito de detenerlo. Tenían el propósito de empujarlo, de estirarlo, de hacerlo madurar, de fortalecerlo. Depositaron algo dentro de usted. Lo hicieron quién es usted hoy. Usted no estaría preparado para los nuevos niveles si no hubiera pasado por lo que pasó. No se queje acerca de la persona que le hizo mal, el ser querido que perdió o el trabajo que no funcionó. Todo eso era parte del plan de Dios. Cuando usted enfrente una dificultad, algo que usted no entienda; en lugar de desanimarse, en lugar de quejarse, tenga una nueva perspectiva: *No está aquí para derrotarme; está aquí para promoverme. Probablemente no me guste, y quizá me incomode, pero sé que Dios lo está usando para impulsarme a un nuevo nivel, para empujarme a una influencia mayor, para llevarme a mi propósito.*

Una puerta cerrada significa que se abrirá una nueva puerta

Cuando veo hacia atrás en mi vida puedo ver los momentos cardinales cuando realmente crecí, los momentos en los que subí a un nuevo nivel. El denominador común fue que fui empujado. En el momento no me gustó, y fue incómodo. Quería quedarme donde estaba. No lo habría podido hacer por mi cuenta. Dios tuvo que cerrar las puertas y forzarme a dar pasos de fe. Me empujó hacia mi propósito.

Cuando tenía diecinueve años, regresé de la universidad para comenzar un ministerio televisivo para mi padre en Lakewood. Esa siempre fue mi pasión: la producción de televisión, la edición, las cámaras, etcétera. Era joven y tenía mucho entusiasmo, pero no tenía mucha capacitación. Contratamos a un experimentado productor de televisión que estaba en sus sesentas. Había producido *The Today Show* durante años, y luego se había ido a trabajar en producción al béisbol de la Grandes Ligas. No solo era muy talentoso, sino que también era bastante amistoso. Él y yo congeniamos. Durante un año estuve con él noche y día, y estaba emocionado de estar aprendiendo tanto. Lo observaba durante los servicios mientras dirigía las cámaras y me enseñó cuáles eran los ángulos correctos, cómo era la iluminación correcta y cómo editar. Mientras lo veía tomar todas esas decisiones, yo pensaba: *¿Cómo es que sabe cómo hacer todo eso?* Me asombraba y estaba feliz de tenerlo.

Una mañana, después de un año de haber iniciado, entró y me dijo: «Joel, voy a mudarme de regreso a California. He hecho todo lo que necesitaba hacer. Tú puedes continuar a partir de aquí». Casi me desmayo. Dije: «Tienes que estar bromeando. No puedes irte. ¿Qué vamos a hacer? ¿Quién va a dirigir el programa? ¿Quién lo va a editar?». Él me dijo: «Tú. Tú puedes hacer todo lo que estoy haciendo. Te he entrenado por un año». Le dije que no había forma de que eso pasara. Yo no sabía hacerlo. Le ofrecimos más dinero y más tiempo libre. Le dije: «Puedes vivir en California y venir solo dos veces al mes». Hice lo mejor que pude, pero me dijo: «No, mi tiempo aquí terminó». Yo estaba tan decepcionado. Pensé que era lo peor que podía suceder en el mundo. Oré noche y día: «Dios, por favor hazlo cambiar de opinión. Por favor, no dejes que se vaya. Dios, tú sabes que el ministerio televisivo se va a desmoronar».

Algunas veces estamos orando justo en contra de lo que Dios ha dispuesto, en contra de lo que Él puso en movimiento. El enemigo no cierra todas las puertas. Algunas veces Dios cierra la puerta. Él saca a personas de su vida porque sabe que se van a convertir en una muleta y frenan nuestro potencial. Dios va a causar que una situación se seque para que seamos forzados a cambiar. Mi amigo se fue y volvió a California. Tuve que salir de mi zona de comodidad, estirarme y comenzar a hacer cosas que nunca pensé que podía hacer. Al tomar el desafío, descubrí que no era tan difícil como pensé. Pasó el primer mes y pensé: *No soy tan malo en esto.* Pasaron seis meses y pensé: *Soy bastante bueno en esto.* Pasó un año y pensé: *¿Para qué era que lo necesitábamos?*

Su partida fue un punto de quiebre en mi vida. Dios usó eso para empujarme a mi destino. Aunque yo estaba incómodo, era lo mejor que me podía haber sucedido. Si se hubiera quedado, hubiera detenido mi crecimiento. Yo no sería hoy quién soy si Dios hubiera respondido mi oración. Deje de estar triste por alguien que se fue. Si lo dejaron, terminó su tiempo. Entre en la nueva temporada. Si la puerta se cerró y pasó por una decepción, no esté por allí quejándose. La puerta cerrada significa que usted está a punto de ser impulsado a su propósito; está a punto de ver nuevo crecimiento, nuevos talentos, nuevas oportunidades.

La puerta cerrada significa que usted está a punto de ser impulsado a su propósito; está a punto de ver nuevo crecimiento, nuevos talentos, nuevas oportunidades.

Fuera de su zona de comodidad

El profeta Samuel había pasado años siendo mentor del rey Saúl cuando era joven y lo amaba como a un hijo. Pero Saúl no hizo lo correcto como rey, y Dios le dijo a Samuel que le iba a quitar el trono a Saúl. Samuel se desanimó y sintió como si hubiera desperdiciado todo ese tiempo. Dios le dijo a Samuel: «Ya has hecho suficiente duelo por Saúl. Lo he rechazado como rey de Israel». Dios nos está diciendo: «Deja de estar deprimido por quien se fue de tu vida. Deja de agriarte por lo que no funcionó». Si tuvieran que estar allí ellos todavía estarían allí. Dios le dijo a Samuel: «Llena tu frasco con aceite [...] Busca a un hombre llamado Isaí [...] he elegido a uno de sus hijos para que sea mi rey». Observe el principio: si usted deja de desanimarse por el que se fue, las personas correctas llegarán. Pero eso no sucederá si usted se sigue quejando de los Saules de su vida y de lo que no funcionó. Si yo hubiera dicho: «El productor de televisión veterano me dejó, y yo no puedo hacer esta producción por mi cuenta», eso me habría hecho atascarme. Cuando usted acepta lo que ha sucedido y sigue adelante, no solo es lo que lo va a empujar a un nuevo nivel, sino que los David se van a presentar. La gente que usted necesita estará allí para cada temporada de su vida.

Durante diecisiete años yo hice la producción de televisión. Yo pensé que así era como yo pasaría el resto de mi vida. Me encantaba hacerlo. Yo estaba contento. Pero cuando mi padre se fue con el Señor de nuevo fui forzado a cambiar. Dios cerró otra puerta en mi vida. En el Antiguo Testamento, Job dijo: «Entonces pensaba: "En mi nido moriré"». Estaba diciendo que tenía su nido arreglado, tenía su casa justo como la quería y tenía un negocio exitoso. Las cosas estaban saliendo excelentes. Finalmente estaba cómodo, pero ¿qué sucedió? Dios excitó su nidada. Dios no trae los problemas, pero Él permite las dificultades para empujarnos a nuestro destino. Job pasó por todo tipo de desafíos. Casi de la noche a la mañana perdió su salud, sus hijos y su negocio. Si la historia terminara aquí, sería un final triste. Pero Job entendió este principio. A pesar de todas las dificultades, dijo: «Yo sé que mi Redentor (Defensor) vive». Estaba diciendo: «Sé que Dios sigue en el trono, y que Él tiene la última palabra. Este problema no me va a derrotar; me va a impulsar». Al final Job terminó con lo doble de lo que había tenido antes. Cuando usted llega a estar cómodo y piensa que tiene la vida organizada, como le pasó a Job y a mí, no se sorprenda si viene Dios y agita las cosas. No es para dañarlo; es para impulsarlo. Dios tiene nuevos niveles en su destino, más influencia y más recursos para usted. Su sueño para su vida es mayor de lo que usted se imagina.

Yo sabía que se suponía que yo debería pastorear la iglesia. Pero al igual que con la producción, no creía que pudiera hacerlo. No tenía el entrenamiento ni la experiencia. Mi padre había tratado de ponerme al frente durante años, pero yo estaba cómodo tras bastidores. Ya no tenía que estirarme; podía hacer la producción dormido. Al igual que Job, pensé que moriría en mi nido, pero cuando mi padre se fue a estar con el Señor, fue como si todo el proceso comenzara de nuevo. Esa pérdida me empujó fuera de mi zona de comodidad, me impulsó a descubrir nuevos talentos, me condujo a una mayor influencia. Cada vez que he visto un crecimiento importante en mi vida, cada vez

Cada vez que he visto un crecimiento importante en mi vida, cada vez que he entrado en un nuevo nivel, sucedió porque fui empujado a hacerlo.

que he entrado en un nuevo nivel, sucedió porque fui empujado a hacerlo. Tuvo que ver con adversidad, pérdida y decepción. Quizá usted se encuentre en una situación en la que podría desanimarse fácilmente: perdió a un ser querido, pasó por un rompimiento, su negocio no funcionó. El enemigo quizá lo haya pensado para mal, pero Dios lo va a usar a su favor. Dios no lo habría permitido si fuera a detenerlo. Lo permitió para que pudiera empujarlo. Al igual que con Job, va a sacarlo incrementado, promovido, fortalecido, más sabio y mejor de lo que era antes. Esa enfermedad lo va a empujar en su propósito. Ese mal momento va a empujarlo a algo mayor. Esa traición lo va a empujar a una nueva felicidad.

El dolor es una señal de usted está a punto de dar a luz algo nuevo. Entre mayor sea la dificultad, se encuentra más cerca del nacimiento. Es fácil pensar que una pérdida es el fin, pero usted descubrirá que lo va a hacer nacer a un nuevo nivel de su destino, así como la pérdida lo hizo por mí. La decepción, la persecución o la traición pueden ser dolorosas, y probablemente a usted no le guste, pero si se mantiene en fe, lo va a promover. No estaría donde estoy hoy si Dios no se hubiera llevado a ese hombre y me hubiera empujado cuando tenía veinte años. No estaría liderando la iglesia hoy si Él no me hubiera empujado cuando mi padre murió en 1999. Eso fue difícil, pero Dios no desperdicia el dolor. El dolor es una señal de nuevo nacimiento.

La nidada será excitada

Steve Jobs fue una de las mentes más brillantes de nuestra generación. A los veintiún años, cofundó Apple Computer con Steve Wozniak. Para el tiempo en que cumplió veintitrés era increíblemente exitoso y conocido alrededor del mundo. Pero a los treinta años, después de crear su marca global y de desarrollar tantos productos grandiosos, entró en conflicto con su junta de directores y finalmente fue echado de la empresa que inició. Les dijo a sus amigos lo traicionado que se sentía y lo mal que estaba. Pero no se sentó por allí teniendo lástima de sí mismo pensando en lo que no funcionó. Salió y comenzó otra empresa y aprendió nuevas habilidades. Esta nueva empresa creó algo que Apple necesitaba. Era tan exitosa que Apple la compró y trajo de vuelta a Steve Jobs a Apple como director general, y se le da el crédito de revitalizar la empresa. Él dijo: «Haber sido despedido de Apple fue lo mejor que me podría haber sucedido. Me liberó para entrar en uno de los periodos más creativos de mi vida».

Esa traición no fue enviada para detenerlo; fue enviada para empujarlo. No se queje de quién le hizo mal y de lo injusto que fue. Si fuera a evitar que usted llegue a su destino Dios no lo habría permitido. Sacúdase la autolástima y prepárese para que se abran nuevas puertas, nuevas oportunidades, nuevas habilidades, nuevas amistades. Moisés dijo: «Como águila que revolotea sobre el nido y anima a sus polluelos a volar, así el Señor extendió sus alas». Cuando las cosas se están agitando en su vida, cuando las cosas se vuelven incómodas y no salen como usted espera —se cierra una puerta, un amigo lo traiciona— no piense: *Bueno, es lo que me tocó. Nunca recibo buenas oportunidades.* Voltéelo y diga: «Dios, sé que estás en control y que tú estás agitando las cosas, porque estás a punto de abrir puertas nuevas, estás a punto de llevarme a un nivel más alto, estás a punto de empujarme a mi propósito».

Yo estuve en la habitación del hospital cuando Victoria dio a luz a nuestros dos hijos. Yo estaba a un lado de la cama, y ella estaba tomada de mi brazo. Cuando tenía una contracción era muy doloroso para ambos. Ella apretaba mi brazo fuertemente, y cuando finalmente gritaba, yo también gritaba. Entre más fuerte era el dolor, estaba más cerca de dar a luz. En cierto punto el médico le dijo: «Cuando tengas una contracción, quiero que pujes». Ella no tenía que pujar hasta que el canal del nacimiento estuviera abierto y el bebé estuviera listo para llegar. De la misma forma, cuando usted está siendo empujado, significa que la puerta está abierta. Algo nuevo viene: nuevos niveles, nueva influencia, nuevo crecimiento. Dios no estaría empujándolo si la puerta estuviera cerrada y no hubiera nada bueno preparado. Los médicos no les dicen a las mujeres que entran en labor de parto: «Puje cuando tenga ganas de hacerlo. Eso no hace ningún bien. Tienen que esperar el momento correcto. Cuando usted esté siendo empujado, no se desanime. Más bien, aliéntese; es el momento correcto. Prepárese, porque algo bueno viene en camino.

Cuando sea empujado, no se desanime. Más bien, aliéntese; es el momento correcto. Prepárese, porque algo bueno viene en camino.

Considere que mientras el pequeño bebé está en el vientre durante nueve meses, todo está bien. Está cómodo. No tiene nada que hacer. Recibe su alimento de su madre, es cargado todo el día y duerme cuando quiere. Está calmado y en paz. La vida es buena. Durante una temporada eso es saludable. Está creciendo y desarrollándose. Allí es donde se supone que debe estar. Pero si se queda en el vientre demasiado tiempo, en lugar que el vientre sea una bendición, será una carga. En cierto punto, le va a quedar demasiado pequeño y lo va a detener de su destino y va a limitar su potencial. Tiene que salir. Cuando pasa por el canal del parto, está apretado, incómodo y es traumático. Todo lo que ha conocido hasta este punto es paz, estar acostado, que todo se lo hagan. De pronto es como si se armara un desastre. Él piensa: *¿Qué se supone que está haciendo Mamá? ¿Se volvió loca? ¿Qué no me ama?* Está siendo empujado, apretado, presionado, luego más y más, y más, y finalmente sale y nace. Respira nueva vida y entra a un nuevo nivel.

Es el mismo principio con nosotros: cuando las cosas se ponen apretadas, cuando estamos incómodos y sentimos presión, es fácil pensar: *¿Qué está pasando? Estaba tan apacible. Quiero volver a como estaba todo.* Pero si usted se queda en el vientre, ese lugar protegido, demasiado tiempo, no será una bendición; será una maldición. Evitará que usted llegue a ser lo que fue creado ser. Dios controla el universo. Sabe qué es lo mejor para usted Si está siendo empujado es porque una puerta está abierta. Dios tiene algo mayor en su futuro, y usted está a punto de pasar a un nuevo nivel. Está a punto de conectarse con dones y talentos que usted no sabía que tenía. Puede ser que sea incómodo, pero no se queje. Dios lo está estirando, lo está agrandando. Usted está a punto de ver un nuevo crecimiento, nuevos talentos, nuevas oportunidades.

Un empujón hacia abajo es un empujón hacia arriba

Como le mencioné en el capítulo siete, mi padre pastoreó una iglesia denominacional durante muchos años. En cierto punto comenzó a decirle a su congregación que Dios quería que ellos vivieran una vida victoriosa, vencedora. Este nuevo mensaje no cabía en su tradición. Algunos de sus amigos de toda la vida, personas que mis padres habían conocido durante treinta años, les dieron la espalda y comenzaron a hacer problemas y a decir que necesitaban irse. Mi padre estaba devastado. Pensó: *Le he dado mi vida a esas personas. Dios, ¿por qué me está sucediendo esto?* Pero el hecho es que Dios es el que lo estaba animando a volar. Dios sabía que mi padre nunca alcanzaría todo su potencial en ese ambiente limitado. Se sintió como una enorme decepción, pero tras bastidores, Dios lo estaba orquestando todo. Dios no lo estaría empujando si no tuviera otra puerta abierta.

Mi padre renunció a esa iglesia sintiéndose rechazado y traicionado. Pero no se hundió en la autolástima ni iba por allí hablando de lo mala que era la vida. Él entendió este principio: estaba siendo empujado a su propósito. Cayó en cuenta de que el mismo Dios que abre puertas, cierra puertas. Salió y comenzó Lakewood Church con noventa personas en 1959, y aquí estamos hoy y seguimos firmes. Si esas personas no hubieran estado en su contra, nunca habría alcanzado su más alto potencial. No se moleste con las personas que le hacen mal, lo traicionan o lo dejan fuera. Dios usa a la gente para empujarlo a donde se supone que debe estar. Sin ellos usted no podría cumplir con su destino. Quizá piensen que lo están empujando hacia abajo, pero de lo que no se dan cuenta es de que lo están empujando hacia arriba.

La Escritura dice: «Ese día comenzó una gran ola de persecución que se extendió por toda la iglesia de Jerusalén [...] Felipe, por ejemplo, se dirigió a la ciudad de Samaria». No dice que Felipe oró al respecto y que decidió que iba a ir a Samaria. No tenía opción. La persecución lo forzó a salir de su ciudad en Jerusalén. Fue empujado fuera de su zona de comodidad. Lo interesante es que anteriormente en Jerusalén, Dios había derramado su Espíritu sobre los creyentes en el aposento alto. El mismo Dios que les mostró esa gran señal podría haberse encargado de la persecución. Dios podría haber detenido la oposición. Cerró las bocas de los leones hambrientos por Daniel. No podría haber sido la gran cosa, pero la persecución tenía un propósito. La oposición era parte del plan de Dios para empujarlos a su destino. Fue en Samaria que Felipe vio los mayores días de su ministerio. Si se hubiera quedado en Jerusalén, nunca habría alcanzado todo su potencial. Probablemente haya sido empujado a salir de Jerusalén, digamos, a través de un mal momento, una decepción, una traición. No se desanime. Jerusalén quizá se cerró, pero Samaria está a punto de abrirse. Dios

No se desanime. Jerusalén quizá se cerró, pero Samaria está a punto de abrirse.

no lo estaría empujando si no tuviera ya otra puerta abierta.

Un amigo mío estaba trabajando en un empleo, pero no se sentía satisfecho. Sabía que ya había crecido más de lo que podía hacer allí. Tenía mucho más en Él, pero tenía miedo de dar un paso de fe. Este hombre es una de las personas más amables que usted conocerá alguna vez, muy bondadoso, fácil de llevarse con él. Es un empleado modelo, siempre llega quince minutos antes y nunca rompe las reglas. Me llamó un día y me dijo: «Joel, no vas a creer lo que acaba de suceder». Le dije: «¿Qué?». Me dijo: «Me acaban de despedir». Yo dije: «¡Te despidieron!». Era como decir: «¡La Madre Teresa acaba de asaltar un banco!». Era tan difícil de creer. Pero Dios lo amaba demasiado como para dejarlo quedarse en la mediocridad. Dios sabe cómo hacerlo salir de su zona de comodidad. Él abrió la puerta; Él puede cerrar la puerta. Si no entendemos la señal, Él nos va a empujar. Hoy ese hombre es vicepresidente de una empresa importante. Sigue levantándose más alto. No se queje de las puertas cerradas. Ese es Dios empujándolo. No se desaliente por el contratiempo. Si Dios no lo fuera a usar para su bien, no lo habría permitido.

Pase por el proceso

En la Escritura, Dios le dijo al apóstol Pablo que iba a comparecer delante de César. Iba en un barco dirigido hacia Roma cuando encontraron una tormenta inmensa. Los vientos eran tan fuertes que finalmente hicieron encallar la nave. El barco se rompió debido a las olas tan violentas, y todos los que estaban a bordo de la nave tuvieron que nadar a una pequeña isla llamada Malta. Parecía como si los planes de Pablo no hubieran funcionado. Era un revés, una decepción, pero esa tormenta no detuvo el plan de Dios; era parte del plan de Dios. Llevó a Pablo a su propósito. En esa isla el padre del funcionario principal estaba muy enfermo. Pablo oró por él y el hombre sanó. Le trajeron a otras personas enfermas, y ellos también fueron sanados. Pablo terminó compartiendo su fe con la gente de toda la isla, y muchos vinieron a conocer el Señor.

¿Qué estoy diciendo? Dios va a usar los vientos que estaban pensados para mal para empujarlo a su destino. Quizá no lo comprenda, probablemente sea incómodo, pero mantenga la actitud correcta. Esa tormenta no lo va a derrotar; lo va a promover. La tormenta lanzó a mi padre de un ambiente limitado a una iglesia que tocó al mundo. Llevó a mi amigo de un trabajo donde no estaba usando sus dones a la vicepresidencia de una empresa grande. Me condujo de estar tras bastidores a la posición en la que estoy ahora. Usted está siendo empujado por una razón. Hay algo más grande, algo mejor, algo más gratificante frente a usted.

Esa tormenta no lo va a derrotar; lo va a promover. La tormenta lanzó a mi padre de un ambiente limitado a una iglesia que tocó al mundo.

Usted tiene que estar dispuesto a pasar por el proceso. Cuando se sienta presionado, cuando esté en estrecho y usted esté siendo apretado, es porque está a punto de ver un nacimiento. Donde usted se encuentra es demasiado pequeño. El vientre fue bueno por un tiempo y sirvió su propósito, pero ahora usted está entrando en una temporada de nuevo crecimiento, nueva oportunidad y nuevos talentos. Tenga la perspectiva correcta. Diga: «Esta enfermedad no me va a detener; me está empujando y voy a salir mejor». «Este problema en el trabajo no me va a detener; me está empujando». «La gente que me hizo mal no puede detener mi destino. Lo pensaron para mi mal, pero no cayeron en cuenta de que Dios lo está usando para bien. Me está empujando».

Cada tormenta por la que usted pasó, cada contratiempo, y cada temporada oscura y solitaria depositó algo en el interior. Lo empujó a madurar, lo impulsó a confiar en Dios en una mayor manera, lo propulsó a ser más resiliente y determinado. No se desaliente por el proceso. Probablemente usted está siendo empujado en este momento; usted está siendo apretado, presionado y se siente incómodo. Usted necesita prepararse, está a punto de ver un nuevo nacimiento. Si mantiene la actitud correcta, Dios está a punto de empujarlo a un nuevo nivel. Lo va a impulsar a una influencia mayor, una fuerza mayor, a mayores recursos. Usted está llegando a una nueva temporada de salud, favor, abundancia, promoción y victoria. Esos vientos que estaban pensado para detenerlo lo van a empujar a su propósito.

CAPÍTULO QUINCE

Entre en lo desconocido

Cuando escribo una dirección en mi sistema de navegación, una de las opciones que aparece es «Vista general de la ruta». Cuando hago clic en eso, me da todos los detalles de mi viaje. Quizá haya quince instrucciones distintas. «Viaje seis millas [9.6 km] sobre la carretera, salga en la Salida 43, avance cuatrocientos pies [121.9 m], gire a la izquierda en el cruce». Toda su ruta está claramente dispuesta. Usted sabe a dónde va, cuánto le va a tomar y qué esperar. Conocer todos los detalles nos hace sentir cómodos. Podemos relajarnos.

En una manera similar, Dios tiene una vista general de la ruta para su vida. Antes de que usted fuera formado en el vientre de su madre, Él dispuso su plan. Él no solamente conoce su destino final, conoce la mejor manera de llegar allí. Pero a diferencia del sistema de navegación, Dios no le muestra la vista general de la ruta. No le dice cómo va a suceder, cuánto tiempo va a durar, de dónde van a salir los fondos o a quién va a conocer. Lo dirige un paso a la vez. Si usted confía en Él y toma ese paso a lo desconocido, sin saber cómo va a resultar, Él le mostrará otro paso. Paso a paso, Él lo dirigirá a su destino.

La dificultad de este método es que nos gustan los detalles. No tendríamos ningún problema en tomar ese paso de fe —comenzar ese negocio, regresar a la escuela, mudarnos a ese nuevo sitio— si supiéramos de dónde va a salir el dinero, cuánto tiempo va a requerir y las personas indicadas que estarán allí para apoyarnos. Si tuviéramos los detalles, sería fácil dar el paso. Pero esta es la clave: Dios no da los detalles. No le va a dar un plano de toda su vida. Si usted tuviera toda la información, no necesitaría la fe. Él lo va a enviar sin que usted lo sepa todo. Si usted tiene la valentía de entrar a lo desconocido y hace lo que usted sabe que le está pidiendo que haga, se abrirán puertas que usted nunca podría haber abierto, las personas correctas se presentarán, usted tendrá los fondos y cualquier otro recurso que necesite.

La Escritura dice: «Lámpara es a mis pies tu palabra, y lumbrera a mi camino». Una «lámpara» implica que usted tenga suficiente luz para ver delante de usted. No le está dando la luz que muestra su vida para los siguientes quince años. Es más parecido a los faros bajos de un coche. Cuando usted está conduciendo por la noche, con los faros bajos usted solamente ve cierta distancia corta delante de usted. Usted no deja de conducir porque no vea el destino final que se encuentra a una gran distancia por delante. Usted simplemente sigue avanzando, tanto como las luces lo permitan, sabiendo que finalmente llegará a su destino.

Si usted está esperando todos los detalles, estará esperando toda su vida.

Mi pregunta es: ¿dará usted

el siguiente paso que Dios le dé con la luz que tiene? Si usted está esperando todos los detalles, estará esperando toda su vida. Todos queremos estar cómodos, pero esperar en la voluntad perfecta de Dios lo va a hacer sentir un poco incómodo. Hay una tensión saludable: usted tiene que estirarse, tiene que orar y tiene que creer. No va a estar seguro de cómo se va a desarrollar, pero eso es lo que va a hacer que usted crezca, es justo entonces que aprenderá a confiar en Dios en una manera más grande. Dios no está interesado solamente en el destino. Le está enseñando a lo largo del camino; lo está preparando y haciéndolo crecer. Lo va a dirigir con todo propósito a situaciones en las que se encuentre con el agua llegándole a la cabeza, donde sus amigos no lo puedan ayudar y usted no tenga la experiencia que piensa que necesita. Con mucha frecuencia nos encogemos y pensamos: *Yo no voy a ir allí. No estoy calificado. Estoy demasiado nervioso. ¿Y si no funciona?* Dios sabía que usted estaría nervioso, y sabía que usted se sentiría poco calificado. Esa es una prueba.

¿Va a rendirse y a convencerse a sí mismo de no continuar? ¿Va a permitir que el temor de lo que no puede ver lo detenga? ¿O va a ser valiente y dará un paso hacia lo desconocido? Lo desconocido es donde los milagros suceden. Lo desconocido es donde usted descubre habilidades que no sabía que tenía. Lo desconocido es donde usted logra más de lo que había soñado. Solo porque usted no tenga los detalles no significa que Dios no tenga los detalles. Él tiene la vista general de la ruta de toda su vida. No lo estaría llevando allí si no tuviera un propósito. Él tiene la provisión, Él tiene el favor y tiene lo que necesita para ir al siguiente nivel.

Tiene que ser valiente

Algo que me gusta de mi sistema de navegación es que me da detalles específicos. «Avance 9.3 millas [15 km] por esta vía y tome la salida en...». Todo el tiempo va en cuenta regresiva: faltan ocho millas, siete, seis. Todo está justo frente a mí para que lo vea.

Pero Dios no nos dirige así. Él le dirá que tome cierto camino. Entonces lo primero que hacemos es preguntar por los detalles. «¿Qué tan lejos quieres que vaya?». No hay respuesta. «¿Dónde quieres que gire?». No hay respuesta. «¿Cómo va a ser el clima?». No hay respuesta. «¿Quién se va a encontrar conmigo?». No hay respuesta. Sería mucho más fácil si Dios nos diera los detalles específicos. Pero eso no requeriría nada de fe. ¿Puede soportar el silencio de no saberlo todo? ¿Confiará en Dios aunque no tenga los detalles? ¿Tomará ese paso de fe aunque esté nervioso, incómodo y no esté seguro de cómo va a funcionar?

Esto fue lo que hizo Abraham. Dios le dijo que saliera del lugar donde estaba viviendo y que fuera a una tierra que Él le mostraría. Abraham tenía que empacar su casa, dejar a su parentela y dirigirse a una tierra que Dios le iba a dar como herencia. El único problema fue que Dios no le dio ningún detalle. La Escritura dice que Abraham: «Se fue sin saber adónde iba». Me puedo imaginar a Abraham diciéndole a su esposa:

La Escritura dice que Abraham: «Se fue sin saber adónde iba».

«Mi amor, te tengo noticias excelentes. Nos vamos a mudar. Dios me prometió que nos va a llevar a una tierra mejor donde vamos a ser bendecidos en una nueva manera». Puedo escuchar a Sara diciendo: «¡Eso es tan emocionante! No puedo esperar. ¿Adónde vamos?». Abraham responde: «No estoy seguro. No me dijo». Ella pregunta: «¿Qué me debo poner? ¿Va a ser frío o caluroso?». Él responde: «No lo sé». En ese punto, la realidad le cae encima a Sara, quien responde: «Bueno Abraham, ¿y de qué vamos a vivir? ¿Dónde vamos a obtener alimentos para nuestros hijos y el personal? Esto parece un error. ¿Estás seguro que Dios te dijo esto?».

Si usted va a dar un paso hacia lo desconocido, va a requerir valentía. No siempre va a tener sentido. Otras personas quizá no lo entiendan. Probablemente traten de convencerlo de dejarlo. Sus propios pensamientos le dirán: *Mejor vete a la segura. Es un riesgo demasiado grande. ¿Y si no funciona?* Abraham entendió este principio: sabía que solo porque usted no tenga todas las respuestas, y solo porque esté nervioso e incómodo, no significa que no deba hacerlo. El salmista dijo: «El Señor dirige los pasos de los justos». Si usted toma ese paso, sin conocer los detalles, pero confiando en que Dios sabe lo que está haciendo, entones a cada paso del camino habrá provisión, habrá favor, habrá protección. Sí, es incómodo no conocer los detalles; y sí, usted tiene que estirarse, tiene que orar y tiene que confiar. Pero a cada paso no solamente tendrá la bendición de Dios; también estará creciendo y fortaleciéndose.

Es posible caminar sobre el agua

En la Escritura, cuando Jesús vino caminando a través del mar tormentoso en la oscuridad de la noche, Pedro fue el único discípulo que caminó en el agua hacia Él. También fue el único que tuvo la valentía de salir de la barca en primer lugar. Me puedo imaginar a los demás discípulos diciendo: «¡Pedro, más te vale quedarte aquí con nosotros! Las olas son grandes. Es demasiado peligroso. Te podrías ahogar». Pero cuando Jesús le dijo que viniera, Pedro dio un paso hacia lo desconocido y caminó sobre el agua. «Bueno, Joel, se te pasó señalar que se hundió». Sí, pero caminó sobre el agua más que usted o yo. Aunque lo que es familiar sea cómodo, puede convertirse en una maldición más que en una bendición. La familiaridad —aquello a lo que está acostumbrado, cómo fue criado, el empleo que ha tenido durante años— puede desviarlo de su destino. No permita que su comodidad evite que usted salga de la barca y se convierta en quien fue creado.

Si Abraham hubiera puesto su comodidad por encima de cumplir con su propósito, no estaríamos hablando de él. Fue un riesgo empacar a su familia e irse, sin saber a dónde iba. Usted no puede jugar a lo seguro toda su vida y alcanzar la plenitud de su destino. No permita que los «y si» lo convenzan de no dar ese paso. «¿Y si fracaso? ¿Y si no tengo los fondos? ¿Y si dicen que no?». Usted nunca lo sabrá a menos que lo intente. Cuando usted llegue al final de su vida, ¿tendrá más remordimientos por los riesgos que

> *Usted no puede jugar a lo seguro toda su vida y alcanzar la plenitud de su destino.*

tomó o por los que no tomó? «¿Y si comienzo un nuevo negocio y fracasa?». ¿Y si lo comienza y lo lanza a un nuevo nivel? «¿Y si comienzo esta nueva relación y termino herido nuevamente? Eso fue lo que sucedió la última vez». ¿Y si entra en ella y es más feliz de lo que ha sido en toda su vida? ¿Y si es una conexión divina? «¿Y si tomo este nuevo puesto y no soy bueno en él? ¿Qué pasaría si no tengo éxito?». ¿Y si lo toma y se destaca en él? ¿Y si descubre nuevos talentos que no sabía que tenía? ¿Y si eso lo lleva a más oportunidades?

Por cada victoria importante y cada logro significativo en mi vida, he tenido que dar un paso hacia lo desconocido. Cuando mi padre se fue con el Señor y di el paso para pastorear la iglesia, no sabía cómo iba a funcionar. No sabía si podría ministrar. No sabía si alguien me escucharía. Cada voz me decía: «¡No lo hagas! Estás cometiendo un error. Vas a subir y vas a hacer el ridículo». Yo sabía que era algo más alto que yo, y sabía que no tenía la experiencia. Pero también sabía que cuando somos débiles, el poder de Dios se muestra a su máximo. No podía ver muy lejos hacia adelante en el camino. No podía ver nada de lo que estamos haciendo hoy. Todo hasta dónde podía ver era: «Joel, toma el desafío y pastorea la iglesia». Si Dios me hubiera mostrado todo lo que estamos haciendo hoy y lo que se necesitaría para llegar allí, le hubiera dicho: «De ninguna manera. No puedo hacer eso». Algunas veces la razón por la que Dios no nos dice lo que está en nuestro futuro es que sabe que no lo podemos manejar en ese momento.

Lo que Dios tiene preparado para usted va a dejarlo atónito; los lugares a los que lo va a llevar, las personas a las que va a influenciar, los sueños que va a lograr. Va a ser mayor de lo que se ha imaginado. Usted sabe dónde está: en lo desconocido, en lo que no puede ver en este momento, en aquello para lo que no se siente calificado, en lo que parece que está más allá de usted. Cuando usted tiene algo frente a usted que parece demasiado grande y no cree tener lo que se requiere para hacerlo, es Dios estirándolo. Dios ve cosas en usted que usted no puede ver. Quizá esté incómodo, pero no se retracte. Siga estirándose, siga orando y siga creyendo. Usted está creciendo. Dios lo está guiando paso a paso. Usted a punto de entrar en el siguiente nivel. Usted ha estado en ese peldaño suficiente tiempo. Usted ha pasado esa prueba, y ahora el siguiente paso viene: un nuevo nivel de favor, un nuevo nivel de bendición, un nuevo nivel de influencia, un nuevo nivel de unción.

Dé el paso de fe

Victoria y yo estábamos conduciendo a otra ciudad no hace mucho. Tenía encendido mi sistema de navegación. En cierto punto habíamos tomado un camino rural por un estrecho de cien millas o 160.9 km. Había muchas intersecciones donde los caminos se alejaban de él. Estaba preocupado de haber perdido mi vuelta. Tenía que seguir mirando para estar seguro de ir bien. Noté que mientras me mantuviera en el camino correcto, la voz del GPS permanecía en silencio. Desearía que de pronto entrara y me dijera: «Va bien. Siga adelante. Va en camino». Pero nunca decía nada hasta que era el momento de hacer algo diferente. Algunas veces Dios está en silencio. Usted no lo escucha decir nada. Es fácil pensar que se desvió, algo debe estar mal. Porque no está hablando. Pero como con el GPS, eso significa que va en el camino correcto. Siga siendo lo mejor que pueda con lo que tenga. Siga estirándose, siga orando y siga creyendo. El siguiente paso viene. Usted tiene que pasar la prueba de ser fiel donde se encuentra. Ese siguiente paso va a ser un paso de incremento, un paso de favor, un paso de sanidad, un paso de avance.

En la Escritura, cuando Josué y los israelitas llegaron al Jordán, no había manera en que pudieran cruzar. La gente había escuchado cómo Moisés había levantado su vara y el mar Rojo se partió muchos años antes. Estoy seguro de que Josué pensó que si hacía lo mismo las aguas se partirían delante de él. Pero Dios tenía un plan distinto. Le dijo a Josué que hiciera que los sacerdotes que estaban cargando el arca del pacto entraran al río; entonces las aguas del Jordán se partirían. Puedo imaginar a los sacerdotes diciendo: «Josué, ¿quieres que entremos caminando al agua? Eso no es lógico. Nos vamos a ahogar en esas aguas oscuras». Llegaron a la orilla y nada sucedió. Llegaron a los márgenes unos pasos más allá y todavía nada. Los pensamientos comenzaron a decirles: *¿Y si no se abre? ¿Y si Josué cometió un error? ¿Y si entramos allí y ya no podemos regresar?* Podrían haberse convencido a sí mismos de zafarse del asunto, pero en lugar de ello se atrevieron a caminar a lo desconocido. La Escritura dice que en el momento en que sus pies tocaron la orilla de las aguas, el agua río arriba comenzó a acumularse mientras que el agua del otro lado fluyó río abajo. En poco tiempo el lecho del río estaba vacío y pudieron cruzar caminando sobre tierra seca.

Observe que el milagro sucedió a lo largo del camino. Pensamos: *Dios, cuando partas el río avanzaré.* Dios dice: «Avanza y partiré el río». Si usted da un paso hacia lo desconocido, a lo largo del camino verá milagros, se abrirán puertas que usted no podía abrir, y las personas adecuadas se presentarán. Dios podría con la misma facilidad partir el agua primero, antes de que los sacerdotes entraran. Les estaba mostrando a ellos y a nosotros este principio: cuando usted no vea cómo puede funcionar, cuando usted no sabe de dónde provendrán los fondos, cuando cada pensamiento le diga que juegue a la segura, pero usted da ese paso de fe y hace lo que Dios ha puesto en su corazón, usted le está demostrando a Dios que confía en Él. Es en ese momento que los Jordanes se partirán. Dios nos pondrá a propósito en situaciones en las que no podemos hacerlo por nuestra cuenta y parece imposible; es una prueba a nuestra fe. Si se mantiene en la barca, nunca caminara sobre el agua. Usted nunca verá la plenitud de su destino. Si Dios hubiera partido el agua antes de que los israelitas entraran en ella, podría haber sido mucho menos estresante. No habrían tenido que orar y creer y estirarse. Pero esta es la clave: Dios usa el viaje para prepararnos para dónde vamos. Cuando tenemos que estirar nuestra fe, creamos que está haciendo un camino, y agradezcámosle que las cosas están

Si usted da un paso hacia lo desconocido, a lo largo del camino verá milagros, se abrirán puertas que usted no podía abrir, y las personas adecuadas se presentarán.

cambiando a nuestro favor, que está fortaleciendo nuestros músculos espirituales. Estamos desarrollando una mayor confianza en Dios.

El propósito es prepararlo

En el capítulo seis, escribí acerca del Compaq Center. Yo no sabía lo complicado que sería adquirirlo. Tuve que dar un paso a lo desconocido. Era un recinto propiedad de la ciudad. El alcalde era amigo de nuestra familia. Lo llamé, y él estaba a favor de que lo adquiriéramos. Ese fue el primer milagro. Necesitábamos diez votos de los concejales de la ciudad, y solamente teníamos nueve, pero la noche anterior al voto principal, después de dos años de oponerse a nosotros, un concejal cambió de opinión y decidió votar a nuestro favor. ¡Obtuvimos el edificio! Otro milagro. No obstante, una semana después una empresa presentó una demanda para evitar que nos mudáramos a él. Se nos dijo que podríamos estar atados a las cortes por unos diez años. Ya le había dicho a la iglesia que el edificio iba a ser nuestro y la gente había dado dinero. Despertaba en la oscuridad de la noche sudando con pensamientos que me decían: *Esto va a ser un gran desastre. Vas a quedar en ridículo. Vas a tener que devolver esos fondos.* Pero como le sucedió a Josué, a lo largo del camino siguieron sucediendo milagros. El director general de la empresa que se nos estaba oponiendo finalmente llegó de fuera de la ciudad. Nuestros abogados nos dijeron que era una táctica para confundir las cosas. Ese hombre me dijo: «Joel, yo te veo en la televisión y mi yerno es un pastor de jóvenes. Vamos a resolverlo». Dos días después, retiraron la demanda. Estábamos en camino. Cuando usted sale sin saber a dónde va, Dios va a hacer que sucedan cosas que usted nunca podría haber hecho suceder. Usted verá los Jordanes partirse, verá a los Compaq Centers caer en su lugar, usted verá la incomparable grandeza de Dios a su favor. No se quede en la barca. No deje que el hecho de que no puede ver todos los detalles lo detenga. No se supone que usted tenga que verlo todo. Dios lo está guiando paso a paso.

Cuando usted está en lo desconocido, cuando usted se está estirando, orando y creyendo, es cuando realmente está creciendo. El viaje es más importante que el destino. ¿Por qué? Porque si usted no está preparado durante la jornada, si no aprende lo que se supone que debe aprender a lo largo del camino, no podrá manejar a dónde Dios lo está llevando. Dios podría habernos dado el Compaq Center en la primera semana que oramos, o por lo menos en el primer mes. Eso me hubiera ahorrado mucho estrés, mucha oración y mucha fe. ¿Por qué se esperó tres años? Me estaba preparando. Yo estaba aprendiendo a confiar en Él, mi fe estaba siendo incrementada y mi carácter estaba siendo desarrollado.

Es interesante que, durante esos tres años, como con el silencio de la voz del GPS, no escuché nada nuevo. No escuché a Dios decir: «Vas bien, Joel. Ten paciencia. Todo se va a resolver. Te tengo cubierto». Tuve que confiar en Él cuando estaba en silencio. Tenía que creer que estaba en control a pesar de que no veía ninguna señal de ello. Tuve que seguir recordándome a mí mismo que los pasos del justo

Tuve que confiar en Él cuando estaba en silencio.

son ordenados por el Señor. Di mis pasos sabiendo que Dios había puesto el sueño en mi corazón. No sabía cómo iba a funcionar. No sabía si tendríamos éxito, pero creí que yo estaba haciendo lo que Dios quería que hiciéramos.

Este es el asunto: incluso si usted lo deja pasar, incluso si no funciona en la manera en la que usted se imaginó, Dios sabe cómo usarlo para su bien. Dios preferiría que usted diera un paso de fe y se equivocara de vez en cuando que jugar a la segura todo el tiempo y nunca cometer un error. Algunas veces los errores, las puertas cerradas y los tiempos en los que nos equivocamos son parte del plan de Dios. Nos están preparando para la siguiente puerta abierta. Pero si usted está preocupado de equivocarse en el siguiente paso, nunca va a levantarse a hacerlo.

El factor de no saber

Demasiadas veces permitimos que el temor por lo desconocido nos detenga. Cuando usted se encuentra en la voluntad de Dios, va a haber un factor de no saber. Usted no va a conocer todos los detalles de cómo se va a resolver o de donde provendrán los fondos. Si usted va a alcanzar su más alto potencial, usted tiene que tener la valentía para dar el paso a lo desconocido.

Mi hermano, Paul, es médico. Durante diecisiete años fue el jefe de cirugía de un hospital de Arkansas y tenía mucho éxito dando consulta. Parecía como si así fuera como pasaría la vida. Pero cuando mi padre falleció, sintió que Dios lo estaba dirigiendo a regresar y ayudarnos a pastorear la iglesia. Sus colegas le dijeron que estaba teniendo una crisis de la mediana edad. Le dijeron que debería esperar un par de años con el fin de recuperarse de la muerte de nuestro padre y no tomar una decisión emocional. Pero en el fondo Paul sabía lo que tenía que hacer, aunque dejar su consultorio y todo ese entrenamiento no era lógico en su mente. Los pensamientos le preguntaban: *¿Y si no funciona? ¿Y si no me gusta? ¿Y si no les simpatizo? ¿Y si regresas allá y Joel se burla de ti?* En lo natural parecía como si estuviera cometiendo un error, pero como Abraham, Paul continuo, sin saber cómo iba a resultar. Él no tenía todos los detalles. No planeamos una estrategia de diez años. Todo lo que sabía era ese primer paso: «Ve y ayuda a tu familia».

Lo que Paul no sabía era cómo iba a crecer el ministerio. Él no sabía que después de ocho años de ser fiel pastoreando la iglesia, Dios abriría la puerta para que pudiera ir a África varios meses al año y operar a la gente. El sueño de Paul había sido ir en misiones médicas, pero pensó que estaba dejando la medicina por completo. Lo que no podía ver era que todo era parte del plan de Dios. Si no hubiera dado el paso a lo desconocido, no habría alcanzado la plenitud de su destino. Cuando usted tiene la valentía de salir, sin conocer todos los detalles, su vida va a ser más gratificante y más satisfactoria de lo que se haya imaginado.

Sea como Ester

Había una joven judía llamada Ester en la Escritura. Era huérfana, no provenía de una familia de influencia y estaba viviendo en un país extranjero. Pero Dios la levantó para convertirse en la reina, y ahora estaba viviendo en el palacio. Había un poderoso funcionario que pudo hacer que se aprobara una ley para que todos los judíos fueran asesinados. El tío de Ester, Mardoqueo, le dijo acerca del decreto y le dijo que tenía que ir y rogarle al rey por su pueblo. En esos días, si usted se acercaba al rey sin que el levantara su cetro de oro primero, era ejecutado. Ella le dijo: «Mardoqueo no puedo simplemente ir allá. ¿Qué pasa si no levanta el cetro? Ese sería mi fin». Dios le estaba pidiendo que diera un paso hacia lo desconocido, pero los «y-si» empezaron a llegar. «¿Y si el rey se ofende, se molesta y no levanta el cetro? Moriré». Estaba a punto de convencerse a sí misma de dejarlo. Pero Mardoqueo le dijo: «Si te quedas callada en un momento como este, el alivio y la liberación para los judíos surgirán de algún otro lado, pero tú y tus parientes morirán. ¿Quién sabe si no llegaste a ser reina precisamente para un momento como este?». Dios le estaba diciendo: «Ester, si tú no lo haces voy a encontrar a alguien más. Pero el problema es que tú vas a perder tu destino». Esta oportunidad no iba a volver otra vez. Esta era su oportunidad para dejar su marca. Era ahora o nunca. Me encanta lo que hizo Ester. Se levantó y dijo: «Aunque es contra la ley, entraré a ver al rey. Si tengo que morir, moriré». Como si estuviera diciendo: «No voy a dejar que este momento pase». Ella tomó el desafío, y Dios no solamente le dio favor con el rey, sino que salvó a su pueblo y se convirtió en una de las heroínas de la fe.

Como Ester, todos tenemos oportunidades que no se van a repetir. Cuando mi padre murió y yo tuve que tomar la decisión de tomar el desafío o de jugar a la segura, fue uno de esos momentos ahora o nunca. Cuando vengan a su puerta, no se retraiga ni deje que su temor lo convenza de no hacerlo y no permita que los «y si» lo mantengan dentro de la barca. Haga lo que hizo Ester. Sea firme, valiente y dé un paso a lo desconocido. Usted quizá no tenga todos los detalles, y es probable que no vea cómo va a resultar, pero a lo largo del camino, a través de la oscuridad, usted verá milagros. Si usted hace esto, creo que está a punto de entrar a un nuevo nivel de favor, un nuevo nivel de influencia, un nuevo nivel de unción. Usted va a levantarse más alto, lograr sus sueños y alcanzar la plenitud de su destino. Como Ester, todos tenemos oportunidades que no se van a repetir.

Como Ester, todos tenemos oportunidades que no se van a repetir.

CAPÍTULO DIECISÉIS

Sigo de pie

La Escritura dice: «Envía la lluvia sobre los justos y los injustos por igual». No importa qué tan buena persona sea, va a haber un poco de lluvia en su vida. Ser una persona de fe no lo exenta de dificultades. Jesús contó una parábola acerca de un hombre sabio que construyó su casa sobre una roca. Este hombre honró a Dios. Otro hombre tontamente construyó su casa sobre la arena. No honró a Dios. Descendió la lluvia, y vinieron ríos, y soplaron vientos, y golpearon contra aquellas casas. Lo interesante es que la misma tormenta golpeó a las dos personas, al justo y al injusto. Si la historia se detuviera allí, usted podría pensar que no hay ninguna diferencia en si honramos a Dios o no. «Lo mismo que me sucede a mí le sucede a todos los demás. Construí mi casa sobre la roca, y aun así estoy en esta tormenta. Recibí un informe médico negativo, mi hijo está descarriado y perdí a mi cliente principal». Pero ese no es el final de la historia. Si usted juzga demasiado pronto, parecería que la fe no hace ninguna diferencia.

Jesús continuó diciendo que cuando la tormenta

terminó, la casa construida sobre la roca seguía en pie. La casa construida sobre la arena colapsó y estaba completamente arruinada. La diferencia es que cuando usted honra a Dios, las tormentas quizá vengan, pero usted tiene una promesa que los demás no tienen: cuando todo termine, seguirá en pie. En los momentos difíciles tiene que recordarse a sí mismo: «Este no es el fin. Mi casa está construida sobre la roca. El enemigo no tiene la palabra final; Dios sí, y Él dice que cuando todo termine seguiré en pie». Quizá sea derribado, pero no será noqueado. Probablemente sufra un revés y tenga que pasar por algunos tiempos oscuros y tormentosos, pero no se desanime ni se amargue; esa es solo parte de la vida. Llueve sobre todos. Si usted se mantiene en fe, tendrá la promesa de Dios de que cuando el humo se despeje, cuando el polvo se asiente, usted no será la víctima, será el vencedor. Usted estará en pie.

> *Las tormentas quizá vengan, pero usted tiene una promesa que los demás no tienen: cuando todo termine, seguirá en pie.*

Todos nosotros podemos ver hacia atrás y ver cosas que nos deberían haber derrotado. Quizá haya pasado por un divorcio o un rompimiento que podría haberle provocado un colapso nervioso, pero mírese: sigue en pie, sigue feliz, restaurado y entero. Esa es la bondad de Dios. Esa adicción, todas esas fiestas, deberían haberlo matado, pero gracias a su madre que oraba por usted, sigue en pie: limpio, sobrio y libre. El informe médico decía que todo había acabado, que esa enfermedad terminaría con su vida, pero Dios dijo: «Tengo otro informe. No ha terminado. Usted sigue en pie». Probablemente perdió a un ser querido y no pensaba que pudiera continuar, creyendo que sus mejores días habían terminado; pero Dios sopló nueva vida en usted, lo levantó del foso y puso un canto nuevo en su corazón y aquí está todavía en pie. Usted ha pasado por algunos lugares difíciles, lugares oscuros, pero también ha visto la bondad de Dios. Usted lo ha visto levantarlo, restaurarlo, sanarlo y protegerlo. Cuando usted tenga esta historia con Dios, y recuerde lo que ha hecho, usted no se desanimará por cada dificultad, usted no se molestará cuando la gente hable negativamente de usted y usted no se va a desmoronar cuando tenga una decepción. Usted sabe que Dios lo hizo atravesar la oscuridad en el pasado, y Él lo hará tener la victoria en el futuro.

Usted tiene «rebote»

Como un año después de que tomé la iglesia de mi padre, escuché que una pareja que habían sido miembros de la iglesia durante muchos años se iban de la iglesia. No les gustaba la dirección en la que la estaba llevando. Yo era joven y estaba haciendo mi mejor esfuerzo, y lo último que quería era perder miembros, mucho menos miembros de mucho tiempo. Cuando escuché eso, mi primer pensamiento fue: *Qué barbaridad, no puedo creer que esto esté sucediendo.* Me sentí tentado a entristecerme y desanimarme, pero entonces algo se levantó en mí. Pensé para mí mismo: *Pude salir vencedor en la muerte de mi padre. Pasé por mi hora más oscura y aquí estoy, todavía en pie. Puedo seguir adelante aunque se vayan. Sobreviví a que mi madre tuviera cáncer terminal. Pasé por una demanda de tres años y medio para obtener este edificio. Sobreviví a los críticos que decían que no podría ministrar. Pasé por mis propios pensamientos diciéndome que no estaba calificado. Si pude sobrevivir a todo eso, puedo sobrevivir sin que esa pareja esté aquí.* Escuché a Dios decir directamente a mi corazón: «Joel, no te preocupes. Puede ser que ellos se vayan, pero yo no me voy a ir. Cuando todo termine, así como en todas esas otras ocasiones, seguirás en pie».

Si usted está pasando por un tiempo difícil, necesita ver hacia atrás y recordar lo que Dios ha hecho. Abrió un camino cuando usted no veía un camino, y abrió puertas que usted no podría haber abierto jamás. Él lo puso en el lugar correcto en el momento adecuado. Él lo reivindicó y lo restauró. Lo hizo por usted en el pasado y lo hará por usted de nuevo. Su casa está construida sobre la roca. Usted tiene la promesa de que no importa lo que venga a su camino, cuando la tormenta termine, cuando el problema pase, cuando la oposición cese, una cosa con la que puede contar es que seguirá en pie. Usted tiene el ADN del Dios todopoderoso. Probablemente lo derriben, quizá tenga un revés, pero no se va a quedar en el piso. Hay algo en su ADN que dice: «Levántate de nuevo. Ese no es tu lugar. Tú eres un hijo del Dios altísimo».

Hace unos años tuvimos un huracán en Houston. Todo tipo de árboles fueron derribados por el viento. Robles inmensos de cuatro o cinco pies (1.22 o 1.5 m) de grueso y que parecían tan firmes como podían ser no fueron rivales para vientos de cien millas por hora (161 km/h). Pinos de unos cien pies (30.48 m) de alto yacían en un patio tras otro. Grandes árboles, árboles pequeños, robles, pinos, olmos y magnolias; ninguno de ellos pudo resistir los vientos huracanados. Solo hubo un tipo de árbol que observé que no fue derribado: la palmera. Es porque Dios diseñó a la palmera para resistir las tormentas. A diferencia de la mayoría de los demás árboles, la palmera puede doblarse para no tener que quebrarse. Cierto tipo de palmera se puede doblar hasta que la copa esté casi tocando el suelo. Durante un huracán, puede permanecer doblada tres o cuatro horas. Parecería como si estuviera acabada, como si hubiera llegado su fin. Puedo imaginar a ese huracán resoplando y resollando, pensando: *Quizá no pueda derribarte como a los robles y a los pinos, pero por lo menos puedo hacer que estés doblada. Por lo menos, puedo evitar que te puedas volver a poner de pie nuevamente.* Ese huracán sigue soplando y soplando, pensando que está ganando la batalla, y después de unas horas se le termina la fuerza y el viento amaina. ¿Y sabe lo que sucede a continuación? La palmera se levanta de nuevo como estaba antes. ¿Por qué es eso? Dios puso «rebote» en la palmera. Puede ser inclinada por completo, pero eso solo es temporal. Es solo cuestión de tiempo antes de que la palmera se levante de nuevo.

Salmo 92 dice: «Los justos florecerán como palmeras». Podría haber dicho que floreceríamos como un roble y que tendríamos ramas grandes y fuertes. Podría haber dicho que floreceríamos como un pino y que seríamos tan altos e impresionantes que seríamos vistos a millas o kilómetros de distancia. La razón por la que Dios dijo que floreceríamos como palmeras es

> *«Voy a hacerlos como una palmera. Voy a ponerles "rebote" en su espíritu».*

que Dios sabía que pasaríamos por momentos difíciles. Él sabía que habría cosas que tratarían de derribarnos y evitar que cumpliéramos nuestro destino, así que dijo: «Voy a haceros como palmeras. Voy a ponerles "rebote" en su espíritu». Quizá pase por un periodo oscuro de soledad, de pérdida, de decepción. La lluvia vendrá, pero no se desanime. Es solamente temporal. En cierto punto los vientos amainarán, la tormenta pasará, y así como la palmera, el rebote que ha puesto en usted su Creador va a hacer que usted regresé de nuevo a estar derecho. No crea las mentiras de que es permanente. No crea que usted nunca se recuperará, nunca vencerá la adicción o que nunca saldrá de la situación legal. No, su casa está construida sobre la roca. Es probable que se encuentre doblado en este momento, quizá tenga algunas dificultades, pero cuando la tormenta termine, usted estará todavía en pie.

Lo interesante es que cuando la palmera está doblada durante el huracán uno podría pensar que está dañando al árbol y debilitándolo, pero las investigaciones muestran justo lo opuesto. Cuando está siendo empujada u estirada por los fuertes vientos, eso está fortaleciendo el sistema de raíces y dándole nuevas oportunidades de crecimiento. Después de la tormenta, cuando la palmera se endereza, de hecho, está más fuerte que antes. Cuando usted salga de la tormenta, cuando se enderece, usted no va a seguir siendo el mismo. Usted va estar más fuerte, más saludable, más sabio, mejor y listo para un nuevo crecimiento. Dios nunca lo saca igual que como entró. Hace que el enemigo pague por traer los tiempos de oscuridad y tribulación. Lo que ha sido pensado para su mal, Dios lo va a usar a su favor. No lo va a romper; va a fortalecerlo. Usted no solamente seguirá en pie; estará en pie más fuerte.

Mejor, más fuerte y más bendecido

Tengo un amigo que ha tenido cáncer tres veces a lo largo de los últimos diez años. Un par de veces parecía como si hubiera llegado al fin. Nunca lo escuché quejarse, nunca lo vi entristecido. Sabe que Dios lo tiene en la palma de su mano. Sabe que Dios cumplirá con el número de sus días. Ha construido su casa sobre la roca. Cada vez que parece como que todo ha terminado, como esa palmera doblada, de alguna manera rebota y se endereza. Cuando el cáncer volvió la tercera vez, los médicos le dijeron que iban a cosechar sus leucocitos antes de que recibiera la quimioterapia en dos meses. Preguntó cuántas células necesitaban para ayudar a restaurar el sistema inmune después del tratamiento. Cuando le dieron la cifra, dijo: «Les daré el doble de lo que necesitan». Todos los días le agradeció a Dios por estar mejorando y se veía a sí mismo saludable y recuperado. Salía a hacer ejercicio e hizo todo lo que pudo. Dos meses después, regresó al hospital y los médicos le dijeron: «Usted cumplió su palabra. Nos dio más del doble de la cantidad de leucocitos que estábamos esperando». Hoy está libre de cáncer, habiéndolo vencido por tercera vez.

Como esa palmera, no importa cuán fuerte los vientos soplen, usted no puede ser desarraigado, no puede ser derribado, no puede ser quebrado. La enfermedad no determina su destino; Dios sí. Él es el que sopló vida en usted. Si no es su tiempo de partir, no se va a ir. Dios tiene la última palabra, y Él dijo: «Ningún arma que te ataque triunfará». Él dijo: «La persona íntegra enfrenta muchas dificultades, pero el Señor llega al rescate en cada ocasión». Él dijo: «Los justos podrán tropezar siete veces, pero volverán a levantarse». Ese es el rebote.

Como esa palmera, no importa cuán fuerte los vientos soplen, usted no puede ser desarraigado, no puede ser derribado, no puede ser quebrado.

Ahora bien, usted tiene que entrar en acuerdo con Dios. No tenga una mentalidad débil, derrotada que dice: «¿Por qué me sucedió esto a mí? No lo entiendo». Sucedió porque usted está vivo; simplemente es parte de la vida. Llueve sobre todos nosotros. Las buenas noticias son que, como usted es justo, usted tiene algo que los injustos no tienen. Al igual que la palmera, usted no se deja derribar. Sin importar lo fuerte que esos vientos soplen, no pueden derrotarlo. Si usted se mantiene en fe, podrá decir, como dice mi amigo: «Sigo en pie. La enfermedad me derribó un rato, pero me levanté de nuevo». Usted podrá decir: «Pasé por una temporada floja en el trabajo, tuve algunos contratiempos, pero no me derrotó. Salí promovido y más fuerte. Sigo en pie». Será capaz de decir: «Pasé por un rompimiento. Alguien me abandonó y me causó dolor de corazón y dolor. Creía que nunca volvería a ser feliz de nuevo, pero mira lo que el Señor ha hecho. Trajo a alguien mejor a mi vida».

Conocí a una joven pareja que se había mudado de Houston a Nueva Orleans. Perdieron todo durante el huracán Katrina. La casa por la que habían trabajado tan duro estaba totalmente arruinada, así como sus muebles y su coche. Salieron solamente con la ropa en sus espaldas. La empresa del marido cerró, así que ya no tenía empleo. Un autobús los dejó en el Astrodome. Cuando los vi por primera vez, era como si estuvieran entumecidos. Todo su mundo se había derrumbado. Les dije lo que le estoy diciendo a usted. «Probablemente estén decaídos ahora, pero eso es temporal. Ustedes tienen rebote en su espíritu. Cuando todo termine, ustedes seguirán en pie, más fuertes, más saludables y mejor». Semana tras semana siguieron viniendo a Lakewood, escuchando acerca de cómo son vencedores y no víctimas, de cómo Dios nos va a compensar por las cosas injustas y cómo lo que fue pensado para nuestro mal Dios lo usará para nuestra ventaja. Un par de años después, trajeron fotografías de la hermosa casa nueva que acababan de comprar. Habían tenido una casa más vieja en Nueva Orleans, y ahora tenían una completamente nueva aquí. El hombre me contó cómo ahora tenía un mejor empleo con mejores prestaciones. Sus hijos estaban en mejores escuelas. Eso es lo que pasa cuando su casa está construida en la roca. No evita las dificultades. Quizá pase por algunas tormentas, probablemente tenga algunos reveses, pero hay rebote en su ADN. Cuando todo termine, usted seguirá en pie; pero mejor, más fuerte y más bendecido.

Una mentalidad de guerrero

La Escritura dice: «Ciertamente el enemigo vendrá como un río caudaloso». Eso significa que se siente abrumado: usted perdió su casa en un huracán, usted recibió un mal reporte médico, una relación se echó a perder, alguien le hizo trampa en un negocio. ¿Qué hace Dios cuando el enemigo viene en esta manera? ¿Se cruza de brazos y dice: «Qué mal. Te dije que iba a llover. Te dije que iban a haber dificultades»? No, la Escritura dice: «Ciertamente el enemigo vendrá como un río caudaloso, pero el espíritu del Señor desplegará su bandera contra él». En otras palabras, las dificultades, las injusticias y las enfermedades obtienen la atención de Dios. Él comienza a trabajar como nosotros los padres cuando vemos a un hijo en problemas, probablemente porque alguien lo ha estado maltratando. Al igual que nosotros, Él no lo piensa dos veces con respecto a dejar de hacer lo que está haciendo y acudir en nuestra ayuda.

Cuando nuestro hijo, Jonathan, tenía unos dos años, estábamos en la tienda de comestibles. Yo había caminado al final del pasillo, y él se había quedado cerca del carrito. Yo lo podía ver, pero estaba como a unos cuarenta pies (unos doce metros) de distancia. Mientras yo estaba buscando algo, él comenzó a sacar algunas cajas de cereal del estante de abajo. No era la gran cosa. Iba a recoger las cajas y a devolverlas a su lugar. Pero una señorita que trabajaba allí dio vuelta a la esquina y de inmediato se molestó mucho de que hubiera hecho un tiradero. Casi gritando con un tono airado dijo: «¡Jovencito, no puede quitar esas cajas del estante! ¡Usted necesita controlar esas manitas suyas!». Cuando escuché eso algo se levantó dentro de mí. No sé si fue Dios o el diablo. Yo soy agradable, soy amable y puedo hacer cualquier cosa por usted, pero si usted se mete con mis hijos me voy a convertir en Hulk.

Así es Dios. Cuando el enemigo viene como un río

caudaloso, Dios da un paso y dice: «¡Un momento! Te estás metiendo con la persona incorrecta. Ese es mi hijo. Ese es mío. Esa es mi hija. Si quieres meterte con ellos, primero tendrás que meterte conmigo. ¿Quién soy? Soy el todopoderoso Creador del universo. Cuando dije: "Que haya luz", la luz brillo a 186,000 millas por segundo (300,000 kilómetros por segundo)». Dios mira a nuestro enemigo y le dice: «¿Quieres un pedazo de esto? ¡Tú te lo buscaste!». En los momentos difíciles y oscuros, usted tiene que caer en cuenta de que no está solo. El Dios altísimo está peleando por usted. Lo tiene cubierto. Lo hizo vencer en el pasado, y Él lo hará tener la victoria en el futuro. Ahora usted tiene que hacer su parte y recuperar su pasión. No puede sentarse por ahí en autolástima y pensar en lo que perdió, quién lo lastimó y lo injusto que fue todo ello. Eso está sucediendo para mantenerlo derribado. Sacúdase esa mentalidad débil y derrotada de: *¿Por qué me está pasando esto?*, y tenga una mentalidad de guerrero. Un guerrero no se queja de la oposición; al guerrero le encanta una buena lucha. Lo enciende.

Un guerrero no se queja de la oposición; al guerrero le encanta una buena lucha. Lo enciende.

Esto fue lo que hizo David cuando pasó por una gran decepción. Mientras que él y sus hombres estaban protegiendo las fronteras de Israel, haciendo lo correcto, cumpliendo con su propósito, vinieron bandidos y atacaron Siclag, la ciudad donde vivían. Quemaron las casas, robaron las pertenencias del pueblo y se llevaron cautivos a las mujeres y a los niños. Cuando David y sus seiscientos hombres regresaron y vieron el humo y se dieron cuenta de lo que había sucedido, se sentaron entre las cenizas y lloraron hasta que no pudieron llorar más. Fue el peor día de su vida, y fue la más grande derrota de David. Estaba profundamente angustiado, y sus hombres comenzaron a hablar de apedrearlo. Parecía que todo había acabado, y hubiera seguido así si no hubiera sido por David. Hizo algo que todos debemos hacer si es que vamos a volvernos a levantar. En lugar de quedarse en las cenizas, pensando en lo mal que la vida lo había tratado, el espíritu de guerrero se levantó en su interior. Él dijo: «Un momento. Quizá esté abajo y desanimado, y he sufrido mi peor pérdida, pero este no es el final de la historia. Soy de los justos. Tengo rebote en mi espíritu. Mi casa está construida sobre la roca. Tengo la promesa de que cuando todo termine todavía estaré en pie». Comenzó a fortalecerse en el Señor, recordándose a sí mismo quién era y a Quién pertenecía. Puedo imaginar que les dijo a sus hombres: «Levántense, séquense las lágrimas y sacúdanse el desánimo. Vamos a obtener lo que nos pertenece». Salieron y no solamente atacaron y derrotaron a sus enemigos, sino que recuperaron todas sus posesiones, así como a sus mujeres e hijos. La Escritura dice que lo «recuperaron todo». La mayor derrota de David se convirtió en su más grande victoria.

Todos enfrentamos situaciones injustas. Quizá nos encontramos en lugares tenebrosos, como el que David experimentó, que parecen que nos van a sepultar. Pero si usted tiene esta mentalidad de guerrero, avivará su fe y se irá tras lo que le pertenece, el enemigo no se reirá al último; usted sí. Probablemente el adversario le dé su mejor golpe, pero su mejor golpe nunca será suficiente. Usted tiene rebote en su espíritu. Las fuerzas que están a su favor son mayores que las fuerzas que están en su contra. Al igual que David, posiblemente esté triste un tiempo, y quizá lo azoten las lluvias y los ríos, pero como su casa está construida en la roca, como usted tiene esta mentalidad de guerrero, cuando todo termine, usted seguirá en pie.

> *Al igual que David, posiblemente esté triste un tiempo, y quizá lo azoten las lluvias y los ríos, pero como su casa está construida en la roca, como usted tiene esta mentalidad de guerrero, cuando todo termine, usted seguirá en pie.*

En pie como el vencedor

Una vez estaba levantando pesas en casa, acostado en una banca, haciendo pecho. Tenía una barra con discos y estaba haciendo mi última serie de cinco repeticiones. Conforme a mis estándares, le había puesto mucho peso a la barra, casi el doble de mi peso. Hice un levantamiento, dos, tres y todo iba bien, como si todo fuera normal; pero en el cuarto levantamiento, realmente batallé y apenas la pude levantar. Pensé: *Muy bien, voy a intentar el quinto. ¡Va a estar difícil!* Hice mi levantamiento, iba como a la mitad y me atoré. Empujé y empujé y empujé, le di todo lo que tenía, pero no se movía. ¡No pude hacerlo! Entonces comencé a bajar la barra a los soportes de seguridad para poder quitarme de debajo de ella. El único problema fue que mi hijo, Jonathan, había bajado los soportes cuando había estado haciendo ejercicio, y yo había olvidado regresarlos a su posición. Ahora tenía todo el peso en mi pecho, y estaba totalmente fatigado. No podía sacudir los discos para que se zafaran de los extremos de la barra porque tenían sujetadores. Había rodado la barra a mi estómago en otras ocasiones cuando me había quedado atorado, pero no lo podía hacer con tanto peso. Mi primer pensamiento fue: *¿Cuánto tiempo puedo cargar esto sobre mi pecho antes de que me aplaste?* Pensé que probablemente un minuto o dos. Mi siguiente pensamiento fue: *Y ya desperdicié treinta segundos.*

Mientras estaba atorado allí, sin saber qué hacer, algo se levantó dentro de mí y dije: «Joel, no vas a permitir que este peso te aplaste. No vas a permitir que tu familia entre aquí y te encuentre apachurrado. Este no es el fin de tu historia. Eres demasiado joven para morir. Tienes demasiado en ti para morir». Empujé el extremo derecho con toda mi fuerza. El extremo izquierdo cayó en el soporte de seguridad y yo me desplace un poco. Descansé unos segundos, luego empujé ese extremo derecho de nuevo y volví a avanzar otro poco. Luego otro poco más, y finalmente saqué el hombro de la banca y luego mi pecho. En cierto punto pude dejarme caer de la banca y dejé que la barra cayera en el soporte derecho.

Este es mi punto. Cuando usted se encuentra en un momento difícil, no puede sentarse por allí pensando en el contratiempo y en lo injusto que fue. «No puedo creer que tenga esta enfermedad». «No puedo creer que me hayan dejado». «No puedo creer que tenga que comenzar de nuevo». Usted puede ya sea permitir que esa enfermedad, ese rompimiento o esa decepción lo aplaste y que lo liquide bajo todo ese peso, o puede tener un espíritu de guerrero y hacer lo que tenga que hacer para vencerlo. Empuje, deslícese, retuérzase, contonéese, vuelva a enfocarse, obtenga su segundo aire ¡y vénzalo! Cuando me levanté del piso, mi pecho estaba un poco rojo y mi espalda un poco raspada, pero pensé: *Por lo menos sigo vivo.* Vi todas esas pesas y dije: «No me derrotaron. Sigo en pie».

La Escritura dice: «Me has armado de fuerza para la batalla». Descubrí que entre más difícil sea la batalla, más fuerza usted tendrá. Su fuerza siempre coincidirá con lo que tiene en contra. Cuando pienso en cómo pude salirme de debajo de esa pesada barra, no sé cómo lo logré. Estaba totalmente fatigado y había agotado toda mi fuerza tratando de terminar la quinta repetición. Podría haber dicho: «Dios, simplemente quítame esto de encima. Me va a matar». Dios dijo: «Empuja otra vez y ve qué pasa». Empujé y descubrí fuerza que no sabía que tenía. ¿Está usted permitiendo que algo lo derrote porque no pensó tener la fuerza para resistir, la fuerza para vencer, la fuerza para tratar con esa enfermedad o esa dificultad financiera? Si usted tiene un espíritu de guerrero, y comienza a hacer lo que puede, Dios lo ayudará con lo que no pueda.

Vi un reporte en las noticias de la televisión acerca de un hombre que se acercó a un coche que había chocado en la carretera. Había una persona atrapada dentro, y el coche se estaba incendiando. El hombre, que era como de mi estatura, tomó la parte superior del marco de la puerta y de alguna manera arrancó la puerta del coche para que la

> *Cuando usted hace lo que tiene que hacer, descubrirá fuerza que no sabía que tenía.*

persona atrapada pudiera salir. Publicaron una fotografía del marco de acero, que parecía como algo que un superhéroe hubiera doblado. Le preguntaron al hombre cómo lo había hecho. Él dijo: «No lo sé. Simplemente tiré tan duro como pude». Cuando usted hace lo que tiene que hacer, descubrirá fuerza que no sabía que tenía.

Usted no es débil ni está derrotado; usted es un guerrero. Tiene poder de resurrección en su interior. Quizá se encuentre abatido en este momento, esos vientos están soplando, pero como la palmera doblada, usted no se va a quedar así. Usted está a punto de volver a regresar, mejor, más fuerte, más saludable y promovido. Este es un nuevo día. Las cosas están cambiando a su favor. Dios lo ha hecho en el pasado, y lo va a hacer en el futuro. Usted necesita prepararse, viene un rebote. Usted se va a recuperar de la enfermedad, de la depresión, de las malas decisiones, de la pérdida. Esos vientos no lo pueden desarraigar o derribarlo. El enemigo no tiene la última palabra; Dios sí. Dice eso porque su casa está construida sobre la roca, cuando todo termine, cuando pase la oscura tormenta y los ríos y los vientos amainen, usted seguirá en pie, ¡no como víctima, sino como vencedor!

CAPÍTULO DIECISIETE

Recuerde su sueño

Todos nosotros tenemos cosas que estamos creyendo recibir, cosas que queremos lograr. En lo profundo las sentimos con mucha fuerza. Sabemos que son parte de nuestro destino, pero entonces nos golpean algunos reveses. No obtuvimos el ascenso, la relación no funcionó o el informe médico no fue bueno. La vida tiene cierta manera de derribar nuestros sueños. Pueden quedar enterrados bajo el desánimo, enterrados debajo de errores pasados. Estos sueños están enterrados debajo del rechazo, el divorcio, el fracaso y las voces negativas. Es fácil conformarse con la mediocridad cuando todos tenemos este potencial enterrado por dentro. Pero solo porque usted se haya rendido no significa que Dios se haya rendido. Su sueño puede estar enterrado en un lugar tenebroso, pero las buenas noticias son que está vivo. No es demasiado tarde para verlo suceder. Todos hemos pasado por decepciones y malas decisiones a medida que la vida sucede a nuestro alrededor. Pero en lugar de recordar las heridas, los fracasos y lo que no funcionó, la clave para alcanzar su destino es recordar su sueño. Recuerde lo que Dios le prometió. Recuerde lo que le ha susurrado en medio de la noche.

La Escritura llama a estos sueños «las peticiones secretas de su corazón». Son cosas que es posible que no le haya dicho a nadie más. Parecen imposibles. Cada voz le dice que no van a suceder. Usted los ha suprimido, pero Dios está diciendo: «Todavía voy a hacer lo que te prometí. Lo hablé y lo puse en tu corazón. Quizá no haya sucedido todavía, pero soy fiel a mi palabra. Viene en camino». Si usted comienza a creer nuevamente, a recuperar su pasión, a avivar su fe, Dios va a resucitar lo que usted pensó que estaba muerto. Quizá lo hay intentado y haya fallado, y eso fue hace mucho tiempo, pero los sueños a los que usted ha renunciado van a regresar de pronto a la vida. Los problemas que parecían permanentes repentinamente van a cambiar. Lo que debería haber tomado años en ser restaurado, Dios se lo va a dar en una fracción del tiempo. Él tiene la última palabra. No ha cambiado de opinión.

Los sueños a los que usted ha renunciado van a regresar de pronto a la vida.

No permita que las circunstancias lo convenzan de no hacerlo. Probablemente no entienda por qué sucedió algo; por qué una persona se alejó, por qué quedó postrado con esa enfermedad, por qué su negocio no sobrevivió. Usted estaba haciendo lo correcto, pero sucedió lo malo. Todo es parte del proceso. Cada situación injusta, cada demora, y cada puerta cerrada no es un revés; es una preparación para que Dios lo lleve a dónde Él quiere que usted esté. Quizá le esté tomando mucho tiempo, y es posible que no ve cómo podrá suceder, pero todo lo que se necesita es un toque del favor de Dios.

¿Por qué está recordando la herida, la decepción y las veces que no funcionó? Voltéelo y comience a recordar su sueño. ¿Qué es lo que Dios ha puesto en su corazón? ¿De qué solía estar emocionado? ¿Por qué piensa que es demasiado tarde, demasiado grande, que no es posible? ¿Por qué no cree poder escribir el libro, comenzar el negocio, ver la relación restaurada o terminar la escuela? Recupere su pasión. Usted no ha perdido su oportunidad ni ha tenido demasiados tiempos malos. Usted no tiene escasez, ni se le ha dado menos de lo debido.

Saque su pala

Cuando Dios sopló su vida en usted, puso dentro de usted todo lo necesario para cumplir con su destino. La gente no lo puede detener y tampoco lo harán las malas decisiones, las decepciones o la pérdida. El Dios altísimo está de su lado. Usted tiene sangre real fluyendo por sus venas. Usted tiene semillas de grandeza. Hay sueños en usted tan grandes que no puede lograrlos por sí solo. Va a requerir que se conecte con su Creador, creyendo que usted es una persona de destino, sabiendo que Dios está dirigiendo sus pasos. Todos enfrentamos desafíos, pero no tenemos que desanimarnos. Dios controla todo el universo. Él no va a permitir que nada nos suceda a menos que tenga una manera de sacar algo bueno de ello. Pero usted tiene que avivar su don. Al enemigo le encantaría que usted mantuviera su sueño enterrado y quiere convencerlo de que nunca va a suceder, que es demasiado tarde.

No crea esas mentiras. Usted todavía puede lograr sus sueños. Usted todavía puede convertirse en todo lo que fue creado. Cada vez que usted recuerde su sueño, cada vez que usted diga: «Señor, gracias por hacerlo suceder», está removiendo un poco de tierra. Lo está excavando.

Probablemente haya estado tratando con una enfermedad durante mucho tiempo. Al inicio usted creyó que se recuperaría, pero ahora han pasado años. Usted ha aprendido a vivir con ello. Lo que sucedió es que su sanidad, su avance, su libertad, ha quedado enterrado. Siguen en usted; siguen vivos. Si usted recupera su fuego, si comienza a creer de nuevo, Dios puede hacerlo suceder. Cuando usted está pensando: *Nunca va a suceder. He recibido tantos reportes negativos.* Es como poner más tierra sobre él. Eso es enterrarlo más profundo. ¿Por qué no saca su pala y comienza a remover la tierra? ¿Cómo se hace eso? Diga: «Señor, gracias que estás restaurando mi salud. Gracias que soy libre de esta adicción, libre de esta depresión. Gracias que mis mejores días todavía están delante de mí». Si usted sigue hablando así, el sueño que había estado enterrado volverá a la vida. Eso es lo que le permite a Dios hacer grandes cosas. Él es movido por nuestra fe. No es movido por nuestras dudas, por nuestro desánimo o por nuestras quejas.

«Pero Joel, nunca conoceré a la persona indicada. He sido lastimado demasiadas veces». Usted está recordando lo equivocado. Mientras usted more en la herida, se va a atorar. Comience a recordar el sueño. «Señor, tú dijiste que

Mientras usted more en la herida, se va a atorar. Comience a recordar el sueño.

traerías a la persona perfecta a mi vida. Quiero agradecerte por una conexión divina, alguien mejor de lo que hubiera imaginado». Deje de decir: «Nunca cumpliré con mi meta. Nunca obtendré este ascenso. No tengo el talento. Lo he intentado, pero siempre me dejan de lado». Eso es enterrar el sueño, echar más tierra sobre él. Usted necesita conseguir una pala y comenzar a excavar ese sueño. Es posible que usted haya estado haciendo esto durante tanto tiempo que necesite una excavadora. Usted necesita alguna pieza de equipo pesado porque está enterrado profundamente en la oscuridad. Usted lo puede excavar y traerlo a la vida. Empieza en su pensamiento, en lo que está creyendo y en lo que está diciendo. No más: «Nunca va a suceder. Nunca voy a tener una casa bonita o a obtener mi título». No, usted tiene que decir: «Estoy rodeado por el favor de Dios. Las bendiciones me están persiguiendo. Como me deleito en el Señor, me dará los deseos de mi corazón». Lo que haya puesto Dios en el interior, sin importar hace cuánto tiempo, sin importar lo imposible que parezca, le estoy pidiendo que lo avive. Usted tiene que entrar en acuerdo con Dios. Él es el dador de sueños. Él es quien puso ese deseo en usted. Quizá necesite estar a solas, en silencio y buscar en su corazón. Dígale: «Dios, cualquier cosa que yo haya enterrado, cualquier cosa a la que haya renunciado, muéstrame qué es. Dios, no me permitas morir con sueños todavía enterrados».

«Dame, pues, ahora este monte»

Eso fue lo que hizo Caleb. Cuando él y Josué eran jóvenes, fueron enviados a espiar la Tierra Prometida. Volvieron y le dijeron a Moisés y a todo el pueblo de Israel: «¡Vamos enseguida a tomar la tierra! [...] ¡De seguro podemos conquistarla!». Pero los otros diez espías dijeron justo lo opuesto, hablando solamente de grandes ciudades fortificadas y de gigantes que los hacían sentir como saltamontes. Los israelitas, unos dos millones de personas, quedaron aterrorizados por el informe negativo, y aunque estaban acampados fuera de la Tierra Prometida, dieron la vuelta y ese grupo de personas nunca entró. Me puedo imaginar que Caleb se desanimó. Él sabía que deberían haber entrado. Dios puso ese sueño en su corazón, pero no sucedió. Parecía como si las otras personas lo hubieran detenido de llegar a su destino. Eso hubiera sido el final de la historia de Caleb, lo cual podría haber sido muy malo para él porque había tenido algunos contratiempos injustos. Su sueño había quedado enterrado, pero no era su culpa. La mayoría de la gente se habría rendido y se habrían conformado donde estaban, pero no Caleb. La verdadera marca de un campeón es que a pesar de que se le eche un poco de tierra a un sueño, en lugar de dejarlo que se entierre, siguen quitándole la tierra. Siguen buscando nuevas maneras para avanzar, creyendo que vendrán nuevas oportunidades.

Cuarenta años más tarde, cuando Caleb tenía ochenta y cinco años, todavía podía sentir su sueño agitándose en su interior. No estaba sentado por allí sintiendo lástima por sí mismo diciendo: «Realmente lo intenté. Si solamente esas otras personas hubieran hecho lo correcto. Si solamente no hubiera tenido esos malos momentos. Estaba tan cerca. Me imagino que no debía ser». A los ochenta y cinco, Caleb volvió a ese mismo monte donde todavía vivían los gigantes, el mismo lugar al que otros se habían rehusado a ir, y dijo: «Dame, pues, ahora este monte». Lo significativo es que había tres gigantes viviendo en ese monte; tres Goliats. Había muchas otras montañas con menos oposición que podrían haber sido mucho más fáciles de conquistar. Puedo escuchar a un amigo decir: «Vamos, Caleb, tienes ochenta y cinco años. Mira, toma este monte fácil en lugar de ese». Él podría haber dicho: «No, gracias. No me voy a conformar con la mediocridad cuando Dios ha puesto grandeza en mí. Quiero ese monte. Ese es el sueño que ha estado quemando en mí durante todos estos años». Él lo avivó. Cuarenta años después que se le dio el sueño, fue y conquistó el monte que Dios le había prometido. El sueño se cumplió.

¿Alguna vez ha permitido que algún sueño quede enterrado en usted? En cierto tiempo usted pensó que podría hacer algo grande —posiblemente pensó que podría liderar una empresa o romper una adicción— pero eso fue hace mucho tiempo. Usted pasó por algunos malos momentos que no fueron culpa suya. Usted tiene una buena excusa para conformarse; nadie lo culparía si lo hiciera. Pero Dios me envió a encender un fuego dentro de usted. Ese sueño todavía está vivo. Probablemente haya tratado de hacerlo suceder hace un año o hace cinco años o hace cuarenta años, pero no funcionó. Nadie lo ayudó y nadie lo alentó. Dios le está diciendo que haga como Caleb:

«Ve y vuelve a intentarlo. Este es tu tiempo. Este es tu momento. Tu destino te está llamando». Usted tiene que ser como Caleb. No puede tener un espíritu que se rinda y tome la salida fácil. No se conforme con menos que su sueño y no se rehúse a entrar en la pelea. ¡Su destino está en riesgo! Si no aviva sus dones, podría perderse de lo que usted fue creado. Quizá haya sido derribado, pero tiene que volver a levantarse y decir: «Dios, dame, pues, ahora este monte. No quiero un sustituto. No quiero lo segundo mejor. No quiero menos que eso. Dios, estoy yendo en pos de lo que pusiste en mi corazón». Cuando usted recuerde el sueño, Dios lo ayudará a completar lo que no logró antes. Usted todavía puede convertirse en todo aquello para lo que fue creado.

Vi un informe sobre un hombre que fue criado en un ambiente bastante disfuncional. Su padre no era parte de su vida, y su madre estaba pocas veces cerca. Creció en unas viviendas de bajo ingreso del gobierno. Desde chico tenía el deseo de ser escritor. Fue a la escuela, pero no había estructura en su vida; no había nadie guiándolo. A los quince abandonó la escuela sin haber aprendido a leer o escribir. Estaba tan avergonzado que comenzó a beber para tratar de entumecer el dolor. Durante treinta y cinco años todo lo que hizo fue pasar el tiempo en la calle y beber con sus amigos. Pero un día algo se levantó en él como un fuego. Les dijo a sus amigos que había tenido suficiente, que estaba cansado de vivir así, y que iba a ser el último trago que lo verían dar en el resto de su vida. Se rieron y pensaron que estaba bromeando. Pero ese día fue un punto de quiebre en su vida. Fue hecho libre del alcohol y nunca lo volvió a tocar. A los cincuenta y un años regresó a la escuela y aprendió a leer y a escribir y obtuvo su diploma. Estaba muy orgulloso. Entonces comenzó a escribir poesía. Era un escritor talentoso y elocuente. Ese sueño había quedado enterrado en lo profundo debajo de la disfunción, de malas decisiones y adicciones, pero seguía vivo. Entró a un concurso de redacción y obtuvo el tercer lugar. Siguió mejorando, puliendo su oficio, entonces entró a un concurso nacional y ganó el premio mayor, el primer lugar. A los setenta y cinco años continúa escribiendo e inspirando a la gente, haciéndoles saber que nunca es demasiado tarde para cumplir sus sueños.

A lo que usted renunció, Dios no. Lo que usted quería hacer al principio de su vida no se fue porque no funcionara. Sigue en usted. Cuando el profeta Jeremías estaba tan desanimado por estar siendo perseguido y porque se burlaban de él por hablar la Palabra, uno habría pensado que renunciaría, pero de pronto dijo: «Si digo que nunca mencionaré al Señor o que nunca más hablaré en su nombre, su palabra arde en mi corazón como fuego. ¡Es como fuego en mis huesos! ¡Estoy agotado tratando de contenerla! ¡No puedo hacerlo!». Creo que hay algunos sueños que arden dentro de usted como fuego. Usted va a sentir a su destino llamándolo. Usted trató de alejarse de ello cuando no funcionó la primera vez: el préstamo no fue aprobado, no le dieron el papel, el informe no resultó ser bueno. Eso está bien. Este es un nuevo día. Lo que Dios comenzó, lo va a terminar. Quizá haya perdido algunas oportunidades, pero

Creo que hay algunos sueños que arden dentro de usted como fuego. Usted va a sentir a su destino llamándolo.

Dios sabe cómo compensar el tiempo perdido. Le va a dar otra oportunidad. Dice en el libro de Joel: «Los compensaré por los años». Es probable que usted haya perdido años porque otras personas lo pusieron en desventaja o a causa de sus propias decisiones, pero Dios sabe cómo compensarlo. Todavía puede llevarlo a donde se supone que debe estar.

Sea un soñador

Previamente compartí que Dios le dio a José un sueño de que un día sus padres y sus hermanos se inclinarían delante de él. José debería haber sido más sabio y no contarles su sueño. Hay ciertas cosas que usted debería guardarse. Algunas personas no pueden manejar lo que Dios ha puesto en usted. No lo van a celebrar; más bien, como los hermanos de José, se van a poner celosos de usted y a empezar a encontrar faltas. Un día José fue a ver a sus diez hermanos, que estaban alimentando el ganado de su padre. Cuando se acercó, uno de ellos dijo sarcásticamente: «¡Aquí viene el soñador!». En el pasado los hermanos habían estado molestos porque José era el hijo favorito de su padre y porque su padre le había dado a José una túnica especial de muchos colores. Pero ahora estaban mucho más molestos por el sueño que había tenido. Creo que hay algunos sueños que arden dentro de usted como fuego. Usted va a sentir a su destino llamándolo. Ellos estaban ofendidos porque él estaba determinado a romper el molde de la familia, hacer algo mayor de lo que ellos habían hecho, dejar su marca. Habrían estado contentos si él se hubiera conformado con ser promedio y con aceptar el «statu quo». Pero cuando usted aviva lo que Dios ha puesto en usted, cuando usted cree que tiene semillas de grandeza, déjeme advertirle que no todos lo van a celebrar.

Cuando usted tiene un sueño, va a tener algunos detractores. Cuando usted cree que puede vencer la enfermedad, liquidar su casa, comenzar un negocio o ser exitoso a pesar de los errores pasados, algunas personas se van a poner celosas y a tratar de hacerlo ver mal o a convencerlo de no continuar: «¿De verdad crees que vas a obtener ese ascenso? No tienes la experiencia». «¿En realidad crees que conociste a la persona indicada? No funcionó las últimas tres veces que lo intentaste. Te estás poniendo un poco viejo». Que eso le entre por un oído y le salga por el otro. Los críticos, los fatalistas y los que odian no controlan su destino. Dios sí. No pueden detenerlo de realizar sus sueños. Quizá hagan algo que lo ponga en desventaja, pero Dios sabe cómo tomar lo que estaba pensado para su mal y utilizarlo para promoverlo.

Los propios hermanos de José trataron de destruir su sueño. Digo esto con respeto, pero algunas veces sus parientes no lo van a celebrar. Algunas veces las personas más cercanas a usted serán las que menos lo apoyen. Esta es la clave: no se distraiga con pelear batallas que no importan, tratando de probarles quién es usted, tratando de convencerlos de creer en usted. Usted no necesita su aprobación. Usted tiene la aprobación del

Las personas exitosas, las personas que tienen un sueño y que lo han perseguido, no desperdician su tiempo viendo lo que todos los demás están haciendo.

Dios todopoderoso. Déjelos ir. Los que odian van a odiar. Lo que los mueve es el hecho de que usted está avanzando, yendo en pos de su destino. Quieren que usted mantenga su sueño enterrado en un lugar tenebroso, para que usted no se levante más alto y los haga ver mal. No se dan cuenta de que Dios también ha puesto sueños en ellos. Si ellos avivaran sus sueños, no estarían celosos. Podrían levantarse más alto y cumplir con su propio propósito. Las personas exitosas, las personas que tienen un sueño y que lo han perseguido, no desperdician su tiempo viendo lo que todos los demás están haciendo. Están demasiado ocupados enfocándose en lo que Dios ha puesto en su corazón.

El enemigo toma como objetivos a las personas que tienen un sueño. Él usará la oposición, las demoras, el desánimo, los celos y todo lo demás que pueda para tratar de convencerlo de enterrar ese sueño. Si usted va a alcanzar su máximo potencial, tiene que decidirse a estar en ello para un tiempo largo. Que no va a permitir que las personas lo convenzan de dejarlo. Usted no va a permitir que las circunstancias lo desalienten, que las demoras lo lleven a rendirse o que los críticos lo distraigan. Usted va a permanecer enfocado en su meta. Esta es la clave: no tendría esa oposición si no tuviera algo grande en usted. Si ese sueño no estuviera vivo y en camino a cumplirse, conforme a lo programado, usted no tendría tantas cosas viniendo en su contra. Pero cuando el enemigo lo ve, dice: «Ay no, aquí viene otro soñador. Aquí viene otra persona llena de fe, que cree que tiene semillas de grandeza, que no es movida por sus circunstancias, que no está deprimida por haber tenido un mal momento, que no se está rindiendo porque ya se tardó mucho. Es un soñador. Sabe que tiene el favor de Dios. Sabe que nada es imposible porque cree. Sabe que Dios puede abrir un camino donde no ve uno».

Recuerde la promesa

Cuando usted es un solador, es peligroso para el enemigo. Él sabe que usted se dirige a nuevos niveles. Él sabe que usted va a establecer un nuevo estándar en su familia. Sabe que usted está entrando en abundancia, en sobreabundancia. Y sabe que no hay nada que pueda hacer para detenerlo. Las fuerzas que están a su favor son mayores que las fuerzas que están en su contra. Pero él va a trabajar a lo largo del tiempo para tratar de convencerlo de quedarse donde está. Usted tiene que recordar este principio: cuando las cosas negativas suceden, no pueden detener su destino; son una señal de que usted está en camino a su destino. Esos contratiempos no cancelaron sus sueños; todo es parte del proceso. La demora, las personas que le hicieron mal o la vez que no funcionó son simplemente otro paso en el camino hacia su destino.

Después de trece años de contratiempos y decepciones, José le interpretó un sueño al faraón, quien de inmediato convirtió a José en uno de los hombres de mayor influencia de su época. Años después, hubo una gran hambre en la tierra. La gente estaba en angustia tratando de sobrevivir. Los hermanos de José, los mismos que lo habían lanzado a la cisterna y que lo habían vendido como esclavo se presentaron en el palacio buscando comprar alimentos. José estaba a cargo del suministro de alimentos y estaban en pie delante de él, pero no lo reconocieron. Como se puede imaginar, fue bastante dramático para José. Estos eran los hermanos que lo traicionaron y que le causaron tantos años de congojas y dolor. Uno podría pensar que José estaría amargado, enojado y con ánimo de venganza. Esta era su oportunidad para devolvérselas, y tenía el poder para hacerlo. Pero la Escritura dice: «José reconoció a sus hermanos [...] Entonces recordó los sueños que había tenido acerca de ellos hacía muchos años atrás». No recordó la herida, o la traición o las noches solitarias o las veces en las que había estado confundido. Cuando se inclinaron delante de él, recordó la promesa que Dios le había dado. Todas esas dificultades que había sufrido, todo ese tiempo cuando parecía como si hubiera perdido su destino; todo el tiempo Dios había estado en control dirigiendo sus pasos. Todo era parte del plan de llevarlo a donde se supone que debería estar. Fue pensado para su mal, pero Dios lo volteó y lo usó para su bien.

Cuando Dios le da un sueño, cuando pone una promesa en su corazón, no significa que vaya a suceder sin oposición, demoras y adversidades. Van a haber cosas que usted no va a comprender. Usted tendrá muchas oportunidades para desalentarse y frustrarse, pensando que nunca va a suceder. *De seguro no escuché bien a Dios. Nada está saliendo bien.* En los momentos duros usted tiene que hacer lo que José y recordar su sueño. Dios no lo trajo hasta aquí para dejarlo. Usted quizá no lo entienda, pero Dios está en control. Está dirigiendo sus pasos. Ahora

En los momentos duros usted tiene que hacer lo que José y recordar su sueño.

haga su parte, permanezca en fe y mantenga una buena actitud. Que Dios sea quien le haga justicia. Permita que Dios pelee sus batallas. Lo tiene todo resuelto. «Bueno, Joel, estoy en el foso. Es un lugar tenebroso. No lo entiendo». No se preocupe, porque viene una caravana para llevarlo a su siguiente parada. «Un amigo me mintió». «Pasé por un divorcio». «Perdí a un ser querido». No se amargue. Es simplemente una desviación en su camino a su destino. El palacio ya viene. La promesa sigue en camino.

Solo está de paso

La Escritura habla de «esta aflicción leve y pasajera». Cuando usted enfrenta oposición y las cosas no salen como usted espera, reconozca que no es permanente. Ese no es su destino final. Deje de preocuparse por cosas que solamente son temporales. Como sucedió con José en la cisterna —la traición, la injusticia, la soledad— son pasajeras. Ese no es su hogar permanente. Es una parada pasajera. El salmista escribió acerca de «cuando anden por el Valle del Llanto», y no de «establecerse en el Valle del Llanto» ni de «quedar atascado en el Valle» ni de «construir una casa en el Valle». El Valle es pasajero; usted está pasando por él. Ahora mi desafío es dejar de perder el sueño por una parada pasajera. Deje de estar estresado por algo que es solamente por una temporada; no es permanente.

En una ocasión, yo estaba en mi jardín trasero y mi césped parecía que estaba muerto. Estaba café y desgastado. Le llamé al hombre que me ayuda con la jardinería y le pregunté: «¿Qué le pasó a mi pasto? ¿Se va a morir?». Me dijo: «Joel, no está muerto. Simplemente no es temporada. Está completamente vivo, pero se encuentra dormido en este momento. En unos meses estará tan verde y lleno como puede estar». Yo estaba preocupado por algo que era pasajero. Yo pensé que esa era la manera en la que siempre iba a estar. Una vez que caí en cuenta de que era normal, nunca me volví a preocupar. Cuando vi esa grama café, pensé: *Es solo cuestión de tiempo para que vuelva a estar verde.* ¿Se está preocupando por cosas que solamente son pasajeras? ¿Está permitiendo que algo robe su gozo porque piensa que se terminó, que nunca va a funcionar? Su sueño no está muerto; simplemente no es su temporada. Su tiempo viene. Las personas correctas, las oportunidades adecuadas, la sanidad, la justicia, la restauración van en camino hacia usted. La Escritura la llama una «aflicción leve y pasajera», y agrega que «nos produce un eterno peso de gloria que sobrepasa toda comparación». La aflicción es pasajera, pero la gloria es permanente.

> *Su sueño no está muerto; simplemente no es su temporada. Su tiempo viene.*

Avive lo que está en su interior. Probablemente tenga un sueño que ha enterrado y al que haya renunciado. Necesita sacar su pala y comenzar a agradecerle a Dios que se va a cumplir. Quizá se encuentre en una desviación en este momento o esté pasando por algo que no entiende. No se desanime. Solo está de paso. Es fácil recordar la herida y la decepción. Le estoy pidiendo que recuerde el sueño, recuerde la promesa. Si usted hace esto, creo que los sueños que ha enterrado volverán a la vida. Las promesas a las que ha renunciado resucitarán. Como lo hizo con José, Dios va a convertir cada piedra de tropiezo en un peldaño. Usted se levantará más alto, logrará sus metas y se convertirá en todo lo que usted fue creado.

CAPÍTULO DIECIOCHO

Un fin esperado

Yo estaba en casa de un actor reconocido que no solamente aparece en películas importantes, sino que las escribe. Entramos a una sala con una gran pared de vidrio que mira sobre su propiedad. Parecía un poco extraño que había probablemente ciento cincuenta fichas de trabajo pegadas a la pared de vidrio. Explicó que estaba escribiendo una película y que cada tarjeta representaba una escena distinta. Las estudia y las cambia de lugar, añadiendo una escena aquí y quitando una escena allá. Nos explicó que para hacer una buena película uno necesita tener puntos altos y puntos bajos, conflictos y victorias, personajes buenos y malos, giros y vueltas. Aunque lo encontré bastante fascinante, parecía muy complicado, muy confuso. Le pregunté: «¿Cómo sabes dónde empezar?». Me dijo: «Bueno, esa es la parte fácil. Uno siempre debe comenzar con la escena final. Uno tiene que establecer cómo quiere que termine la película. Una vez que uno establece el final, trabaja hacia atrás y llena los detalles». Y añadió: «De hecho, uno no filma las escenas de la película en secuencia necesariamente. Muchas veces uno filma la escena final primero, y luego el resto de la película».

Esto es lo que Dios ha hecho por cada uno de nosotros. El profeta Isaías dijo hablando de parte de Dios: «Yo anuncio el fin desde el principio». Cuando Dios planificó su vida, comenzó con su escena final. Comenzó donde quiere que usted termine, y luego trabajó hacia atrás. Esto es lo maravilloso. Jeremías 29 dice que Dios tiene «pensamientos de paz, y no de mal, para daros el fin que esperáis». Su fin ya ha sido establecido. Su escena final ya fue filmada. Las buenas noticias son que no termina en derrota, en fracaso, en decepción o en congoja. Usted termina en victoria, como más que vencedor, como cabeza y no cola, cumpliendo su destino. Cuando usted entiende que su fin ya ha sido establecido, no pasa por la vida molesto a causa de una decepción, frustrado porque un sueño no se ha cumplido o amargado por una pérdida. Usted se mantiene en paz, sabiendo que al final, todo va a cooperar a su favor.

Cuando usted entiende que su fin ya ha sido establecido, no pasa por la vida molesto a causa de una decepción, frustrado porque un sueño no se ha cumplido o amargado por una pérdida.

Pero esta es la clave: como en una película, habrán vueltas y giros. Habrá momentos en los que pensará: *Sé que se supone que debería estar yendo en esa dirección, pero voy en la dirección opuesta. Mi meta es llegar allá, así que, ¿por qué estoy yendo en la dirección contraria?* Habrá escenas en su vida que por sí solas no van a tener sentido. Si usted se detuviera en ese momento en el divorcio, la enfermedad o la pérdida, parecería que las cosas no se resolvieron. Parecería como si usted hubiera sido derrotado. Pero no ha caído en cuenta de que esa no es su escena final. Mientras tenga aliento, su película sigue en desarrollo. Quizá se encuentre en una escena difícil en este momento, algo que usted no entendió —un reporte médico negativo, un revés en sus finanzas— y podría parecer como si el sueño hubiera muerto. Usted tiene que recordarse a sí mismo que así no es como termina su historia. Usted tiene un fin esperado. El Creador del universo, el Dios Altísimo, ya lo pensó para bien y no para mal. Si usted sigue avanzando, va a venir otro giro, pero esta vez será una buena oportunidad, un ascenso, una restauración, una sanidad. Dios sabe cómo entretejerlo todo. Ya estableció el final.

Su escena final ya fue filmada

Vemos este principio en José. Dios lo destinó para gobernar una nación, para convertirse en un líder en Egipto para que pudiera ayudar a su familia y al mundo en un tiempo de hambre generalizada. Ese era el fin. Estaba establecido. José comenzó bien. Pero su historia tomó un giro inusualmente oscuro. Sus hermanos le tenían envidia y lo vendieron como esclavo. Él podría haber pensado: Creo que no escuché bien a Dios. Él me dio el sueño de que mi familia se inclinaría ante mí, pero de seguro no resultó. José entendió este principio. Sabía que esa era solo una escena. Sabía que el final había sido establecido, así que simplemente siguió haciendo su máximo esfuerzo. Lo acusaron falsamente y lo encarcelaron por algo que no cometió. Hubo otro giro extraño que lo hizo parecer como si estuviera siendo llevado lejos de su destino. Esta fue la verdadera prueba de fe. ¿Mantendrá usted una buena actitud cuando esté haciendo lo correcto, pero lo malo esté sucediendo? ¿Seguirá siendo lo mejor que pueda cuando no esté recibiendo el reconocimiento que merece? ¿Se mantendrá apasionado por la vida cuando la puerta se cierre y no obtenga el ascenso, o el informe médico no sea bueno y sienta como si estuviera yendo en sentido contrario?

Aquí fue dónde José se destacó. Cuando fue encarcelado falsamente, no se desmoronó ni se amargó. Simplemente siguió haciendo lo correcto. Si José estuviera aquí hoy, diría: «No se desanimen por los desvíos, los giros extraños y las escenas oscuras que no entiendan. Todas ellas son parte vital de su película. Quizá no tengan sentido por sí solas, pero Dios sabe cómo entretejerlas, y al final usted terminará cumpliendo con su propósito, viendo lo que Él ha prometido».

Aquí es donde muchas personas se frustran y se agrian en la vida. «Joel, si Dios es bueno, ¿por qué tuve esta dificultad?». «¿Por qué me despidieron?». «¿Por qué mi relación no sobrevivió?». Probablemente jamás comprendamos los porqués, pero puedo decirle esto: Dios no lo hubiera permitido sino fuera a cooperar en alguna manera para bien. Nada de lo que le ha sucedido puede desviarlo de su destino. Lo único que lo puede detener es usted mismo. Si usted se vuelve negativo y amargado y

Nada de lo que le ha sucedido puede desviarlo de su destino. Lo único que lo puede detener es usted mismo.

pierde su pasión, eso es lo que lo va a detener de lo mejor de Dios. Quizá le hayan sucedido cosas injustas, pero he aprendido que la profundidad de su dolor es una indicación de la altura de su futuro. Cuando los trabajadores de la construcción van a construir un gran rascacielos, primero tienen que cavar muchos pisos hacia abajo para construir el cimiento. Entre más alto es el edificio, más profundos los cimientos. Cuando usted pasa por dificultades y situaciones injustas, quizá sea incómodo, probablemente no le agrade, pero Dios lo está preparando para ser llevado más alto de lo que se ha imaginado alguna vez. Parecería como si algo estuviera allí para derrotarlo, pero Dios lo va a usar para incrementarlo. Ningún contratiempo lo puede detener. Todas las fuerzas de las tinieblas no lo pueden detener. Dios tiene un fin esperado para usted; Él ya lo estableció.

Pero a lo largo del camino no todo va a hacer sentido. Aquí es donde entra la fe. Usted tiene que confiar que incluso en las escenas en las que usted no entiende, en los giros de la vida, Dios sabe lo que está haciendo. Como le sucedió a José, usted sabe que Dios le prometió una cosa —influencia, liderazgo, nuevos niveles—, pero que todo lo que está sucediendo parece indicar justo lo opuesto: derrota, traición, insignificancia. Es en ese momento cuando tiene que pararse firme y decir: «Dios, no lo entiendo, pero confío en ti. Creo que tus pensamientos para mí son buenos. Creo que ya estableciste mi fin y filmaste mi escena final. Creo que voy a cumplir mi propósito y voy a llegar a ser lo que tú creaste que yo fuera».

Si no todo está bien, no es el fin

He escuchado que Dios siempre termina en «todo es bueno». Si no todo está bien, eso significa que no es el fin. «Joel, no estoy bien en mis finanzas. El negocio está lento y estoy batallando». No se desanime por el problema; ese no es el fin. Esa es solo una escena. El favor viene. Los avances vienen. La abundancia viene. Si no está bien en su salud, no se conforme y piense: *Esta es la manera en que siempre va a ser.* Otra escena viene. Dios prometió que cumplirá con el número de sus días. Si no es su tiempo de partir, no se va a ir. Probablemente no le esté yendo bien en una relación, usted pasó por un rompimiento, está solo y no cree que alguna vez va a conocer a la persona indicada. Ese no es el fin. La persona que lo dejó no detiene el plan de Dios. Ellos no cambiaron su final. Ellos no pueden rehacer su peli. Ellos no tienen ese tipo de poder. Dios ya estableció su final. Ya preparó a la persona de sus sueños, alguien mejor de lo que se ha imaginado. Solo está a un par de escenas de distancia. Es solo cuestión de tiempo antes de que esa persona aparezca.

La Escritura dice: «Si el Señor de los ejércitos lo ha determinado, ¿quién puede frustrarlo?». Esto significa que Dios tiene un propósito para su vida. Ya planeó sus días, alineó las diferentes escenas y estableció su fin. Entonces pregunta: «¿Quién puede frustrarlo?». Dios está diciendo: «Yo lancé las estrellas al espacio. Hice que existieran planetas con mis palabras. Soy el todopoderoso Creador del universo. Ahora, ¿quién puede

> *Cuando todo se una, como sucedió con José, va a cooperar para su bien.*

frustrar mi plan para tu vida? ¿Quién puede cambiar tu final? La gente no puede, las situaciones injustas no pueden, la tragedia no puede. Yo tengo la última palabra». Cuando usted esté en un desvío, cuando llegue a un callejón sin salida con algo que no entienda, no se moleste ni viva frustrado. Es solamente una escena. Cuando todo se una, va a cooperar para su bien. Si José no hubiera sido traicionado por sus hermanos, no hubiera sido vendido como esclavo, no hubiera sido acusado falsamente y encarcelado, no habría llegado al trono. Esas eran escenas muy necesarias en el camino a su fin establecido. ¿Qué estoy diciendo? Que lo que parece un revés en realidad es Dios preparándolo para entrar a la plenitud de su destino. Usted puede pasar por la vida luchando contra todo lo que no esté saliendo a su manera, estando preocupado, negativo y molesto. O puede mantenerse en paz, sabiendo que Dios está dirigiendo sus pasos, incluso los desvíos, los callejones sin salida y las vueltas en U. Todo va a cooperar a su favor.

Algunas veces cuando estoy viajando y no puedo ver un partido en televisión, lo grabo en casa. El otro día grabé un importante partido de baloncesto que sabía me iba a perder. A la semana siguiente me senté a verlo. Yo ya sabía el final. Había leído las noticias y había visto los resúmenes. El equipo al que yo le iba, había ganado. Durante el primer cuarto, mi equipo jugó bastante mal, apenas podía encestar e iba muy atrás. No me preocupé en lo más mínimo. Me senté allí en calma, disfrutando el partido. El jugador estrella había cometido varias faltas y tuvo que sentarse en la banca como prevención y quedamos todavía más atrás. No me puse nervioso. El equipo salió a la segunda mitad y comenzó igual de mal. No podía hacer nada bien. Normalmente, yo habría estado en la orilla de mi asiento, ansioso, nervioso, preguntándome que podría suceder. Pero como ya sabía el resultado, eso cambió totalmente mi perspectiva. De hecho, entre más nos llevaba la delantera en puntos el contrario, yo pensaba: *Este va a ser un regreso emocionante. No puedo esperar a ver lo que sucede.* Toda la preocupación y la ansiedad se habían ido a causa del fin esperado. Yo sabía que ya habíamos ganado.

En la vida hay momentos en los que parece como si nuestros oponentes —enfermedad, depresión, pérdida— nos están derrotando. Estamos lejos en puntuación. Es fácil ver las circunstancias y desanimarnos, pensando: Nunca va a resultar. *Las probabilidades están en mi contra. El informe médico dice que no voy a sobrevivir. Nunca voy a lograr mis sueños.* Al igual que con ese partido de baloncesto, usted tiene que recordarse a sí mismo que el fin ya ha sido establecido. Cuando sienta que le superan en puntuación por mucho, que son más, que son de una mejor clase, en lugar de desanimarse tenga una nueva perspectiva. Eso significa que usted está a punto de hacer un gran regreso. En cualquier momento las cosas van a cambiar a su favor. Una buena oportunidad, una sanidad, un ascenso o una restauración viene. Dios tiene la última palabra. Él: «Siempre nos lleva en triunfo». No dice «algunas veces», o «la mayoría de las veces». Él ya filmó su escena final. Ya preparó el desfile de victoria.

Un fin floreciente

Un amigo mío fue criado en un hogar sumamente disfuncional. Su padre murió cuando él tenía cuatro años. Su madre se ganaba la vida trabajando en la calle. Cuando tenía once años, ella lo dejó en una esquina en una gran ciudad y le dijo que volvería en un rato. Tres días después, seguía en esa esquina esperando a su madre. Confundido, hambriento y asustado no sabía qué hacer. Todas las probabilidades estaban en su contra. No parecía como si fuera a lograr algo alguna vez. Pero cuando Dios sopló su vida en Él —y en usted—, estableció el fin primero. Estableció su propósito. Le dio una misión. Puso en usted todo lo que necesita para llegar a su destino: los dones, los talentos, la confianza. Preparó a la gente indicada, las oportunidades adecuadas y las soluciones a los problemas.

La manera en que inicie no es importante. No permita que lo que usted piensa que es una desventaja o una dificultad lo haga decir: «Si hubiera tenido una mejor niñez, si hubiera tenido apoyo, si no hubiera tenido esta disfunción, habría hecho algo grande». Allí fue donde usted inició, pero no es donde va a terminar. El inicio no determina su destino. Esa es solo una escena. Lo que importa es el fin esperado. El Creador del universo ya lo destinó para dejar su marca. Ya ha puesto semillas de grandeza dentro de usted. A Dios le encanta tomar a la gente que inició con las probabilidades en su contra y hacer brillar su favor en

El inicio no determina su destino. Esa es solo una escena. Lo que importa es el fin esperado.

ellas, darles oportunidades, promoverlas y hacerlas lograr cosas extraordinarias.

Eso fue lo que le sucedió a mi padre. Venía de una familia muy pobre durante la Gran Depresión. No tenía dinero, poca preparación académica y ningún futuro importante. Allí fue donde él comenzó, pero no fue dónde terminó. Su escena final, su fin establecido, era pastorear una iglesia grande y tener un ministerio que tocara el mundo. No permita que la manera en que fue criado, lo que no tuvo o lo que parece una desventaja lo detenga. Dios no sopló vida a una persona sin darle un destino que cumplir. Si usted sigue honrando a Dios y siendo lo mejor que puede, está avanzando hacia el propósito que Dios ha diseñado para usted. Es mayor de lo que se imagina. Es más gratificante de lo que ha soñado.

La historia del niño de once años que estaba parado en la esquina no termina allí. Un hombre que pasaba por ese lugar al trabajo todos los días observó que había estado allí tres días seguidos. Se detuvo y le preguntó si necesitaba ayuda. El niño le dijo que había sido abandonado y que no tenía a dónde ir. Este hombre y su esposa lo recibieron en su casa y finalmente lo adoptaron. Al crecer, este joven tenía el deseo de ayudar a otros niños en necesidad. Le dijo a su pastor que necesitaba una furgoneta para recoger niños de ambientes en riesgo. Cada semana traía más y más niños necesitados a la escuela dominical. Y siguió creciendo. Con el tiempo, en lugar de una furgoneta necesitó un autobús escolar, y luego otro, y otro. Hoy, este hombre tiene un ministerio que alcanza a 150,000 niños cada semana, dándoles apoyo y amor, haciéndoles saber que pueden desafiar las probabilidades y hacer algo grande en la vida. Es posible que usted haya tenido un inicio difícil, pero no va a tener un final difícil. Quizá alguien lo haya puesto en desventaja, pero no cambiaron el fin esperado. Lo que hayan hecho o no, no puede detener su destino. Deshágase de las excusas. Deje de enfocarse en los malos momentos o en las decepciones. Dios está en control de su vida. Está dirigiendo sus pasos. Ya estableció el final.

El apóstol Pablo dijo en el libro de Filipenses que Dios «llevará a feliz término» la labor que comenzó en nosotros. No dijo a un «término derrotado», «un final injusto», «un fin solitario» o un «desenlace en bancarrota». Dios tiene un final victorioso, un término abundante, un desenlace satisfactorio. Cuando esos pensamientos le digan: «Nunca va a funcionar. Tienes demasiadas cosas en contra. Tus oponentes son demasiado grandes. Estás demasiado atrás y has cometido muchos errores. Esto es lo mejor que se puede poner», deje que esas mentiras le entren en un oído y le salgan por el otro. Dios está diciendo: «Voy a llevarte más allá de lo que has imaginado. Tengo bendiciones explosivas que te van a catapultar hacia adelante. Tengo favor que te va a lanzar a la plenitud de tu destino. Voy a hacer germinar las semillas de grandeza que puse en ti». Dios ha establecido el fin, y sabe cómo llevarlo allí. Ahora, a lo largo del día, simplemente diga: «Señor, quiero agradecerte que tus planes para mí son buenos. No estoy limitado por donde me encuentro en este momento. Tú ya grabaste mi escena final. Probablemente no entienda todo a lo largo del camino, y es posible que no haya sido justo, pero no voy a vivir preocupado, molesto o desanimado. Sé que me estás llevando a feliz término».

Viene un «después de esto»

En el capítulo dos escribí acerca de la temporada nocturna que padeció Job. Pasó por algunos giros y vueltas inusuales. Ciertas escenas no tenían sentido. Casi de la noche a la mañana pasó de ser casi perfecto a estar hecho pedazos por grandes pérdidas personales y cubierto de oscuridad. Se podría haber rendido en su vida y en su fe. Incluso su esposa le dijo: «Maldice a Dios, y muérete». Como si le estuviera diciendo: «Estás acabado». ¡Nada como un cónyuge que te alienta! En medio de la dificultad, cuando todo iba mal, cuando muchas personas podrían haberse conformado con agriarse, amargarse y quejarse, Job, miró a los cielos y dijo: «Sé que mi Redentor vive». De hecho, estaba diciendo: «Sé que Dios sigue en el trono. Ya estableció mi fin. Ya filmó mi escena final. Si es mi tiempo de partir, no me voy a ir amargado o molesto. Aunque Él me mate, en Él esperaré». Cuando usted puede mantener una buena actitud cuando le quitan el piso, y cuando le puede dar alabanza a Dios cuando lo vida no tiene sentido, Dios lo suelta a un nuevo nivel de su destino. Cuando usted no permite que los desvíos, los giros extraños y las cosas que no comprende causen que se agrie, usted pasa la prueba y verá su fin establecido.

En cierto punto, por supuesto, todos vamos a morir, pero, como Job, voy a morir en fe. Voy a morir creyendo. Con mi último suspiro, voy a estar agradeciéndole a Dios por la plenitud de mi destino. Escuchamos mucho acerca de las pruebas de Job, de los sufrimientos de Job y de la pérdida de Job. Sí, él paso por una difícil temporada de oscuridad, pero no se quedó allí. Al final terminó con lo doble de lo que había tenido antes. La Escritura dice que después de esto Job vivió otros 140 años lleno de bendiciones.

Observe que después de la dificultad, su vida no terminó y no acabó con una nota agria y derrotada. Solo porque usted experimente un giro, un desvío o un revés no significa que su vida acabó. Dios hará venir un *después de esto*. Cuando usted pase por momentos difíciles, usted escuchará pensamientos susurrándole: *Jamás volverás a ser feliz. Tus mejores días ya pasaron. Este revés va a ser tu final.* No crea esas mentiras. Dios le está lo que le dijo a Job: «*Después de esto* —del cáncer, del despido, del divorcio, del problema legal— todavía hay una vida plena delante de usted». Usted no ha reído su mejor carcajada, usted no ha soñado su mejor sueño, usted no ha danzado su mejor baile, y no ha cantado su mejor canción. Si usted se sacude la decepción y recupera la pasión, Dios tiene un después de esto para usted. No solo lo va a sacar del atolladero, va a compensarle por esa tribulación. Usted va a salir incrementado, promovido y mejor que lo que era antes.

> *Usted no ha reído su mejor carcajada, usted no ha soñado su mejor sueño, usted no ha danzado su mejor baile, y no ha cantado su mejor canción.*

Cuando todo terminó Job le dijo a Dios: «Yo sé que [...] ninguno de tus propósitos puede ser frustrado». Estaba diciendo que el fin esperado no se puede cambiar. Dios ya lo estableció. La Escritura habla de cómo Satanás tuvo que pedir permiso para probar a Job. El enemigo no puede hacer lo que quiera; tiene que obtener el permiso de Dios para tocarlo. Dios no solo está en control de su vida, está en control de sus enemigos. Usted no tiene nada de qué preocuparse. Tiene un vallado de protección a su alrededor que no puede ser penetrado. Nada puede arrebatarlo de las manos de Dios.

Termine en victoria

Cuando Jesús estaba a punto de ser crucificado le dijo a la gente: «Destruyan este templo y en tres días lo levantaré». Pensaban que estaba hablando del edificio, pero estaba hablando de sí mismo. Entendió este principio, que su fin había sido establecido. Su escena final ya había sido filmada. Su escena final no era la de ser traicionado y maltratado, colgando en una cruz con gran dolor o siendo enterrado en una tumba envuelto en mortajas. Sabía que su escena final era la de estar sentado a la diestra de su Padre, con todo el poder, con las llaves de la muerte y del infierno. Por eso es que la Escritura dice: «Por el gozo puesto delante de Él soportó la cruz, despreciando la vergüenza». En los tiempos difíciles, la manera de mantener su gozo es seguir viendo hacia adelante, sabiendo que el fin ha sido establecido, estando al tanto de que usted tendrá un feliz término, sabiendo que Dios siempre nos lleva en triunfo.

La Escritura habla de cómo el cuerpo de Jesús fue colocado en una tumba prestada. No tenía un lugar propio para ser enterrado. Uno de sus discípulos vino y puso el cuerpo en una tumba que tenía. Antes de ser crucificado, me imagino a Jesús pidiéndole a ese discípulo si podía prestarle el sepulcro. Le estaría diciendo: «No necesito comprarla. Porque así no es como termina mi historia.

No acabo en derrota. Esto es pasajero. Solo estaré allí unos días. Tengo un fin esperado que ha sido establecido por mi Padre y ningún enemigo lo puede cambiar. Me pueden sepultar, pero no me pueden mantener sepultado. Tengo un fin establecido».

«Tengo un fin esperado que ha sido establecido por mi Padre y ningún enemigo lo puede cambiar».

Cuando enfrentamos dificultades, al igual que Jesús, nuestra actitud debería ser: *No me voy a quedar aquí. Esto es pasajero. No necesito comprar la tumba. Esta adicción no es como termina mi historia. Esta deuda, esta enfermedad o esta pérdida es solo una escena. Sé que viene otra escena: una escena de victoria, una escena de promoción, una escena de avance, una escena de restauración.*

Amigo, su escena final ya fue filmada. Ahora no permita que los giros, las vueltas y los lugares tenebrosos que no tienen sentido hagan que se desanime. Siga avanzando. Al final, todo va a cooperar a su favor. Como con ese partido que grabé, sabemos el resultado final. No tiene que preocuparse o vivir molesto. Dios ya estableció su final. Si usted se mantiene en fe y sigue honrando a Dios, Él lo llevará al trono como lo hizo con José. Le compensará por los problemas como lo hizo con Job. Como lo hizo por mi amigo que fue abandonado, sin importar como inicie, Dios va a hacer que termine en victoria.

AGRADECIMIENTOS

En este libro presento muchas historias que me han compartido amigos, miembros de nuestra congregación y personas que he conocido alrededor del mundo. Aprecio y reconozco sus aportaciones y su apoyo. Algunas de las personas mencionadas en el libro no las he conocido personalmente, y, en algunos casos, hemos cambiado los nombres para proteger la privacidad de los individuos. Le doy honor a todos a los que les debo honra. Como hijo del líder de una iglesia, y siendo pastor yo mismo, he escuchado incontables sermones y presentaciones, así que en algunos casos no puedo recordar la fuente exacta de una historia.

Me siento en deuda con el maravilloso personal de la iglesia Lakewood Church, con los maravillosos miembros de Lakewood quienes comparten sus historias conmigo y con aquellos alrededor del mundo que le brindan apoyo a nuestro ministerio y que hacen posible traer esperanza a un mundo en necesidad. Estoy agradecido con todos los que siguen nuestros servicios por televisión, por la internet, por SiriusXM y a través de los podcasts. Todos ustedes son parte de nuestra familia en Lakewood.

Le doy gracias especialmente también a todos los

pastores a lo largo del país que son miembros de nuestra Red de Campeones.

Una vez más, estoy agradecido por un equipo maravilloso de profesionales que me ayudaron a preparar este libro para usted. A su cabeza está mi editor de FaithWords/Hachette, Rolf Zettersten, junto con los miembros del equipo Patsy Jones, Billy Clark y Hannah Phillips. Verdaderamente aprecio las aportaciones editoriales del escritor Lance Wubbels.

También estoy agradecido con mis agentes literarios Jan Miller Rich y Shannon Marven de Dupree Miller & Associates.

Y por último, pero no menos importante, gracias a mi esposa, Victoria, y a nuestros hijos, Jonathan y Alexandra, quienes son mis fuentes de inspiración diaria, así como los miembros más cercanos de nuestra familia quienes sirven día a día como líderes en nuestro ministerio, incluyendo a mi madre Dodie; mi hermano, Paul, y su esposa, Jennifer; mi hermana, Lisa, y su esposo, Kevin; y mi cuñado, Don, y su esposa, Jackelyn.

¡Queremos saber de usted!

Cada semana, cierro nuestra transmisión internacional de televisión dándole a la audiencia la oportunidad de hacer de Jesús el Señor de su vida. Me gustaría extenderle esa misma oportunidad.

¿Está usted en paz con Dios? Existe un vacío en el corazón de cada persona que solamente Dios puede llenar. No estoy hablando acerca de unirse a una iglesia o de encontrar una religión. Estoy hablando acerca de encontrar vida y paz y felicidad. ¿Oraría hoy conmigo? Solamente diga: «Señor, Jesús, me arrepiento de mis pecados. Te pido que entres en mi corazón. Te hago mi Señor y mi Salvador».

Amigo, si usted hizo esa sencilla oración, creo que usted ha «nacido de nuevo». Lo animo a que asista a una buena iglesia basada en la Biblia y que mantenga a Dios como el primer lugar en su vida. Para información gratuita sobre cómo puede fortalecerse en su vida espiritual, por favor siéntase libre de contactarnos.

Victoria y yo lo amamos, y estaremos orando por usted. Estamos creyendo que Dios le dará lo mejor de Sí, y que usted verá sus sueños hacerse realidad. ¡Nos encantaría saber de usted!

Para contactarnos, escriba a:

Joel y Victoria Osteen
P.O. Box 4600
Houston, TX 77210

O puede encontrarnos en línea en www.joelosteen.com.